이렇게
기막힌
적중률

바리스타 1·2급
필기

이론 + 예상문제집

"이" 한 권으로 합격의 "기적"을 경험하세요!

YoungJin.com Y.
영진닷컴

저자의 말

커피는 과학이다. 커피에는 수천 가지의 향기 성분이 존재하며, 다른 음료가 가지고 있지 않은 다양한 맛을 지니고 있다. 이를 분석해서 결과물을 얻어내기 위해 누군가는 수치화, 계량화를 연구한다. 또한 커피는 생산지의 자연환경을 고스란히 반영하고 있으며 커피를 볶는 사람, 추출하는 사람의 성향을 그대로 나타내 주는 자유도를 지닌 음료이기도 하다. 이런 의미에서 바리스타는 커피에 대한 종합적인 지식을 갖춰야 하며 여기에 걸맞은 실력 또한 갖춰야 한다. 2급 바리스타에게 요구되는 능력이 추출스킬 위주라면, 1급 바리스타는 커피를 이해하는 종합적인 시각이 요구된다. 그래서 바리스타 1급 자격증 제도를 시행하고 있는 기관들은 대부분 1급 이론의 시험 범주를 넓고 깊게 잡고 있다.

이 서적은 커피와 관련된 전문 내용은 배제하고 예상문제만으로 꾸며진 기존의 바리스타 대비서와는 달리 분야별로 내용을 충실히 엮어 전문서적의 지위를 확보하려고 노력하였다. 커피학개론에 포함되는 기본적인 커피학습 내용은 물론 로스팅과 향미평가 등 전문분야의 내용을 포괄적으로 다루는데 목표를 두었으며, 최신 지식이나 기술도 가급적 많이 반영해 학습자들이 폭넓은 지식을 가질 수 있게 하였고, 각 파트별로 학습문제를 배치해 학습결과를 바로 확인할 수 있도록 하였다. 마지막 파트에 포함된 실전 모의고사는 바리스타 1급 이론 시험을 시행하는 모든 기관의 문제 유형을 분석해 핵심 내용 위주로 문제를 구성, 실제 이론 시험에서 합격선 이상의 점수를 획득할 수 있도록 하였다.

커피 바리스타 1급이 커피를 공부하는 사람들의 최종 목표가 되어서는 안 된다. 커피는 생두선별, 로스팅, 블렌딩, 추출, 커핑 등 모든 업무가 유기적으로 연결되어 있기 때문에 이 모든 항목을 공부하고 일정 수준 이상의 경험과 지식에 이르렀을 때에야 비로소 일이 시작되기 때문이다. 현재는 바리스타 자격증 외에도 커피로스터, 핸드드립 마스터, 커피 감별사 등의 자격증이 기관별로 차이는 있지만 별도로 시행되고 있다. 모든 자격증을 획득할 필요는 없지만 커피와 관련된 모든 분야는 반드시 공부해야 한다. 필자가 운영하고 있는 인사동의 '옥탑방 커피교실'에서는 커피와 관련된 모든 과목을 운영 중에 있으니 바리스타 과정 외에 공부가 더 필요하신 분들은 별도로 연락 주시길 바란다. 오랜 시간을 같이하며 오늘도 커피 전문가의 길을 가고 있거나 꿈을 꾸고 있는 Coffee Curator's Group의 모든 멤버들에게 다시 한 번 깊은 감사를 전하며, 전문서적 출간을 도와준 영진닷컴의 이병력 팀장, 이혜영 차장, 이은애 기획자님께 특별히 감사의 말씀을 전한다. 아울러 이미지 사용을 허락해 주신 태국 Yokh 커피농장의 이영기 대표님과 www.yesno.kr의 김선홍 대표께도 번영이 함께 하시길 바란다.

"인생은 단지 커피 한 잔의 여유 또는 커피 한 잔이 가져다주는 따스함의 문제에 지나지 않는다"라는 긍정적인 삶의 명언을 마지막으로 저자 인사를 마친다.

인사동 커피선생 옥탑방에서 황호림

"단기간에 합격하기 좋은 책이네요"

이혜원

익숙한 출판사여서 쉽게 구입하게 된 책인데요. 바리스타 필기같은 경우에는 보통 독학으로 많이 따더라고요. 학원에서도 실기 위주로 수업해서 혼자 공부해야 하는데요. 학원에서 추천을 많이 해준 책이 영진닷컴 바리스타 기본서였어요. 받아보니 왜 추천해주셨는지 알겠더라고요. 정말 기본에 충실하게 잘 만들어진 책입니다. 저는 이 책이 파트 주제별로 끝에 문제풀이가 들어 있어서 내용 정리하는 데 정말 좋았어요. 해설도 자세하게 잘 달려 있어서 이론 복습하는 기분으로 찬찬히 풀 수 있었어요.

생각보다 어려울 수 있는 파트들도 꼼꼼하게 설명해주고, 비법도 있어서 재미있게 공부할 수 있었어요. 특히 심플하지만 아기자기한 책 디자인도 좋았고요. 덕분에 짧은 시간 안에 이 한 권으로 시험 준비를 마칠 수 있었어요. 공부 시간을 촉박하게 잡았지만, 1주일만에 이 책 한 권으로 시험에 합격했습니다! 기분 좋은 합격 소식에 가장 먼저 영진닷컴에 감사하다고 말씀드리고 싶어요. 두고두고 커피 공부하면서 자주 펼쳐볼 책인 것 같아서 추천합니다.

"영진닷컴 책으로 바리스타 2급 합격했습니다"

김상현

방학에 자격증 하나 따려고 새 마음으로 도서 구입했는데요. 이 책으로 한국커피협회 바리스타 2급 시험에 합격했어요. 이 도서 선택한 가장 큰 이유가 이론도 자세해서, 단순한 문제풀이만 하는 게 아니고 이해하면서 공부할 수 있어서였거든요. 커피를 평소에 좋아하긴 했는데, 협회가 워낙 다양한 데 반해 독학하기에 좋은 책은 찾기가 힘들더라고요. 서점에 가서 책 봤을 때도 영진닷컴에서 나온 책이 제일 보기 좋은 디자인이었고, 내용도 자세하고 문제도 상당히 많더라고요. 그래서 공부하는 데 참 만족스러웠습니다. 영진닷컴 덕분에 시험 준비하는 데 한결 마음 편하게 공부할 수 있었어요. 일단 가장 좋았던 점은 이론 중간중간 합격생의 비법이 많이 들어갔던 거였어요. 딱딱한 이론만 쭉 이어졌으면 지루할 수 있었을텐데요. 공부하는 데 지루하지 않게 도와주는 팁이었어요. 그리고 문제 수도 많아서 정말 좋았고요. 이 책 한 권이면 어떤 협회의 시험이든 합격할 수 있을 것 같아요!

차례

■ 실기 동영상 ■

실기 시연 동영상을
제공해 드리고
있습니다.
**QR 코드를 찍어
확인해 주세요.**

■ 정오표 ■

혹시라도
오타/오류가 있을
수 있습니다.
**QR 코드를 찍어
확인해 주세요.**

BARISTA

01 (사)한국커피협회

1) 시험의 목적
① 전문 직업인으로서의 위상 제고
② 커피 전문가로서의 자부심 함양
③ 커피산업 발전에 공헌
④ 커피 산업체와의 산학협력을 통한 발전적 방향 제시
⑤ 커피문화 발전과 서비스의 질 향상

2) 응시자격
협회 주관 바리스타(2급) 자격인증 취득 후, 필기시험에 응시 가능하다.

3) 전형방법
• 필기시험(50문항)

출제위원	정회원 중 회장이 위촉
출제범위	커피학 개론, 커피 로스팅과 향미 평가, 커피 추출, 우리 차(녹차) 등 바리스타(1급) 자격시험 예상문제집 포함
출제형태	객관식(사지선다형), 영어 평가 커피문제(사지선다형, 10% 내외 포함)
시험시간	60분
시험감독	고사장별 책임교수 1인과 감독을 회장이 배정하며, 책임교수 및 감독은 확인서약서를 제출한다.

• 실기시험

평가위원		바리스타 실기 1급 위원장이 능력을 인정하여 추천하는 자를 회장이 위촉하며 위촉된 평가위원은 서약서를 제출해야 함.
시험의 범주		사전준비자세, 에스프레소 평가, 카푸치노 평가
시험방식	사전준비 과정	응시자는 제공되는 커피 원두와 그라인더 중 각각 1가지씩을 선택 후 시험에 응한다. 응시자는 자신이 선택한 원두에 알맞은 그라인더 분쇄도를 설정하고 향미를 체크한다.
	에스프레소 4잔 평가	응시자는 선택한 원두로 에스프레소 4잔을 완성 후 제공한다. 응시자는 자신이 추출한 에스프레소의 향미에 대해 정확히 설명한다.
	카푸치노 4잔 평가	라떼아트로 시각적으로 동일한 로제타 2잔과 3단튤립 2잔 총 4잔을 각각 같은 패턴끼리 제공한다. 단, 도구를 사용한 에칭은 허용하지 않는다.

평가방식	기술적 평가와 감각적 평가로 구분하며, 테크니컬 심사위원 1명과 센서리 심사위원 2명이 심사한다.
시험시간	준비과정 10분과 시연 과정 10분
시험준비	고사장별 책임교수는 시험이 원활하게 진행될 수 있도록 비품 및 소모품 준비에 최선을 다해야 한다.

4) 특별전형

특별전형에 응시하고자 하는 자는 시험 접수 전, 기간 내에 구비서류를 사전 제출하여야 하며, 검정의 면제심사에 통과한 경우 특별전형으로 접수 가능하다. 사전심사 서류 제출기간과 제출방법은 별도 공지한 내용에 따른다.

- **필기시험(전공특별전형)** : (사)한국커피협회 주관, 바리스타(2급) 자격증 취득자로 필기시험 무시험 검정
  - 대학교전공학과 성적우수자 : 협회에서 인증한 대학교 교육기관(학점은행 제도를 시행하는 대학교부설 평생 교육원, 직업전문학교 및 평생교육시설 포함)에서 커피교과목 15학점 이상을 취득하고, 이수학기 평균 70점 이상(교양과목 포함)인 자
  - 바리스타사관학교 수료자
  - WCCK 심사위원
- **실기시험** : 필기시험에 통과한 자로 실기시험 무시험 검정
  가. 협회 주관 WBC 국가대표 선발전 입상자(1위~6위)

5) 시험 응시 편의 제공

일반전형으로 응시하는 장애인은 온라인 접수 시, 본인이 필요로 하는 다음의 항목을 선택하여 요청할 수 있다. 그러한 경우, 응시자는 반드시 접수기간 내에 증빙서류를 제출하여야 하며, 만약 제출하지 아니한 경우에는 시험 응시 편의를 제공하지 아니한다.

- **필기시험**
  - 확대시험지(A3 사이즈) : 약시자(시각장애인)
  - 특별관리 답안카드(A3 사이즈) : 약시자, 정신장애, 뇌병변장애 및 지체장애(손부위장애)
  - 대리 마킹 : 정신장애자, 뇌병변장애자 및 지체장애자(손부위장애) 중, 장애의 정도가 중하여 OMR답안카드 및 특별관리 답안카드 작성이 불가능할 경우
  - 필기고사장 특별배치 : 지체장애인(하지부위)이 장애의 정도가 중하여 필기고사장 특별배치를 요청할 경우 최 대한 접근이 용이한 고사장으로 배치
- **실기시험**
  - 장애인 수험자는 온라인 접수 시, 실기시험 추가시간 제공을 요청할 수 있다.
  - 장애 종류 및 장애등급에 따른 추가시간은 실기평가규정집에 따른다.

6) 사정원칙

가. 필기시험, 실기시험 공히 60점 이상을 합격으로 하며, 항목 간 과락은 없다.
나. 필기시험 합격자에 한하여 실기시험 응시자격을 부여하며, 필기시험 합격자는 합격일로부터 2년간 실기시험 응시자격을 갖는다.

7) 제출서류

가. 일반전형
- 온라인 접수(http : //kca-coffee.org/ 에서 회원 가입 후 접수)
- 본인 사진(jpg 파일 첨부)

나. 특별전형
- 필기시험 무시험검정(전공특별전형)
  - 사전서류심사(응시자격 서류심사 접수신청서, 성적증명서 1부)
  - 온라인 접수
  - 본인사진(jpg 파일 첨부)
  - 제출방법 : 사전 서류심사 통과 시, 온라인 접수(특별전형)
- 실기시험 무시험검정
  - 온라인 접수
  - 본인사진(jpg 파일 첨부)
  - 경력증명 서류
  - 제출방법 : 온라인 접수 후, 접수 기간 내에 팩스 또는 이메일 발송

8) 전형료
전형료는 별도로 정하여 공지한다.

9) 시험신청
- **홈페이지** : http : //kca-coffee.org/
- **전화** : 02-702-4080

02 (사)한국관광음식문화협회

1) 자격분야

자격증	등급 검정 방법		검정과목
커피바리스타	필기	객관식	50분간 총 60문제(사지선다형 객관식 A, B형)
	실기	작업형	10분간 시연(에스프레소 4잔, 카푸치노 4잔) • 기술평가 • 감각평가 • 복장, 위생, 서비스 평가

2) 검정기준

자격종목	등급	합격기준	
커피바리스타	1급	필기	총점 100점 중 60점 이상
		실기 (필기 합격자에 한함)	• 기술 심사위원 1명 100점 • 감각 심사위원 2명 각100점 • 기술(100점) + 감각(100점평균) = 200점 만점으로 120 이상 * 단, 심사위원 중 단 1명이라도 60점 미만일 경우 실격처리

3) 검정방법

자격종목	등급	검정과목(분야 또는 영역)	
커피바리스타	1급	필기	세계의 커피, 커피추출, 커피배전, 커피머신, 향미 · 커핑 · 블렌딩, 카페음료 재료, 카페음료 메뉴, 커피영양학, 위생관리, 원가관리, 서비스관리
		실기	기술평가, 감각평가, 중요평가

4) 자격의 활용도

자격종목	등급	수준	자격활용현황
커피바리스타	1급	• 국가기술자격과 비교한다면 조주 기능사 수준이며 학력은 고졸 수준 • 커피 제조 및 서비스, 매장관리 전문가로서 커피음료를 제조하고 서비스하는 수준, 또한 커피교육기관에서 기술교육을 하기 위한 양성에 있어서 가장 기초적인 기술을 연마하는 수준	• 커피전문점을 비롯한 다양한 형태의 외식업계에 진출 • 커피 관련하여 교육할 강사로 취업 • 커피 관련 취업, 창업 교육 • 해외 취업교육

5) 검정 기준

자격종목	등급	검정 기준
커피바리스타	1급	• 커피역사, 생두의 등급, 세계의 커피, 좋은 커피의 조건, 로스팅의 이해, 원두의 이화학적 특성, 에스프레소 머신 원리, 커피의 맛, 향미 · 커핑의 기본 원리, 커피 블렌딩의 기본원리, 물, 유제품, 설탕, 시럽, 과일류, 분말류, 차류, 커피영양의 기초, 커피와 건강, 커피의 산패와 보관, 위생관리, 식중독, 원가관리, 서비스관리 등 기본이론을 이해하였는지를 검정하는 기초 수준 • 커피의 분쇄와 추출, 드립 커피의 종류 및 기초 실습, 에스프레소, 에스프레소 메뉴, 카푸치노, 라떼아트 기초, 베리에이션 음료 메뉴, 로스팅 방식, 수망 로스팅 실습, 커피머신 관리 및 점검 등 에스프레소와 카푸치노를 판매할 정도의 수준으로 제조하는 기초 수준

6) 시험신청

• 홈페이지 : http://www.kofa.co.kr/
• 전화 : 031-753-0138

03 한국커피바리스타협회

1) 자격검정
노동부와 한국산업인력관리공단이 개발하고 있는 국가직무능력표준(NCS)에 따라 산업현장이 필요로 하는 직무능력에 근거하여 객관적인 자격 기준을 권위 있는 심사위원의 평가로 인정받은 자격자를 양성/배출하는 자격

2) 검정과정 안내

3) 응시자격
커피 관련 학과(또는 전공) 3학기(재학) 이상인 자단, 관련 학과란 식품, 호텔, 관광, 외식, 제과제빵, 식음료서비스 등을 말함
커피 관련 교육기관 또는 산업체 실무경력 18개월 이상인 자
등급이 없는 커피바리스타, 바리스타, 홈바리스타 등 커피 분야 자격 소지자
등급이 있는 커피바리스타, 바리스타 2급 등 커피 분야 자격 소지자
단, 위 사항은 자격기본법에 의거 등록된 자격임을 요함

4) 자격검정

구분	검정과목	검정방법			합격기준	응시료
필기	• 커피학 일반 • 커피머신관리학 • 핸드드립과 라떼아트 이론 • 커피매장관리 및 창업	• 시간 60분, 60문항 출제 • 객관식 5지선다형			100점 만점 기준, 60점 이상 합격(36문제 이상)	40,000원
실기	• 핸드드립 2잔 • 라떼아트/메뉴조리 총 4잔 [카푸치노(하트), 카푸치노(나뭇잎), 카페마끼아또, 라떼마끼아또]	핸드드립 2잔			100점 만점에(핸드드립 40점, 라떼아트/메뉴조리 60점) 60점 이상	60,000원
		준비	조리	정리		
		3분	5분	2분		
		라떼아트 2잔/ 메뉴조리 2잔				
		준비	조리	정리		
		3분	6분	2분		

5) 시험진행방법

가. 필기시험

해당 시행처는 온라인 필기시험을 시행 중에 있습니다. 홈페이지에서 [인터넷 ON-LINE 필기시험 응시방법 안내]를 확인하세요.

나. 실기시험

1. 실기검정 당일 오전응시자는 9시(오후 응시자 13시 30분)까지 도착하여 당일 부여번호를 추첨하여 순번을 배정받아야 한다.
2. 실기검정 당일 9시 30분(14시) 이후 도착하는 경우 실기검정에 응시할 수 없다.
   단, 실기 검정 시작시간(오전 응시자 9시 30분, 오후 응시자 14시) 이전 도착의 경우 배정된 부여 번호의 마지막 이후 번호를 배정받고 응시할 수 있다.
3. 실기 검정 응시자는 신분증과 수검표, 행주를 본인이 준비하는 것을 원칙으로 한다.
   단, 수검표를 지참하지 못한 경우 검정장에서 준비된 예비 수검표를 받아서 사용할 수 있다.
4. 실기 검정 응시자가 접수한 검정 일자 또는 검정장을 변경하는 경우.
   한국 커피자격검정평가원 홈페이지로 본인이 직접 변경 신청하여야 하며, 평가원은 환불 규정에 의거 처리한다.
5. 응시자가 검정장에서 소란을 피우거나 불미스러운 행동을 하는 경우 1차로 경고가 주어지며, 2차로 불합격 처리된다.
6. 응시자는 실기검정 진행과정에서 커피기계 또는 커피 그라인더 등을 파손시키는 경우.
   장비사용 미숙으로 불합격 처리되며, 장비수리에 발생되는 본인이 배상하여야 한다.
7. 실기검정 채점표는 비공개를 원칙으로 한다.

6) 시험신청

- 홈페이지 : http://www.caea.or.kr/
- 전화 : 02-2298-8221

04 한국외식음료협회

1) 자격 안내

커피바리스타 자격검정은 커피에 대한 이론 및 접객능력, 각 추출 테크닉 등의 실기 능력의 습득으로 커피전문점 종사에 활용할 수 있는 능력을 평가하는 검정이다.

본 협회는 커피바리스타 1급, 커피바리스타 2급, 스페셜바리스타 세 등급으로 운용 중에 있다.

2) 시험 전형과정

STEP 01 필기접수 ▶ STEP 02 필기검정 ▶ STEP 03 실기접수 (필기 합격자) ▶ STEP 04 실기검정 ▶ STEP 05 자격증 취득

3) 응시자격

자격 제한 없음, 누구나 응시 가능(외국인의 경우는 통역 본인 해결)

급수	구분	검정과목	검정방법			합격기준	응시료
스페셜	실기	• 에스프레소 2잔 • 카푸치노 2잔	준비 10분	시연 10분	정리 5분	• 구술 평가 • 기술 평가 • 맛 평가 (100점 만점 기준 60점 이상)	50,000
2급	필기	• 커피학 개론 • 커피실무이론	총 60문항(60분) 4지선다형(객관식)			100점 만점 기준 60점 이상	30,000
2급	실기	• 에스프레소 2잔 • 카푸치노 2잔	준비 5분	시연 및 정리 10분		• 구술 평가 • 기술 평가 • 맛 평가 (100점 만점 기준 60점 이상)	50,000
1급	필기	• 커피학 개론 • 서비스 실무 • 카페 메뉴 • 기계 관리 • 카페 창업	총 30문항(60분) 4지선다형/단답형			100점 만점 기준 70점 이상	60,000

1급	실기	• 에스프레소 2잔
		• 디자인 카푸치노 2잔
		• 디자인 카페라떼 2잔
		* 결하트, 로제타, 틀린(2단 이상)
		  중 선택하여 동일한 디자인으로
		  제작
			준비
			10분
				시연 및 정리
				15분
						• 기술 평가
						• 맛 평가
						(100점 만점 기준 70점 이상)
							90,000

4) 이론시험 출제기준(1급)

과목	주요항목	세부항목	출제비율
커피개론	커피의 이해	커피의 의의, 커피의 기원, 커피의 역사, 커피의 전파, 국가별 커피 문화, 커피나무의 구성	60%
	커피의 제조	열매의 수확, 열매의 가공방법, 배합(Blending), 배전, 분쇄, 추출	
	커피의 분류	커피의 품종, 산지별 종류 및 특징	
	커피의 성분과 효능	커피와 건강, 커피의 활성성분, 커피의 영양성분, 커피의 의학적 기능, 커피와 다이어트	
	커피의 보관법	커피의 신선도, 신선도 저해요인, 커피의 산패, 유통기한	
	커피의 맛과 향	커피의 맛과 향, 맛과 향의 용어, 향미와 로스팅의 관계, 커피 평가에 의한 분류	
	커피의 부재료 및 조화 음식	커피 맛을 더하는 부재료, 커피 맛 내기, 커피와 어울리는 음식	
	컵 테스트	커핑의 이해, 맛과 향 기본 평가 용어, SCAA 테스트	
	바리스타 해설	바리스타의 의의, 바리스타가 되기 위한 준비, 바리스타 직업의 이해, 필수 커피 용어 해설	
	기타 커피추출 테크닉	각종 커피추출 테크닉	
서비스 실무	• 접객 서비스 • 서비스 실무	• 서비스의 이해 • 접객단계별 서비스 • 서비스 실무	20%
위생관리	위생관리	• 개인위생관리 • 업장위생관리	5%
기계관리	기계관리	• 영업 전·후 기계 관리 • 기계 청소	5%
창업	카페창업	• 창업 필수 요소 • 창업 조사 • 아이템 선정 • 창업 시 필수 기물	10%

5) 시험신청
• 홈페이지 : http://www.kfba.or.kr/
• 전화 : 1899-3499

이 책의 구성

01 시험 안내

여러 협회에서 시행하는 바리스타 자격시험에 대하여 정리했습니다. 한눈에 협회들의 응시 방법과 과목 내용을 살펴볼 수 있습니다.

02 이론

다양한 협회의 시험에 모두 응시할 수 있도록, 자주 출제되는 이론들로 알차게 구성했습니다. 곳곳에 배치된 사진 자료, 합격생의 비법으로 시간도 아끼고 점수도 올리고!!

03 합격을 다지는 예상문제

해당 이론을 공부하고 난 후, 객관식 문제로 다시 한 번 이론을 다집니다. 바로바로 복습해서 이론과 연결 지어 머릿속에 넣으면 효율적으로 공부할 수 있답니다.

04 모의고사 5회

자, 이제 실전입니다! 실제 시험장에서 시험지를 보듯이 정답을 보지 않고 자신의 실력을 검증해 보세요.

05 정답 및 해설

혼자서도 충분히 할 수 있어요! 자세한 정답으로 오답을 피하고, 확실하게 내용과 문제를 이해할 수 있도록 도와줄 것입니다.

PART 1

꼭 알아야 할
커피의 기본

COFFEE

ESPRESSO

MOCHA

CHOCOLATE
MILK

MACCHIATO

AMERICANO

IRISH
COFFEE

FLAT WHITE

CAPPUCCINO

DOPPIO

GLACE

FREDDO

LATTE

FRAPPUCCINO

CARAMEL
MACCHIATO

FRAPPE

커피학 개론

1 커피(Coffee)란?

▲ Yokh 커피나무 묘목

커피는 커피나무의 열매를 가공(씨를 볶아 만든 원두를 갈아서 추출)한 음료로 독특한 맛과 향을 지닌 기호 음료이다. 커피나무는 AD 600~800년경 에티오피아 남서쪽 카파(Kaffa)주에서 발견되었고, 커피라는 명칭은 1650년 무렵부터 사용되었다. 커피는 꼭두서니과(Rubiaceae)에 속하는 상록수로, 커피나무에서 열리는 커피의 씨를 원료로 한다. 커피의 맛은 쓴맛, 신맛, 단맛, 짠맛 등으로 쓴맛은 카페인, 신맛은 지방산, 단맛은 당질에서 비롯된다. 커피는 에티오피아가 원산지로 해발 1,000m 이상의 고지대에서도 잘 자라지만 평균 기온 15~25℃ 정도가 유지되어야 한다. 커피와 관련된 명칭을 정리해 보면 다음과 같다.

명칭	상태
Coffee Cherry, Coffee Berry	• 커피나무의 열매로 외피와 과육이 있는 상태 • 외피(Outer skin), 과육(Pulp), 깍지(Parchment), 은피(Silver skin), 생두(Green Bean)로 구성
Coffee Parchment	외피와 과육은 제거되고 파치먼트(내과피)는 붙은 채 건조된 미정제 커피
Green Bean	커피나무 열매의 씨앗, 로스팅 전의 생두
Whole Bean	생두를 로스팅한 원두
Grind Coffee	원두를 분쇄한 추출 전 커피 가루
Coffee	분쇄된 커피를 물로 추출한 음료

▲ Yokh 커피나무와 열매

커피나무는 관목에 가깝고 잎은 타원형의 짙은 녹색을 하고 있으며 월계수 잎과 비슷하다. 싹을 틔워 묘목으로 자란 후 3년 정도가 되면 잎의 바로 옆에 흰 꽃이 피는데 재스민 혹은 오렌지 향과 비슷한 향이 난다. 그리고 꽃이 떨어진 자리에는 15~18mm 정도의 작은 열매가 송알송알 맺히는데 자라면서 점차 짙은 녹색을 띠다 노란색, 주황색, 빨간색으로 변해간다.

'커피'라는 단어는 커피의 원산지인 에티오피아의 '카파(Kaffa)'에서 유래됐다고 추측된다. 커피의 아랍어 명칭 'Kauhi'는 오스만투르크어로 흘러들어 갔고, 터키에서는 'Kahweh'로 발음되던 것이 유럽으로 건너가면서 프랑스에서는 'Café', 이탈리아에서는 'Caffe', 네덜란드에서는 'Koffie', 영국에서는 'Coffee'로 불리게 되었다.

한국어 단어 '커피'는 영문식 표기 'Coffee'에서 가져온 외래어이다. 커피가 한국에 처음 알려질 당시에는 한자식 표기인 '가배(珈琲)' 혹은 '가비(加菲)'로 불리거나, 빛깔과 맛이 탕약과 비슷하다 하여 서양에서 들어온 탕이라는 뜻인 '양탕국' 등으로 불렸다. 1898년 고종 황제가 독이 든 차를 마시고 승하했다는 독립신문의 기사에서는 '카피차'라는 한글식 표현을 사용하기도 했다.

커피의 원산지인 에티오피아에서는 아직도 'Bunna'라는 명칭을 사용하는 것을 봤을 때 커피의 명칭은 아랍어 명칭이 어원이라고 볼 수 있다. 세계의 다양한 커피 명칭을 정리해 보면 다음과 같다.

합격생의 비법 ⋯⋯⋯⋯⋯⋯ ◉

커피의 어원
커피는 6세기경 에티오피아의 카파(Kaffa) 지역에서 최초로 발견되었고, 분컴(Bunchum)이나 차우베(Chaube)라 불리기도 하였다. 또한 커피의 어원은 와인을 의미하는 고대 아랍어 '카와(Qahwah)'에서 유래하여 터키어 '카프베(Kahve)'를 거쳐 탄생하게 되었다.

국가	명칭	국가	명칭
한국	커피	체코	Kava
미국/영국	Coffee	헝가리	Kave
이탈리아	Caffe	터키	Kahve
프랑스/스페인/포르투갈	Café	폴란드	Kawa
네덜란드	Koffie	인도네시아	Kopi
독일	Kaffee	세르비아	Kafa
스웨덴/노르웨이/덴마크	Kafee	중국	珈琲[kāfēi]
핀란드	Kahvi	일본	コーヒー(Coffee)
루마니아	Kafea	에티오피아	Bunna, Bunchum

② 커피의 역사

1) 커피의 발견신화

① 칼디(Kaldi)의 전설

에티오피아의 목동 칼디가 염소들이 커피 열매를 따먹고 흥분하는 것을 보고 커피를 발견했다는 설이다. 에티오피아 카파 지방의 목동이던 칼디는 어느 날 염소들을 몰고 풀을 먹이러 나갔다. 어느 풀숲에 이르러 먹이를 먹던 염소들이 갑자기 흥분해 뛰는 걸 본 칼디는 염소들이 따먹은 빨간 열매를 본인도 따서 맛을 보게 된다. 열매를 먹고 기분이 좋아지는 경험을 한 칼디는 이 사실을 그 지역의 수도승에게 알렸고 이 수도승 또한 열매를 맛보고 정신이 맑아지면서 졸음이 달아나는 경험을 하게 된다. 커피 열매가 이슬람 수도승들에게 수양에 좋다고 급속하게 알려지기 시작했고, 이에 따라 이슬람 사원을 중심으로 커피의 소비가 확대되기 시작한다.

② 오마르(Omar)의 전설

사제 오마르가 커피 열매로 사람들을 치료했다는 설이다. 1258년 아라비아의 사제였던 '셰이크 오마르(Sheik Omar)'는 어느 날 잘못을 저질러 산으로 추방되었는데 며칠 길을 헤매다 너무 배가 고팠던 나머지 새가 쪼아 먹고 있던 빨간 열매를 먹게 된다. 열매를 먹은 오마르는 활력을 되찾았고 이 열매가 가진 효능을 알게 되었다. 이후 커피 열매를 많은 사람의 치료에 사용하였고 성자로서 높은 존경을 받았다고 한다.

③ 에티오피아 기원설

다른 지역에서 커피를 액체 형태로 추출하거나 숙성시켜 약이나 술로 사용하였던 것과 달리, 에티오피아 지역에서는 커피나무의 열매를 다른 곡류와 함께 분쇄하여 식량으로 취급하였다. 이렇게 취급된 커피콩은 점차 아라비아의 여러 지역으로 뻗어나갔고, 11세기 초 아라비아의 라제스(A. B. Rhazes)와 아비세나(Avicenna)를 대표로 한 의사들이 커피가 '위장의 수축을 부드럽게 하며 각성효과가 있다'라고 발표하면서부터 약이 아닌 기호 음료로 변신을 꾀하게 되었다.

④ 새의 전설

홍해 근처 어딘가에 화려한 깃털로 온몸을 장식한 노래하는 새가 나타났다. 한 성자가 이 새를 따라가다 보니 하얀 꽃이 흐드러지게 핀 나무 주변으로 빨갛게 익은 열매를 발견했다. 이후 성자는 이 열매를 이용해 병든 순례자들을 치료하는 약을 추출해 냈다.

⑤ 가브리엘의 전설

이스라엘의 한 도시에 시민들이 이름 모를 역병으로 고생하고 있는데 천사 가브리엘이 솔로몬 왕에게 커피를 끓여 시민들에게 먹여 보라고 방법을 알려 주었고, 그 커피로 역병이 나았다는 설과 밤새 기도하느라 지친 마호메트를 위해 천사 가브리엘이 커피를 하사했다는 설이다.

2) 커피의 전파

에티오피아에서 발견된 커피는 곧 아라비안 전역으로 퍼져 나갔다. 야생 상태의 커피나무에서 열매를 채취해 사용하던 것이 커피나무의 경작으로 발전하였고, 7세기 초반 예멘 지역에 커피나무가 옮겨 심어지면서 본격적인 경작이 이루어진다. 아라비아 지방에서 발견된 커피가 옮겨진 지역에서 재배된 커피는 아라비카종 (Arabica)으로 발전했고, 콩고로 건너가 현지 풍토에 적응해 새로운 품종으로 바뀐 커피는 로부스타종(Robusta)이 되었으며, 리베리아 지방에 적응한 커피나무는 리베리카종(Riberica)으로 정착했다. 이처럼 한 종에서 시작한 커피나무가 전세계로 퍼져 나가면서 그 모양과 맛이 전혀 다른 나무로 변하게 되었는데 이는 각 지역의 토양과 기후, 고도 등의 자연조건에 의해 변화한 것이다.

① 커피에 관한 기록

커피에 관한 최초의 기록은 10세기의 아라비아 의학자이자 화학자인 라제스 (Rhazes)가 기록한 것이다. 그의 문헌에 의하면 "커피는 소화나 강심, 이뇨에 효과가 있다"라고 기록하고 있다. 이후 11세기 아라비아의 의사이자 철학자인 아비센나(Avicenna)가 "재료에서 외피를 깨끗하게 벗겨내서 습기가 없어질 때까지 건조시킨 특선품을 쓰면 대단히 좋은 향기를 지닌다"라고 기록했고, 1753년 스웨덴의 식물학자 린네(Linnaeus)에 의해 아프리카 원산지 Rubiaceae과 Coffea 속에 속하는 다년생 상록 쌍떡잎식물(Perennial Evergreen Dicotyledon)로 분류되었다.

▲ Yokh 커피나무

② 커피의 전파

연대	내용
1400년경	예멘
1650년	영국 최초의 커피하우스 오픈
1658년	네덜란드령 스리랑카
1690년	인도네시아 자바
1696년	미국 뉴욕에 최초의 커피숍 The King's Arms 오픈
1720년	프랑스 마르티니크
1727년	브라질
1748년	쿠바
1755년	푸에르토리코
1760년	과테말라
1769년	멕시코
1779년	코스타리카
1794년	콜롬비아
1825년	하와이
1840년	인도
1877년	탄자니아
1892년	케냐

㉠ 터키(Turkey)

에티오피아에서 이집트로 건너간 커피는 1517년 오스만투르쿠 제국의 이집트 정벌을 계기로 셀림 1세가 커피를 터키에 처음 가져왔다. 커피를 볶은 후 아주 가늘게 갈아서 이브리크(Ibrik), 체즈베(Cezve)라 불리는 냄비에 끓인 후 커피 가루는 가라 앉히고 커피액만 따라 마시는 카흐베(Kahve)가 유행하였고, 1554년 콘스탄티노플 최초의 커피하우스가 문을 열었다.

㉡ 인도(India)

1585년 인도의 이슬람교 승려 바바부단(Baba Budan)이 성지순례 시 예멘(모카)에서 커피 종자 일곱 알을 밀반출한 후 인도 남부 마이소르(Mysore)산에 심어 재배하였다. 1840년 이후부터 본격적인 커피 생산이 시작되었다. 열대성 기후인 인도는 커피 재배에 적합한 강수량과 배수가 잘되는 비옥한 고원 지대를 갖추고 있다. 아라비카(Arabica)와 로부스타(Robusta)가 1:6 정도의 비율로 재배되며, 수확은 11~2월에 이루어진다.

㉢ 이탈리아(Italy)

1616년 베니스 무역상들에 의해 커피가 베네치아에 소개되었다. 처음에는 이교도의 음료라 여기어 금기되었지만, 로마교황인 클레멘트 8세(Pope Clement Ⅷ)가 커피를 마셔본 후 이교도들만이 마시기에는 너무 훌륭한 음료라고 커피에 세례를 준 이후 기독교의 음료로 마실 수 있게 되었다. 1645년 베네치아에 최초의 커피하우스가 문을 열었으며, 1720년 베네치아에서 가장 번화한 산 마르코 광장에 문을 연 '카페 플로리안(Florian)'은 현존하는 가장 오래된 카페다. 로마에서는 그리스인이 운영하는 카페라는 뜻의 상호를 가진 '카페 그레코(Greco)'가 문을 열었다. 카페 그레코에는 멘델스존, 로세티, 리스트, 토스카니니 등 세계적인 음악가들이 자주 드나들었다. 18세기와 19세기는 이탈리아 커피 역사의 중흥기라 칭할 수 있을 만큼 주요 도시에 카페가 우후죽순 생겨났으며, 1901년 밀라노 사람인 루이지 베제라에 의해 에스프레소 기계가 최초로 발명되면서 점차 에스프레소 문화의 종주국으로 자리 잡게 되었다.

㉣ 네덜란드(Netherlands)

네덜란드 상인 피터 반 데어 브뢰케는 1616년 커피 묘목 몇 그루를 몰래 암스테르담으로 빼냈고, 이를 식물원에 이식했다. 네덜란드는 커피를 재배하겠다는 야심으로 1669년에 커피 묘목을 자국의 식민지였던 인도 말라바르와 인도네시아 자바 (Java) 섬의 중심 도시 바타비아(Batavia)에 심었다. 또한, 프랑스 루이 14세에 게 커피나무를 선물하여 프랑스 왕실 식물원에도 재배되면서 프랑스령 식민지인 서인도 제도까지 커피가 전파되었다. 그리하여 커피의 생산과 무역을 주도했던 네 덜란드인들은 16세기 초부터 가정에서 커피를 마시기 시작했다.

ⓜ 영국(England)
1650년 유태인 야곱(Jacob)이 영국 최초의 커피하우스를 옥스퍼드에 열었으며, 파스콰 로제(Pasqua Rosee)가 1652년 런던 최초의 커피하우스를 열게 되었다. 옥스퍼드 커피하우스에서 결성된 'The Royal Society'라는 사교 클럽이 현존하 며, 1688년에 에드워드 로이드(Edward Lloyd's)가 런던에 개점한 커피하우스가 발전하여 이루어진 세계적인 로이드 보험 회사도 있다. 1715년에 런던에 2,000 여 개의 커피하우스가 성업하였으며 커피하우스가 치안 방해의 온상이라 하여 폐 쇄하려 했지만, 대중들의 반대에 부딪혀 철회되기도 했다. 그러나 커피는 영국의 식민지에서 수입된 막대한 양의 홍차에 밀려 점점 쇠퇴하여 커피에 대한 영국인의 애정은 1730년대 이후 급속도로 식어버렸다. 1페니만 있으면 누구나 커피하우스 에 들어갈 수 있다는 의미에서 '페니 대학(Penny University)'으로 불리던 영국 의 카페는 점차 사라져 갔고, 프랑스나 네덜란드와는 달리 커피를 재배할 수 있는 식민지가 부족했던 영국은 중국식 차에 매료되어 갔다. 그러나 시들했던 커피의 인기는 1951년 제2차 세계 대전이 끝남과 동시에 이탈리아식 에스프레소 문화가 들어오면서 다시 붐을 일으켰고 지금까지 이 유행이 이어지고 있다.

합격생의 비법 ⊙

나폴레옹이 사랑한 영국산 세인트헬레나 커피
세인트헬레나(Saint Helena)는 아프리카 대륙의 앙골라 서쪽 해안으로부터 2,800km 떨어진 남대서양 가운데에 있는 영국령 섬이다. 나폴레옹 보나파르트가 워털루 전투 패배 후 영국에 망명 요청을 하였으 나 거부당하고 유배되었던 섬으로, 1815~1821년까지 6년 동안 이 섬에 유배되었다가 죽음을 맞았다. 나 폴레옹이 죽기 전 "세인트헬레나 커피를 한잔 마셔 봤으면 좋겠다"라는 유언을 남기면서 세인트헬레나 커 피가 유명해졌다. 세인트헬레나섬의 커피는 1839년, 1851년에 개최된 런던 'The Great Exhibition'에서 Premier award를 수상할 정도로 품질과 맛이 뛰어나다. 풀워시드 방식으로 가공되는 커피는 완벽한 핸 드픽으로 결점두가 없는 무결점이 특징이다. 품종은 부르봉(Burbon)종으로, 다른 나라에서는 다양한 교배 방식으로 변종시켜 왔지만, 대서양 한복판의 외딴섬에서 자란 세인트헬레나 부르봉종의 경우 원종이 그대 로 유지되고 있다. 세인트헬레나 커피는 연간 수확량이 200kg 정도로 워낙 적어서 무결점 스크린사이즈 18+급의 경우 영국 왕실에서 전량 소비하고 있다. 파나마 게이샤, 코피 루왁과 함께 세계 3대 희귀 커피로 불린다.

ㅂ 프랑스(France)

프랑스가 커피를 처음 수입한 것은 1644년이었지만, 1669년에 이르러서야 파리에 커피가 소개되었다. 루이 14세(1669년) 때 오스만투르크 제국의 대사 술레이만 아가(Suleiman Aga)는 대 저택을 구입해 아라비아 음료인 커피를 귀족들에게 대접하기 시작했고 많은 귀족 여성들이 커피를 마셔보기 위해 술레이만의 저택으로 몰려들었다. 프랑스의 1호 카페는 1671년에 생겨난 마르세유(Marseilles)지만 진정한 의미의 카페는 1686년에 문을 연 '카페 프로코프(Cafe Procope)'라고 할 수 있다. 프로코프는 콜델리(Procopio dei Coltelli, 1651~1721)에 의해 만들어졌는데, 곧 저명 시인, 극작가, 배우, 음악가들이 출입하는 지식인들의 살롱으로 자리 잡았다. 그 후 프랑스 해군 장교 가브리엘 마티유 드 클레외(Gabriel Mathiew de Clieu)가 1723년 카리브해에 있는 서인도 제도의 마르티니크(Martinique) 섬에 커피를 이식하여 서인도 제도로 번져 나갔다. 커피 문화가 급속도로 확산된 17세기부터 19세기에는 프랑스의 계몽운동과 이탈리아 르네상스 운동이 싹튼 시기로서, 커피하우스는 사회 여론을 모으고 여과하는 장소로서 적합했다.

ㅅ 미국(America)

북미대륙에서 커피를 처음 마셨다는 기록은 1668년이며, 뉴욕, 필라델피아, 보스턴 등 주요 도시에도 커피 가게가 들어섰다. 1670년 영국 식민지 시대 최초의 커피숍 거트리지 커피하우스(Gutteridge Coffee House)가 보스턴에 첫 문을 열게 되었고, 1696년에 뉴욕 최초의 커피숍 더 킹스 암즈(The King's Arms)가 문을 열었다. 이때까지만 해도 미국은 영국의 영향을 받아 주로 차를 소비하던 나라였는데 보스턴 차 사건 이후 커피 소비로 돌아섰다. 1971년 스타벅스를 필두로 에스프레소 커피 문화가 미국 전역을 휩쓸었고, 여전히 세계 최대의 커피 소비국의 지위를 유지하고 있다.

⊙ 독일(Germany)

독일에는 1670년 커피가 처음 소개되었으나 문헌에 처음 커피가 등장한 해는 1675년이다. 이 해에 한 독일인 의사가 브란덴부르크 궁정에 커피를 소개했다. 비슷한 시기 브레멘, 하노버, 함부르크에도 커피가 소개되었으며, 1679년 독일 최초의 커피하우스가 함부르크(Hamburg)에 문을 열었다. 그러나 당시 커피는 귀족들의 전유물이었다. 18세기 초에 이르러서야 중산층과 하층민들도 커피를 마시기 시작했다. 독일의 커피 역사에서 가장 중요한 사람은 '프리드리히 대왕'이라고 불리며 존경받던 프로이센의 국왕 프리드리히 2세다. 오전에 최소 7잔, 오후에는 한 주전자씩 마실 만큼 커피를 좋아했지만, 독일의 상징인 맥주를 보호하기 위해 1777년 '커피 금지령'을 선포하기에 이른다. 그러나 프리드리히의 커피 금지령은 암시장 상인들의 주머니를 두둑하게 불리는 결과만을 가져왔다. 결국 독일 정부는 19세기 초 커피 금지령을 철회했다. 독일은 오늘날 세계에서 가장 많은 커피를 소비하는 국가 중 하나다.

㉒ 오스트리아(Austria)

오스트리아는 오스만투르크 제국과 국경을 맞대고 있어 자연스럽게 오스만 제국으로부터 커피가 소개되었다. 오스만의 술탄(황제) 메흐메드 4세는 1655년에 대사 카라 메흐메드를 빈에 파견했고, 오스트리아의 고관대작들은 술탄의 대사로부터 커피를 대접받았다. 평화의 시기도 잠시 영토 확장 야욕을 가지고 있던 오스만 제국은 1683년 오스트리아를 침범하여 빈을 포위했고, 아랍계 폴란드인 게오르그 프란츠 콜시츠키(Kolschitzky)의 활약으로 기독교 연합군이 오스만 제국을 물리치면서 전쟁은 막을 내리게 된다. 폐전 후 급하게 철수하던 오스만 제국의 군사들은 500포대의 커피 원두를 버리고 갔고, 콜시스키는 승전 공신의 자격으로 이 커피 원두와 새 집을 요구해 빈 최초의 커피하우스를 만든다. 1685년 이전까지는 커피 원두를 곱게 갈아 냄비에 끓인 강하고 텁텁한 터키식 커피를 마셨지만, 아르마니아계 이민자 요한 디오바토(Diobato)가 필터를 이용해 커피 가루로부터 커피를 분리해내면서 꿀과 우유가 들어간 부드러운 커피를 즐기게 되었다. 초기의 카피하우스는 귀족 남성들의 전유물이었지만, 19세기에는 여성들에게도 출입이 허용되었다.

바흐의 커피 칸타타

음악의 아버지라 불리는 바흐(J.S. Bach)는 1732년 '커피 칸타타'를 작곡했다. 바흐 시대에는 라이프치히에서 커피를 마시는 것이 대유행이었다. 가정마다 커피를 즐기는 것은 물론 시내의 여러 커피하우스들은 커피와 담소를 즐기려는 사람들로 대성황을 이루었다. 이처럼 커피하우스가 사람들의 사교장 역할을 하다 보니 때로는 커피하우스에서 소규모 공연이 이루어지기도 했다. 바흐의 [커피 칸타타] 역시 커피하우스에서의 공연을 목적으로 탄생한 작품으로 일종의 커피 홍보 음악이며 작은 희극 오페라 같은 매혹적인 칸타타다. 원래 제목은 "Schweigt stille, plaudert nicht" ("가만히 입 다물고 말하지 말아요"라는 것이지만 '커피 칸타타'라는 제목으로 훨씬 더 유명하다.

오스트리아에는 비엔나 커피가 없다

비엔나 커피는 한마디로 아메리카노 위에 하얀 휘핑크림을 듬뿍 얹은 커피를 말한다. 비엔나 커피의 본래 이름은 '아인슈패너 커피(Einspanner Coffee)'인데, 오스트리아에 여행을 갔던 사람들이 오스트리아 빈(비엔나)에서 먹어본 달콤한 커피를 못잊어 "비엔나에서 먹었던 커피"라는 뜻에서 '비엔나 커피'라 부르게 되었다. 비엔나 커피는 마차에서 내리기 힘들었던 오스트리아의 옛 마부들이 한 손으로는 고삐를 잡고, 한 손으로는 설탕과 생크림을 듬뿍 얹은 달콤한 커피를 마시던 것에서 유래되었다. 차가운 생크림의 달콤함과 부드러움, 뜨거운 커피의 쌉싸래함, 시간이 지날수록 차츰 진해지는 설탕의 단맛이 한데 어우러져 한 잔의 커피에서 세 가지 이상의 맛을 즐길 수 있는 메뉴다.

세계에서 가장 비싼 커피
Kopi Luwak

코피 루왁(Kopi Luwak) 또는 시벳 커피(Civet coffee)는 말레이 사향고양이가 아라비카 혹은 로부스타 커피 체리를 먹어서 그 소화 기관을 통과한 커피 열매로 만드는 커피다. 사향고양이가 커피 열매를 먹어도 커피콩은 소화되지 않고 배설된다. 이러한 일은 인도네시아의 수마트라, 자바, 술라웨시 및 필리핀과 동티모르에서 발생한다. 베트남에도 위즐 커피라 불리는 비슷한 것이 있는데, 베트남 원산의 족제비 종류가 먹은 뒤 배설물을 커피 열매로 만드는 것이다.

㉛ 인도네시아(Indonesia)

네덜란드에서 커피나무가 이식되면서 1696년 자바섬에서 커피 재배가 시작되었다. 대체로 무기질이 풍부한 화산 지형을 갖고 있어 커피 재배에 이상적이지만, 1877년 커피녹병(Coffee Leaf Rust)으로 전체 커피 농장들이 초토화되면서 병충해에 강한 로부스타 커피(Robusta Coffee)를 주로 재배하게 되었다. 아시아 최대 커피 생산국이며 세계 생산량의 약 10% 내외를 차지한다. 주요 커피 산지로는 만델링(Mandheling) 커피로 유명한 수마트라(Sumatra), 모카 자바(Mocha Java) 브랜드로 유명한 자바(Java), 셀레베스 토라자(Celebes Toraja)라는 브랜드로 유명한 술라웨시(Sulawesi) 등이 있다. 수마트라의 유명 커피 중 세계에서 가장 비싼 커피 중 하나인 코피 루왁(Kopi Luwak)은 루왁이라는 사향고양이가 커피 생두를 먹은 후 배설한 것을 가공하여 만든 커피이다. 이 커피는 소화 과정에서 발효되어 독특한 풍미를 갖고 있어 그 희귀성을 인정받고 있다.

㉠ 브라질(Brazil)

1727년 브라질 장교 프란체스코 드 멜로 팔헤다(Palheta)가 프랑스 식민지였던 기아나(Guiana)에서 커피를 들여왔고 포르투갈로부터 독립한 1822년에 본격적인 생산이 시작되었다. 20세기 초에는 비교적 낮은 고도에도 적당한 습기, 흐린 날씨, 비옥한 토지, 값싸고 풍부한 노동력 등의 조건으로 전 세계 커피의 40~50%를 점유했다. 아직까지 전 세계 커피 생산량 1위의 지위를 유지하고 있으며, 버본(Bourbon), 티피카(Typica), 문도 노보(Mundo Novo), 카투라(Caturra), 카투아이(Catuai), 마라고지페(Maragogype) 등 아라비카(Arabica)의 변종 및 교배종, 코닐론(Conilon)이라는 로부스타(Robusta) 종 등이 재배되고 있다. 커피 생산 지역이 넓어서 지역별 기후 조건과 토양 특성에 따라 다양한 품종, 품질의 커피를 생산한다. 국가 차원에서 스페셜티 커피(Specialty Coffee) 산업의 성장을 위해 브라질 스페셜티 커피 협회(BSCA,

Brazil Specialty Coffee Association)를 창설하였고, 매년 '컵 오브 엑셀런스(The Cup of Excellence) 대회'를 개최해 중남미 지역 스페셜티 커피 보급에 앞장서고 있다.

브라질의 카페 징요

브라질에서는 손님이 방문하면 환영한다는 의미로 전통 커피를 대접하는데, 이것이 바로 '카페 징요(Caffezinho)'다. 커피 원두를 에스프레소 굵기로 갈아서 한 큰술, 그리고 한 작은술의 설탕을 준비한다. 팬에 물을 붓고 준비된 설탕을 넣은 뒤 끓기 바로 전까지 중불로 온도를 높인다. 설탕이 물에 잘 녹으며 섞이게 되면 불을 끈다. 그 사이 원두를 넣은 커피 잔에 뜨겁게 데운 설탕물을 넣고 잘 젓는다. 그런 후 융드립퍼나 일반 종이 드립퍼에 내려 한 번 거른다. 거른 커피는 데미타세 잔에 부어 손님에게 대접한다. 카페 징요는 이렇게 그냥 마셔도 되고 좀 더 부드러운 맛을 원한다면 따뜻한 우유와 섞어 마셔도 된다. 한 가지 주의할 점은 물이 끓어 버리면 온도가 너무 높아 커피와 섞어 내릴 때 다소 강한 쓴맛이 나올 수도 있다는 점이다.

ⓔ 자메이카(Jamaica)

1728년 커피 경작이 시작되었고 1768년 커피 산업이 크게 발전하였다. 섬의 대부분이 고지대 산악 지역으로 기후가 서늘하고 안개가 잦으며 강수량이 많고 배수가 잘 되는 토양으로 이루어져 커피 재배에 이상적이다. 특히 동쪽 블루마운틴(Mt. Blue mountain) 기슭의 해발 1,200m 이상 지역의 짙은 안개는 커피나무의 성장을 더디게 하여 다른 지역에 비해 생두의 밀도가 높고 우수한데, 이 커피를 블루마운틴(Blue mountain)이라고 부른다.

ⓟ 일본(Japan)

일본은 에도시대(1603~1867년) 초기 기독교 포교 금지정책을 유지하는 쇄국정책을 하면서 한편으로는 나가사키의 테지마현을 개방된 항구로 삼고 네덜란드, 중국 등과 무역을 하며 서양 문물을 받아들인다. 이때 화승총, 여러 가지 서양 문물, 천주교와 커피가 들어왔다는 설이 지배적이다. 우리나라보다 거의 170년 정도 먼저 커피를 받아들였는데, 우리나라 문헌상 기록에서 고종황제 전에 커피를 들여왔거나 즐겼다는 자료가 없어 추측일 뿐이다. 1854년 미국 페리 제독의 개항 요구에 굴복하여 하코다테와 시모다를 개항한 이후 나가사키, 요코시마 등으로 개항을 확대하면서 외국인 체류자가 늘어나게 되었고, 이들을 상대로 한 카페가 하나둘 생겨났다. 태평양 전쟁 후 미국 문화의 영향으로 생두를 수입하고 커피하우스가 거리에 넘쳐나기 시작했다. 핸드드립(Hand Drip), 사이펀(Siphon) 등의 추출법을 개발·발전시켜 고노(Kono), 하리오(Hario), 칼리타(Kalita) 등 세계적인 커피용품 회사들이 성업 중이다.

자메이카 블루마운틴

'Blue Mountain'이라는 상표는 포트란드, 성 토마스, 성 앤드류 고지대에서 재배한 커피콩에만 사용한다. 낮은 지대의 콩은 'High Mountain Supreme'과 'Prime Washed Jamaica'로 분류한다. 커피 맛은 부드러우면서 향기가 풍부한 것이 특징이다.

ⓗ 대한민국(Korea)

기록상 우리나라에서 커피를 가장 먼저 접한 사람은 고종황제다. 1896년 아관파천 당시 러시아 공사관으로 피신해 있던 고종황제에게 러시아 공사 베베르(Karl Ivanovich Veber)가 커피를 대접했고 이후 고종은 환궁해 덕수궁에 정관헌이라는 서양식 정자를 짓고 커피를 즐겼다. 또한, 1898년 고종 독살사건에 커피가 이용되는데, 역관 김홍륙이 유배에 앙심을 품고 공홍식과 김종화를 매수해 고종과 순종이 즐겨 마시던 커피에 독약을 넣었다. 고종은 늘 마시던 커피에서 이상한 냄새가 나서 한입 물고 바로 뱉어 냈지만, 순종은 약간 마셔버린 터라 의치를 18개나 했을 정도로 고생했다. 당시 민간에서는 커피를 서양에서 들어온 국물이라 하여 '양탕국(洋湯麴)'이라 불렀으며, 우리나라 최초의 커피하우스는 손탁 여사가 운영하던 손탁 호텔(Sontag Hotel)이다.

③ 커피 재배 지역의 확대

㉠ 아시아 지역

커피는 이슬람 수도승들에게는 없어서는 안 될 음료였다. 정신을 맑게 해 주고 졸음을 쫓아 주어 수행하는 데 많은 도움을 주었기 때문이다. 그래서 커피의 외부 반출을 엄격히 통제했는데 특히 파치먼트나 생두 형태로 발아가 가능한 커피콩은 반출을 엄금했다. 1600년경 메카(Mecca)에서 인도의 이슬람 승려 바바부단(Baba Budan)이 행랑에 커피 씨앗을 몰래 숨겨와 인도의 마이소어(Mysore) 지역에 심게 된다. 네덜란드가 1616년 예멘의 모카에서 커피묘목을 밀반출하여 암스테르담 식물원에서 재배하였으며, 1696년에 인도네시아 자바섬에 옮겨 심어 재배함으로써 유럽 국가 중 최초로 수출 국가가 된다.

㉡ 카리브해 지역

카리브 해에 커피가 가장 먼저 재배된 곳은 마르티니크(Martinique) 섬이다. 프랑스의 해군 장교 클리외(Gabriel Mathieu de Clieu, 1687~1774)는 프랑스 왕립식물원에서 커피묘목을 구해 본인이 근무하는 마르티니크 섬에 심었다. 이후 라르티니크를 통해 카리브 해와 중남미 지역에 커피가 전파되었다.

3) 커피 연표

연대	내용 설명
900(추정)	아라비아 라제스(Rhazes)가 의학 집성에 최초로 커피를 언급
1000(추정)	아비센나(Avicenna)가 커피의 약리 효과에 대해서 최초로 기술
1511	메카(Mecca)에 커피하우스 탄생
1517	오스만투르크제국의 셀림 1세가 이집트를 정복한 후 커피를 콘스탄티노플로 가져옴
1554	콘스탄티노플 최초의 커피하우스 오픈
1600(추정)	바바 부단이 커피 씨앗을 인도의 마이소어 지역에 이식
1615	이탈리아 무역상에 의해 커피가 유럽에 최초로 소개
1616	네덜란드 무역상에 의해 커피가 예멘 모카에서 네덜란드로 유입
1650	야곱(Jacob)에 의해 영국에 최초의 커피하우스 오픈
1652	파스카 로제가 런던에 최초의 커피하우스 오픈
1658	네덜란드에 의해 실론에 처음 커피 경작
1663	예멘의 모카에서 암스테르담으로 정기적인 커피 수입 시작
1670	프랑스 다종에서 커피 재배 시도했으나 실패
1683	콜쉬스키(Kolschhitzky)가 오스트리아 비엔나에 커피하우스 오픈
1686	프랑스 최초 커피하우스 프로코프 오픈
1696	네덜란드에 의해 인도 말라바에서 인도네시아 자바섬으로 첫 커피묘목을 이식했으나 홍수로 경작 실패
1699	네덜란드가 다시 인도 말라바에서 인도네시아 자바섬으로 커피묘목을 이식해서 성공
1706	인도네시아 자바에서 재배된 커피나무와 커피가 암스테르담 식물원으로 옮겨짐
1714	네덜란드 식물원에서 프랑스 루이 14세에게 커피묘목 선물
1715	부르봉(Bourbon) 섬에서 커피 재배, 아이티와 산토도밍고에도 커피나무 이식
1720	이탈리아 베니스에 카페플로리아 오픈
1723	팔헤타(Palheta)에 의해 프랑스령 기아나에서 브라질 파라 지역으로 커피 이식 프랑스 장교 클리외가 카리브해의 마르티니크 섬에 커피나무 이식
1730	영국이 자메이카에 커피나무 이식
1732	바흐(Bach)가 커피 칸타타 작곡
1748	쿠바에 커피나무 이식
1750	자바에서 셀레베스로 커피나무 이식
1755	마르티니크섬에서 푸에르토리코로 커피나무 이식
1760	예수회가 과테말라에 커피나무 이식
1770	브라질 리오, 미나스, 상파울루에서 커피 재배 시작
1779	스페인 항해사인 나바로에 의해 쿠바에서 코스타리카로 커피나무 이식
1784	마르티니크섬에서 베네수엘라로 커피나무 이식
1808	콜롬비아 쿠쿠타 지역에서 커피 재배 시작
1825	브라질 리우데자네이로에서 하와이로 커피나무 이식
1835	인도네시아 자바와 수마트라섬에 최초로 민간 커피 농장 생김
1840	엘살바도르에 커피나무 이식
1860	독일 이주민이 과테말라에서 커피 재배
1869	커피녹병이 스리랑카 실론에 처음 발생
1878	영국령 중앙아프리카에 커피나무 이식

커피녹병(Coffee Leaf Rust)
잎과 싹에 나는 병의 한 종류로서, Hemileia vastatrix Berteley & Broome이라는 학명을 지닌 병원균이 일으키는 병이다. 통상 녹병, CLR, leaf rust, roya 등으로 불린다. 발병한 나무의 잎 뒷면에 녹이 슨 듯한 형태로 오렌지색 포자가 나타나면서 이러한 이름이 붙여졌다. 커피나무가 이 병에 걸리면 잎에 포자가 생긴 만큼 광합성이 줄어들고 영양 저장이 부실해져서 열매를 맺지 못하게 된다. 첫 피해지인 실론의 경우 발병 이후 10년 사이 수확량은 무려 3/4이 줄어들었다. 1869년 실론에서 발견된 이래 1876년 수마트라, 1878년 자바, 1882년 레위니옹에서 발견되었다. 이후에도 1913년 케냐, 1952년 아이보리 코스트, 1970년 브라질, 1981년 과테말라, 1983년 콜롬비아, 1986년 자마이카에서 녹병이 보고되었다.

1882	뉴욕거래소 업무 개시
1885	벨기에령 콩고에 커피나무 이식
1887	인도차이나 통킹에 커피나무 이식
1896	호주 퀸즐랜드에 커피나무 이식
1900	케냐에서 상업적으로 커피 재배 시작
1901	• 레위니옹섬에서 영국령 동아프리카로 커피나무 이식 • 루이지 베제라(Bezzera)가 1개의 보일러와 4개의 그룹으로 된 에스프레소 머신에 관한 특허 출원
1902	로부스타가 브뤼셀 식물원에서 자바섬으로 이식
1903	독일의 로셀리우수(Roselius)가 커피에서 카페인 제거 성공
1923	이탈리아가 아프리카 에리트레아로 커피나무 이식
1929	프랑스령 서아프리카에 처음으로 커피나무 이식
1940	미국이 전 세계 커피 생산량의 70%를 수입
1946	이탈리아 가지아(Gaggia)가 피스톤식 에스프레소 머신을 개발하여 크레마를 처음 선보임
1962	커피 공급량을 조절하기 위한 국제커피협정(ICA) 체결
1975	브라질의 서리 피해로 인해 커피 가격 급등
1989	국제커피협정 체제 붕괴로 커피 가격 폭락
1999	브라질에서 처음으로 CoE(Cup of Excellence) 시작

③ 커피의 식물학

1) 커피 재배 지역

커피나무는 상록수로 세계 지도를 펼쳐놓고 봤을 때 적도를 중심으로 북위 25도, 남위 25도 사이에서 재배된다. 띠(혹은 벨트)처럼 형성된 지역이라는 뜻에서 커피 재배 지역을 커피존(Coffee Zone) 또는 커피벨트(Coffee Belt)라고 부른다. 커피존이나 커피벨트 지역 중에서도 고지대에서 생산되는 커피일수록 고급 품종으로 분류된다. 해발 500m 이하 지역에서는 저급 품종인 로부스타종이 주로 생산되며, 그 이상의 지역에서는 고급 품종인 아라비카가 주로 생산된다. 특히 1,500m 이상의 고지대에서 생산되는 아라비카 커피의 경우 최상급 커피로 인정된다. 커피의 주요 생산 국가는 약 60여 개국이다.

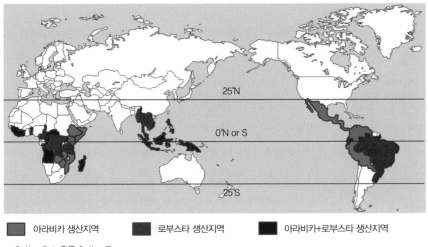

아라비카 생산지역　로부스타 생산지역　아라비카+로부스타 생산지역

▲ Coffee Belt 혹은 Coffee Zone

2) 커피의 3대 원종

1753년 스웨덴의 식물학자 린네에 의해 아프리카 원산의 꼭두서니과 코페아속에 속하는 다년생 쌍떡잎식물로 분류된 커피나무는 일 년 내내 푸른 관목에 해당한다. 코페아속 중 유코페아에 해당하는 커피나무는 크게 아라비카, 카네포라, 리베리카로 나뉘며 카네포라종의 대표적인 품종이 로부스타인 관계로 흔히 아라비카와 로부스타로 구분해서 부른다.

▲ 커피의 품종 계통도

▲ 아라비카종 생두

① 아라비카(Arabica)종

아라비카는 에티오피아가 원산지로 자가수정을 통해 열매를 맺는다. 아라비카 품종 중 티피카(Typica)와 부르봉(Burbon)종이 가장 대표적인 품종으로 티피카는 라틴아메리카와 아시아에서 주로 재배되고 있으며, 버본은 남아메리카에서 많이 재배되고 있다. 아라비카 커피나무는 5~6m 정도까지 자라며 평균 기온 20℃ 전후, 해발 1,500m의 고지대에서도 잘 자란다. 고도가 높은 곳에서 생산되는 아라비카 커피일수록 일교차에 의해 열매의 밀도가 단단해지면서 더욱 복합적이고 풍부한 향을 함유하게 되며, 이러한 특징 때문에 고지대 커피를 최우수 품종으로 분류한다. 또한 로부스타 커피나무에 비해 온도, 기후, 토양, 질병, 해충에 약해 재배에 더 많은 손길이 간다.

합격생의 비법

아라비카의 친구 Shade Tree
아라비카종 커피나무가 잘 자라기 위한 최적의 온도 조건은 연중 15~24℃ 사이를 유지하는 것이다. 이 이상 온도가 올라가면 광합성 작용이 둔화되고, 0℃ 근처까지 내려가면 냉해를 입게 되어 커피 경작에 막대한 피해를 입게 된다. 이런 이유로 커피를 재배할 때 바나나, 망고, 아보카도 나무와 같이 잎이 넓고 큰 나무를 함께 심는데 이를 '셰이드 트리(Shade Tree)'라고 한다. 셰이드 트리가 커피나무를 직사광선이나 서리, 강한 바람으로부터 보호하는데 이러한 재배 방법을 '그늘재배 커피(Shade grown coffee)'라 부른다. 셰이딩은 수분 증발을 막아주고 일교차를 완화시켜 줄 뿐 아니라 토양 침식을 막아주고 잡초의 성장을 억제하며 토양을 비옥하게 해주는 효과가 있다. 반면 셰이딩을 하지 않고 대량으로 재배하여 생산된 커피를 '태양커피(Sun coffee)'라 한다.

▲ 로부스타종 생두

② 로부스타(Robusta)종

로부스타는 아프리카 콩고가 원산지로 타가수정을 통해 열매를 맺는다. 아라비카에 비해 병충해, 기후, 질병에 강해 열대 산림 지대의 습하고 더운 기후나 브라질의 뙤약볕 아래서도 튼튼하게 잘 자란다. 아라비카 커피에 비해 카페인 함량이 많고 쓴맛이 강해 주로 인스턴트 커피 제조용으로 사용되고 있지만 근래 들어 고소한 맛과 향을 지닌 커피로 재조명받고 있다. 야생 상태의 로부스타종은 18세기부터 재배되기 시작했으며 다 자란 나무의 높이가 10m에 이르지만, 생산성 증대를 위해 2~3m 정도로 제한한다.

③ 리베리카(Liberica)종

리베리카종은 아프리카의 라이베리아(Liberia)가 원산지로 꽃이나 잎, 열매는 아라비카나 로부스타보다 크고, 기후나 토양 등 자연조건에도 잘 적응해 재배하기가 쉬우며 저지대에서도 잘 자란다. 주 재배 국가는 라이베리아, 수리남, 가이아나,

필리핀 등으로 생산량이 미미하고 일부 해외에 수출되기는 하지만 맛과 향이 단순해 상품성이 낮은 관계로 주로 자국 소비가 많은 품종이다.

구분	아라비카종	로부스타종	리베리카종
맛/향	향미가 우수, 신맛이 좋음	향미가 약함, 쓴맛이 강함	강한 쓴맛
콩의 모양	편형, 타원형	아라비카에 비해 둥근 편	마름모 모양
나무 높이	5~6m	5m 전후	10m
나무당 수확량	비교적 많음	많음	적음
재배고도	800~2,000m(고지대)	700m 이하(저지대)	20m 이하
병충해, 서리	약함	비교적 강함	강함
온도 적응성	저온, 고온 모두에 약함 (15~24℃)	고온에 강함(24~30℃)	저온, 고온 모두에 강함
강우 적응	많은/적은 비 모두에 약함 (1,500~2,000mm)	많은 비에 강함 (2,000~3,000mm)	많은/적은 비 모두에 강함
수확까지 연수	3년 이상	3년	5년
체리 숙성 기간	6~9개월	9~11개월	
생산량	전 생산량의 70~80%	20~30%	아주 적음
카페인 함량	약 1.4%	2~2.2%	
염색체 수	44개	22개	
번식	자가수분	타가수분	타가수분
분류등록	1753년	1895년	
원산지	에티오피아	콩고	라이베리아
주요 생산국가	브라질, 콜롬비아, 에티오피아 등	베트남, 브라질, 인도네시아 등	기니, 말레이시아, 필리핀 등

3) 대표적인 아라비카 커피 품종

품종	설명
티피카 (Typica)	• 아라비카 원종에 가까운 품종 • 예멘에서 아시아로 유입되었으며, 1720년대 카리브해 지역과 중미 지역으로 전파되어 아시아와 중미 지역에서 주로 재배 • 고지대에 적합한 품종이며 맛과 향이 좋지만 병충해에 약하고 단위당 생산성이 낮음
부르봉, 버번 (Bourbon)	• 프랑스에 의해 예멘에서 인도양의 레위니옹섬으로 이식된 품종 • 생두는 둥글고 단단한 편이며 품질이 뛰어나지만 질병에 약함 • 고지대에 잘 적응하며 비나 바람에 약한 편이지만 수확량은 티피카에 비해 20~30% 정도 많음 • 체리는 붉은색(Red Bourbon)과 노란색(Yellow Bourbon)으로 익어감
문도노보 (Mundo Novo)	• 부르봉과 티피카 계열의 수마트라의 자연교배종으로 1943년 브라질에서 발견됨 • 환경적응력이 좋아 생산성이 좋으나 커피나무가 매년 3~4m 정도나 자라 가지치기가 필요 • 카투라, 카투아이, 부르봉과 함께 브라질 커피의 대표 생산 품종임 • 문도노보는 신세계라는 뜻으로 신맛과 쓴맛의 밸런스가 좋음

카투라 (Caturra)	• 1937년에 브라질에서 발견된 부르봉종의 돌연변이종 • 부르봉종보다 나무의 크기가 작으며 커피녹병에 강한 특성을 가지고 있음 • 3~4회 수확 후 커피나무가 말라 버리는 치명적인 결함이 있음 • 콜롬비아 및 코스타리카에서도 생산되고 있으며 신맛이 우수하고 품질이 뛰어남
카투아이 (Catuai)	• 문도노보의 결함을 보완하기 위해 1949년 개발된 카투라종과 문도노보를 교배시 킨 인공 교배종임 • 3년째부터 10년까지 생산 가능해 생산년수가 짧은 편임 • 커피나무가 크지만 강풍에 강하고 강한 비바람에도 열매가 잘 떨어지지 않음 • 생산성이 높아 매년 생산량이 많지만 맛이 단조롭고 향이 약함
마라고지페 (Maragogype)	• 1870년 브라질의 바이아주 마라고지페시에서 발견된 티피카의 돌연변이종 • 나무의 마디가 길고 잎, 체리, 생두의 크기가 매우 큰 품종 • 파카스종과 교배한 파카마라, 카투라종과 교배한 마라카투 등이 개발되었음 • 생산성이 낮고 맛과 향이 부드러운 특성이 있음
게이샤 (Geisha)	• 1931년 에티오피아에서 발견되어 케냐로 보내졌다가 1953년 코스타리카로 이동 했다가 파나마로 보내짐 • 독특한 향미로 현재 최고의 커피로 일컬어지고 있으며 희소성으로 인해 최고가로 거래됨
켄트 (Kent)	• 1911년 켄트라는 사람에 의해 인도에서 발견됨 • 1946년 S288과 교배하여 S795종으로 개량됨 • 생산량이 많고 커피나뭇잎병에 강한 특성이 있음
파카스 (Pacas)	• 1949년 엘살바도르에서 발견된 부르봉종의 돌연변이종 • 1958년 마라고지페의 교배종인 파카마라와 교배하여 엘살바도르에서 재배됨
이카투 (Icatu)	• 로부스타와 버번을 교배시킨 뒤 문도노보나 카투라 같은 아라비카종과 다시 역교 배시켜 만든 품종임 • 나무 키와 콩의 크기가 큰 편임
아라부스타 (Arabusta)	염색체가 2배체인 로부스타를 아라비카와 같이 4배체 염색체를 갖도록 변이시킨 후 이를 아라비카와 다시 결합시켜 탄생시킨 교배종임

합격생의 비법

몬순커피

(Monsooned coffee)
건식가공 커피를 몬순(Monsoon) 계절풍에 노출시켜 숙성하여 만든다. 바디가 강하고 신맛이 약하며 원목 향이나 짚의 향 같은 독특한 향을 가지고 있다. 인도 몬순 말라바(Malabar) AA가 여기에 해당한다.

4) 카네포라 품종

카네포라 품종은 코닐론(Conillon), 로렌티(Laurentii), 오카(Oka), 브코벤시스(Bukobensis), 느간다(Nganda), 에렉타(Erecta), 안브리오(Anbro), 크라시포리아(Crassifolina), 카젠고(Cazengo) 등이 있다.

5) 아라비카와 카네포라의 교배종

품종	설명
하이브리드 티모르 (Hybrid Timor)	• 1927년 동티모르에서 발견된 아라비카종의 티피카와 카네포라종 에렉타의 자연 교배종 • 콩의 크기와 나무의 키가 매우 큰 편 • 가뭄, 커피녹병에 강하며 커피나무가 높은 편이며 생산성이 낮음
카티모르 (Catimor)	• 1959년 하이브리드 티모르와 카두라를 인공교배해 만든 품종 • 커피녹병에 강하고 저지대에서 생산성이 높음 • 커피나무는 작지만 생두의 크기가 큰 편, 조기수확과 다수확이 가능
콜롬비아 (Colombia Variety)	• 1971년 개발에 착수하여 1982년 완료된 개량품종으로 카투라와 하이브리드 티모르의 교배종 • 생두의 크기가 크며 병충해 저항력이 좋고 직사광선에 강해 매년 수확이 가능

6) 기타 품종

품종	설명
SL28	• 1935년 탄자니아에서 케냐로 들여온 나무에서 선택된 품종 • 커피녹병과 커피베리병에 강하고 맛과 향이 뛰어남
SL34	• 케냐에서 개발된 품종으로 생산량이 좋고 품질이 우수 • 커피녹병 저항력이 약한 단점이 있음
S795	• 아라비카와 리베리카의 자연교배종을 아라비카에 역교배시켜 만든 품종 • 커피녹병에 강하며 조기 수확이 가능함
S288	• 커피녹병에 강하며 커피나무의 높이가 높고 수확량이 높음 • 맛과 향의 품질이 우수함
아카이아(Acaia)	문도노보의 선별종
아루샤(Arusha)	파푸아뉴기니에서 재배되는 품종
아가로(Agaro)	온두라스, 말라위, 짐바브웨 등에서 재배되는 품종
빌라사치 (Vila Sarchi)	• 부르봉 계통의 카투라와 유사한 품종 • 나무의 형태와 수확량이 카투라와 유사하지만 약간 왜소함
카투카이(Catucai)	1980년 브라질에서 계량된 이카투와 카투아이의 교배종
루이루일레븐 (Ruiru 11)	• 1985년 케냐 루이루에 있는 연구소에서 만든 카티모르와 SL28종의 교배종 • 커피녹병과 커피베리병에 강함 • 일반 커피나무에 비해 면적당 2배 정도의 커피나무를 더 심을 수 있어 생산성이 높음

합격생의 비법

품종 개량의 목적
품종을 개량하는 목적은 커피 품질 개선(맛과 향), 환경 적응력 증가, 병충해에 대한 저항성 증가, 생산성 증대 등이다.

7) 커피나무의 경제적 수명

커피나무는 꼭두서니과(Rubiaceae) 코페아속(Coffea)에 속하는 다년생 쌍떡잎 식물로 열대성 상록교목이며 경제적 수명은 보통 20~30년이다. 10m 이상도 자라지만, 생산성을 위해 키를 2~2.5m로 유지해준다.

8) 커피 재배 조건

① 토양

유기성이 풍부한 충적토, 배수가 잘 되는 화산성 토양이 적합하다. 용암과 응회암, 화산재, 현무암, 화강암 등이 적당하며 표토가 최소한 2m 이상으로 깊어야 하며 약산성(pH 5~6)의 다공질 토양이어야 한다. 점토질 토양은 70% 이하, 굵은 모래는 20~30% 이하의 물 저장 능력이 좋은 토양이 좋다.

② 강수량

아라비카종의 경우 연 강수량 1,500~2,000mm에 열매를 맺기 전에는 우기, 맺은 후에는 건기가 적합하다. 연 70mm 이하의 강수량이 3개월 이상이 지속되면 가뭄 피해를 입는다. 카네포라종의 경우 연 강수량이 최소 2,000~3,000mm 정도 필요하며 고온다습한 기후가 잘 어울린다. 커피 재배 지역에서 우박은 커피나무에 가장 심각한 피해를 입히는 요인이다.

③ 바람

강한 바람이 없는 열대와 아열대 지역이 적합하다. 특히 커피의 수확철에 바람은 심각한 낙과와 커피나무를 부러뜨리는 등의 치명적인 피해를 입힌다.

④ 햇볕

연 일조량 2,000~2,200시간으로, 너무 많은 직사광선은 커피나무 잎의 온도를 올려 광합성을 저하시킨다. 직사광선을 막아 주기 위해 커피나무 옆에 키가 크고 잎이 넓은 셰이드 트리(Shade Tree)를 함께 심어 준다. 이는 커피나무의 수분 증발을 막아 주며 주야 간의 온도차를 완화시켜 토양의 침식을 막아 주고, 잡초의 성장을 억제시켜 토양을 비옥하게 만들어 주는 역할을 한다. 또한 해충의 발생을 억제시키며 꽃이 많이 피거나 가지가 말라 가는 것을 방지하는 역할을 하기도 한다.

⑤ 기온

아라비카종은 연평균 기온 15~24℃ 정도로, 30℃를 넘거나 5℃ 이하로 내려가지 않아야 하며 서리가 내리지 않아야 한다. 기온이 높으면 커피녹병이 심하게 번지고, 기온이 5℃ 이하로 내려가면 잎이 말라 죽는 냉해를 입게 된다. 카네포라종은 아라비카종에 비해 고온다습한 기온이나 병충해에 강하다. 연평균 기온 24~30℃가 적당하며, 최저온도는 10℃ 이상이 되어야 한다.

⑥ 지형

아라비카종은 주로 고지대의 경사진 지형에서 재배되고, 로부스타종은 저지대의 평지에서 많이 재배된다. 고지대에서 재배되는 아라비카종의 경우, 강수량이 많으면 산사태로 인해 많은 피해가 발생하기도 한다.

⑦ 고도

커피는 재배 고도가 높을수록 밀도가 단단해져 맛과 향이 다양해진다. 그 이유는 고지대일수록 일교차가 심해 커피열매가 수축과 팽창을 반복하면서 자라 단단한 밀도를 갖추게 되기 때문이다. 저지대처럼 온도와 습도가 높은 지역에서는 커피체리가 빨리 익으며 맛과 향이 단조로워진다. 아리비카종은 고지대(800~2,000m), 로부스타종은 저지대(700m 이하)가 적합하다.

⑧ 번식

커피나무는 씨앗으로 번식하며 접목, 꺾꽂이, 시험관 재배 등을 통해 무성생식하기도 한다. 파치먼트 상태로 묘판이나 비닐 화분에 심어 싹을 틔운다. 30~60일이 지나면 새순이 나오기 시작하며, 6~12개월 정도 일조량 적응력을 높여 주면서 완전한 잎이 나올 때까지 키운다. 커피나무의 높이가 30~50cm 정도 되고 잎이 10쌍 정도 되었을 때 농장으로 옮겨 심는다. 커피나무 이식은 비가 와서 빗물이 지표면 아래까지 스며든 습도가 높고 흐린 날이 좋아 주로 우기가 시작될 때 이식한다. 어린 커피나무는 12~15개월 후 꽃을 피우며 3년이 지나야 커피 수확이 가능해진다. 자연 상태로 두면 10m 이상을 자라기도 하지만 원활한 수확을 위해 2m 이내에서 가지치기를 해준다. 커피나무의 경제적 수명은 20~30년 정도다.

9) 커피꽃과 열매

커피꽃은 2~3cm 정도의 흰색으로 꽃잎은 아라비카종과 로부스타종은 5장, 리베리카종은 7~9장이다. 꽃의 향은 흔히 재스민 향과 오렌지 꽃 향이 난다고 알려져 있지만 오렌지 꽃 향에 가깝다. 고지대에서 자라는 아라비카종은 자가수분을 하고, 로부스타와 리베리카는 타가수분을 한다. 개화 후 꽃이 피어 있는 기간은 2일 정도로 꽃이 진 자리에 깨알만 한 열매가 맺힌다. 녹색 상태로 자라던 커피 열매는 익으면 빨갛게 변하는데 이를 커피체리(Coffee Cherry)라 부르며, 길이는 15~18mm 정도이다.

▲ 커피꽃

▲ Yokh 커피 농장의 커피꽃

▲ 커피체리

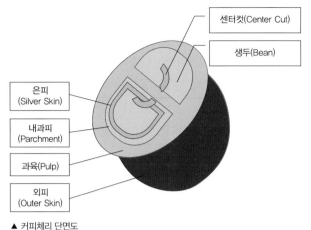

센터컷(Center Cut)
생두(Bean)
은피 (Silver Skin)
내과피 (Parchment)
과육(Pulp)
외피 (Outer Skin)

▲ 커피체리 단면도

① 외피/겉껍질(Outer Skin) : 체리를 감싸고 있는 맨 바깥의 껍질로 외과피에 해당한다.

② 과육/펄프(Pulp) : 단맛이 나는 과육으로 중과피에 해당한다.

③ 내과피/파치먼트(Parchment) : 생두를 감싸고 있는 딱딱한 껍질로 점액질에 쌓여 있으며 내과피에 해당한다.

④ 은피/실버스킨(Silver Skin) : 파치먼트 안에 생두를 감싸고 있는 얇은 반투명 껍질이다.

⑤ 생두(Green Bean) : 커피콩을 말하며 그린빈(Green Bean)이나 그린커피 (Green coffee)라 부른다.

⑥ 센터컷(Center Cut) : 생두 가운데 나 있는 S자 형태의 홈을 말한다

10) 뿌리

커피나무 뿌리는 땅속 30~60cm에 주로 분포하는데, 아라비카종은 로부스타종보다 뿌리가 깊게 발달하여 가뭄에 더 강한 특징을 지닌다.

11) 잎

커피나무의 잎은 타원형이며 두껍고 짙은 녹색이다. 앞면은 광택이 나고 가장자리는 파도 모양이다. 아라비카종보다 로부스타종의 잎이 좀 더 넓은 편이며 새잎은 품종에 따라 옅은 녹색이나 브론즈색을 띤다.

12) 피베리(Peaberry)

커피체리 안에는 일반적으로 두 개의 콩이 들어 있으나 한 개의 콩만 들어 있는 경우도 있는데 이를 피베리(Peaberry)라 부른다. 유전적 결함이나 환경적인 조건에 의해 생긴 미성숙두라 한때는 결점두로 취급해 버려졌으나, 지금은 스페셜 등급으로 거래되고 있다. 일반적으로 전체 생산량의 약 5~10% 정도가 피베리다.

▲ 피베리

④ 커피 생산지

대륙별	생산국	대표 브랜드
중앙아메리카	자메이카	블루마운틴
	하와이	코나, 티피카, 9월~3월 수확
	푸에르토리코	캐리비안마운틴, 얀코, 셀렉토
	코스타리카	코랄마운틴, 타라주(Tarrazu), 로부스타 재배를 법으로 금지, SHB~HB 등급 사용
	콰테말라	안티구아 SHB, 스모크 커피의 대명사, 코반, 우에우에떼낭고
	멕시코	알투라, 리퀴드암바, 치아파스, 코아태펙, 오악사카, 8월~11월, 11월~1월(고지대) 생산
	쿠바	크리스탈마운틴
	도미니카	산토도밍고
	엘살바도르	SHG, 파카마라
	온두라스	SHG
	니카라과	누에바세고비아
	파나마	보큐테 SHB
	아이티	아이티블루
남아메리카	콜롬비아	수프리모~엑셀소, 마니살레스, 아르메니아, 메데인, 산타마르타, 부카라망가, 10월~2월에 주로 생산, 4~6월 생산, 아라비카 커피 수출과 워시드 커피 생산 1위
	브라질	산토스 NO.2, 세라도, 바이아, 파라나, 상파울루, 미나스제라스, 리우데자네이루, 코닐론 생산 지역~론도니아, 에스피리투산투
	볼리비아	AAA
	갈라파고스 제도	SHB
	에콰도르	안데스마운틴, 루비마운틴
	페루	찬차마요
	베네주엘라	카라카스

	예멘	모카 마카리, 모카 스마일리
아프리카	에티오피아	예가체프, 시다모, 하라, 김비, 롱베리, 숏베리
	케냐	SL28, SL34, 10월~12월(60% 생산), 6월~8월(40% 생산)
	탄자니아	킬리만자로, 모시(킬리만자로), 버번, 켄트, 블루마운틴, 티피카, 로부스타(25%)
	우간다	부기슈
	앙골라	엠브리즈, 엠보임, 노보레돈노
	부룬디	엔고마, AA
	카메룬	엘러펀트, 롱베리
	콩고	오리엔탈, 키부
	코트디브아르	아이보리코스트
	르완다	마라다, 버본
	마다가스카르	로부스타
	말라위	엠주주
	잠비아	테르노바, 카팡가, 무나리, 치소바, 낭가, 무투위라
	세인트 헬레나	유기농
	남아프리카 공화국	나탈
	짐바브웨	치팡가
아시아	인도네시아	코피 루왁, 만델링, 수마트라(전체 생산량의 2/3 차지), 가요마운틴, 자바, 술라웨시, 발리 슬라웨시토라자, 아라비카(10%), 로부스타(90%)
	인도	몬순말라바
	필리핀	팜시벳, 코피 루왁
	파푸아뉴기니	시그리, 마운트하겐, 아로나, 파라카
	태국	반도이창
	베트남	콘삭
	중국	카티모르, 시마모
	동티모르	에르메라, 아이나로, 리퀴사
	호주	스카이베리, 마운틴탑

합격생의 비법 ◉

전 세계 커피 생산량은 약 1억 4천만 백(60kg 기준) 정도이다. 남아메리카가 전체 생산량의 약 50%를 차지하고 있으며 아시아, 중앙아메리카, 아프리카 순이다. 브라질이 전체 생산량의 약 30%를 차지하는 생산대국이며, 베트남, 인도네시아, 콜롬비아 순이다.

합격생의 비법 ◉

커피의 소비는 주로 선진국에서 이루어진다. 유럽 국가가 가장 많이 소비하고, 미국, 독일, 일본 순으로 소비량이 많다. 북유럽 국가들은 1인당 소비량이 가장 많은데 핀란드, 노르웨이, 스웨덴 같은 나라 등이 해당된다. 우리나라는 세계 12위권의 커피 소비 국가로 연간 평균 약 2.5kg(1인당) 정도의 커피를 소비하고 있다.

5 커피의 가공과 유통

1) 커피의 수확

파치먼트를 파종해 40~60일 정도가 지나면 싹이 튼다. 떡잎이 나온 후 1년까지는 종묘장에서 기르고 이후 농장에 이식한다. 열대성 단일재배 다년생 작물인 커피나무는 씨앗을 심어 싹을 틔운 후 이르면 3년, 늦어도 5년째에는 열매를 맺기 시작해 6~15년 정도에 가장 많은 수확량을 자랑한다.

▲ Yokh 커피 핸드피킹 수확

① 사람에 의한 수확 방법(Manual Harvesting)

	스트립핑(Stripping)	핸드피킹(Hand Picking)
방법	가지에 달린 커피를 한 번에 훑어 수확하는 방법	익은 커피체리만을 골라서 수확하는 방법
특징	익은 체리와 익지 않은 체리를 한꺼번에 수확하기 때문에 미성숙두가 포함되어 품질이 좋지 않음	잘 익은 체리만을 여러 번에 걸쳐 선별적으로 수확하기 때문에 비용이 많이 드는 단점이 있지만 품질이 좋음
비고	스트립 피킹(Strip Picking)이라 불리기도 함	셀렉티브 피킹(Selective Picking)이라 불리기도 함

② 기계에 의한 수확 방법(Mechanical Harvesting)

기계가 커피나무 전체를 감싸 나뭇가지나 열매를 털어 자동적으로 수확하는 방식으로 주로 브라질의 대규모 농장에서 로부스타를 수확할 때 많이 사용한다. 스트립핑과 마찬가지로 품질이 일정치 않으나 인건비가 많이 절약되는 장점이 있다.

2) 커피가공법

① 건식법(Dry Method, Unwashed Natural Processing)

체리 수확 후에 펄프를 제거하지 않고 자연 그대로 건조시키는 방법으로, 건조하고 햇빛이 좋은 지역에서 주로 이용하는 전통 방법이다. 습도가 높은 생산국에서는 건조 작업 시 체리가 썩어 사용하기 힘든 가공법으로, 수확한 체리를 건조장에 넓게 편 다음 수분이 10~13% 정도가 될 때까지 건조시킨다. 건식법에서 체리 건조는 12~21일, 파치먼트 건조는 7~15일 정도가 소요된다. 과육이 생두에 흡수되어 습식법에 비해 상대적으로 달콤함과 바디감이 풍부한 커피를 생산할 수 있다. 건식법으로 생산된 커피를 '내추럴 커피(Natural coffee)'라 한다.

합격생의 비법 ⚫

커피체리를 수확한 후 과육을 제거하는 과정을 '펄핑(Pulping)'이라고 한다. 펄핑에 사용되는 펄퍼에는 Disc Pulper, Screen Pulper, Drum Pulper가 있다.

② 습식법(Wet Method, Washed Processing)

체리 수확 후에 펄프를 제거하고 파치먼트에 있는 점액질을 제거하기 위해 발효탱크에서 16~36시간 정도 발효시키는 과정을 거치는 것을 습식법이라 한다. 이렇게 발효시키면 pH가 3.8~4.0으로 내려간다. 물이 풍부한 중남미 지역에서 아라비카 커피 생산 시 주로 이용되며 건식법에 비해 상대적으로 신맛, 밝고 깨끗한 맛이 우수하며 균일한 품질의 생두를 얻을 수 있다.

③ 세미 워시드(Semi Washed)

체리 수확 후에 펄프를 제거하고 점액질까지 물에 씻거나 제거해 건조시키는 방식으로, 전통적인 발효 과정을 거치지 않는다.

④ 펄프드 내추럴(Pulped Natural)

체리 수확 후에 펄프를 제거하고 파치먼트에 있는 점액질을 제거하지 않고 그대로 건조하는 방식으로 반건조 방식이라고도 불린다. 주로 브라질에서 많이 사용하는 가공법인데, 지금은 독특한 맛과 향을 지니게 하기 위해 다른 국가에서도 종종 사용한다.

⑤ 허니 프로세스(Honey Process)

체리의 당도를 측정하여 잘 익은 체리만을 선별하여 수확한 후 펄핑을 한 다음 건조 테이블 위에서 햇볕 건조하는 방법이다. 코스타리카, 엘살바도르, 니카라과, 에티오피아 등에서 시행되며 이 가공법으로 생산되는 커피를 허니커피(Honey coffee)라고 한다. 펄프드 내추럴 가공과 유사하지만 파치먼트에 점액질이 남아 있다는 점에서 차이를 보인다.

〈건식법과 습식법의 비교〉

구분	습식법	건식법
과정	분리–펄핑–점액질 제거–세척–건조	이물질 제거–분리–건조
장점	품질이 높고 균일	생산단가가 저렴하고 친환경적
단점	환경오염 문제	품질이 낮고 균일하지 않음
특성	신맛과 좋은 향	단맛과 강한 바디
국가	대부분의 아라비카 커피 생산국가	브라질, 에티오피아, 인도네시아 대부분의 로스타 커피 생산국가

3) 커피 건조

커피체리에서 분리된 파치먼트 상태의 커피생두는 함수율이 60~65% 정도이다. 이 생두의 함수율을 12% 내외로 맞추기 위해 건조 과정이 진행된다.

구분	햇볕 건조(Sun Dry)		기계 건조(Machine Dry)
	파티오(Patio) 건조	건조대(Table) 건조	
방법	콘크리트, 아스팔트, 타일로 된 건조장에 커피체리나 파치먼트를 펼쳐 놓은 후 뒤집어 주며 골고루 건조시키는 방법	대나무나 나무로 짠 건조대 위에 파치먼트를 펼쳐서 건조시키는 방법	수분 함량이 20% 정도에 이르렀을 때 드럼형 건조기나 타워형 건조기에 넣어 건조시키는 방법
특징	• 파치먼트 : 7~15일 • 커피체리 : 12~21일	파치먼트 건조에 주로 사용 (5~10일 소요)	40℃ 정도의 온도로 건조

▲ Yokh 커피 건조 중인 파치먼트

4) 클리닝(Cleaning)

건조가 끝나 파치먼트나 체리에 있는 돌, 이물질 등을 탈곡하기 전에 제거하는 과정이다. 클리닝은 이물질과 먼지를 제거하는 프리클리닝(Pre-cleaning)과 돌 제거(Destoning) 과정을 거친다.

5) 커피 탈곡

탈곡(Milling)은 생두를 감싸고 있는 껍질이나 파치먼트, 은피(Silver skin)를 제거하는 과정이다. 습식가공(Washed)의 파치먼트를 제거하는 것을 헐링(Hulling)이라 하고, 내추럴 가공(Natural) 커피의 껍질과 파치먼트를 제거하는 것을 허스킹(Husking)이라 한다. 탈곡을 거친 생두 표면에 붙은 은피를 제거하는 과정을 폴리싱(Polishing)이라 하는데 하와이안 코나 커피가 폴리싱을 하는 대표적인 커피다.

합격생의 비법

쌀에도 햅쌀과 묵은 쌀이 있는 것처럼 커피에도 새 커피(New Crop), 오래된 커피(Past Crop), 아주 오래된 커피(Old Crop)가 있다.

구분	특징
New Crop	• 수확일~1년 이내의 생두 • 적정 함수량(12% 내외) 유지 • 향미, 수분, 유지 성분이 풍부 • Dark Green Color • 로스팅 시 열전도가 빠름
Past Crop	• 수확 후 1~2년 이내의 생두 • 적정 함수량에 미달 • 향미, 수분, 유지 성분이 약함 • Green~Light Brown Color • 로스팅 시 열전도가 느린 편

Old Crop	• 수확 후 2년 이상이 지난 생두 • 적정 함수량을 많이 벗어남 • 향미, 수분, 유지 성분이 매우 약함 • Brown Color • 로스팅 시 열전도가 아주 느림 • 건초나 볏짚 향

6) 선별

탈곡된 생두는 크기와 밀도에 의해 분류를 한 다음 색깔 분류를 통해 결점두를 제거한다.

7) 포장과 보관

탈곡을 마친 커피 생두는 통풍이 잘 되고 너무 밝지 않은 창고에 백에 담아 보관한다. 포장재는 여러 층을 겹겹이 쌓을 수 있도록 내/외부 압력을 잘 견딜 수 있어야 하며 원활한 호흡 작용과 이취(Off Flavor) 발생이 적은 재질을 사용한다. 일반적으로 워시드 커피는 내추럴 커피보다 보관기간이 더 짧다. 포장 단위는 일반적으로 1백(bag)당 60kg이 국제적인 기준이지만, 콜롬비아 70kg처럼 생산 국가마다 포장 단위가 조금씩 다르기도 하다. 최근에는 소비국에서 요청하는 단위로 포장하는 편이다. 커피 백에는 농장 명칭, 등급, 생산년도, 가공법, 처리장소, 국가별 코드, 상표 등 생두에 대한 정보를 표시하는데 이는 생두의 품질을 판단하는 자료가 된다.

8) 생두의 분류

① 결점두에 의한 분류

생두가 여러 이유로 손상된 것을 결점두라 한다. 브라질, 인도네시아 등의 생산 국가들은 샘플에 섞여 있는 결점두를 점수로 환산하여 분류한다. 브라질은 No.2~8로, 인도네시아는 Grade 1~6로 분류한다.

② 재배 고도에 의한 분류

생두가 생산된 지역의 고도에 따라 분류한다. 과테말라와 코스타리카는 최상급이 SHB(Strictly Hard Bean)이며, 멕시코, 온두라스, 엘살바도르는 최상급이 SHG(Strictly High Grown)이다.

③ 크기에 따른 분류

생두의 크기에 따라 분류하는데 생두의 크기는 스크린 사이즈(Screen size)로 결정된다. 스크린 사이즈 1은 1/64인치로 약 0.4mm이다. 콜롬비아는 수프리모(Supremo), 케냐와 탄자니아는 AA 등으로 구분한다.

④ 국가별 기준

등급 기호	기준	해당 국가
AA – A – B – C – PB	• 커피 생두의 크기 • 스크린 사이즈에 따른 분류	케냐, 탄자니아, 우간다, 인도, 잠비아, 짐바브웨, 파푸아뉴기니, 말라위, 푸에르토리코
SHB(Strictly Hard Bean) – HB	커피 생산지역의 고도	코스타리카, 과테말라, 엘살바도르, 파나마
SHG(Strictly High Grown) – HG – LG	커피 생산지역의 고도	멕시코, 니카라과, 페루
G1~G7	커피 생두의 크기	인도네시아
G1~G8	생두 300g당 포함된 결점두의 수	에티오피아
Extra Fancy – Fancy – Cara Coli No.1 – Prime	• 커피 생두의 크기와 외관 • Peaberry는 크기와 상관없이 최상품으로 분류	하와이
Blue Mt – High Mt – PW	스크린 사이즈에 의한 분류	자메이카
Supremo – Exelso	커피 생두의 크기와 외관	콜롬비아

> **합격생의 비법**
>
> 생두는 짙은 청록색일수록, 고지대에서 생산되는 커피일수록, 결점두가 적을수록, 크기가 균일할수록, 크기가 클수록, 밀도가 높을수록 좋다.

⑤ Screen Size

생두의 크기는 스크린 사이즈(Screen Size)로 분류되며, 1 스크린 사이즈는 1/64인치로 약 0.4mm이다. 예를 들어, Screen Size 18이라면 64분의 18인치 구멍의 체를 통과하지 않는 콩을 의미하며, 일반적으로 생두의 크기가 클수록 등급이 높다. 생두의 크기는 폭을 기준으로 하며, #으로 표시한다. **예** #20

국가 No.	크기 (mm)	English	Spanish	Colombia	Africa, Indo	Hawaii, Jamaica
20	7.94	Very Large Bean	–	Supremo	AA	Extra Fancy
19	7.54	Extra Large Bean				
18	7.14	Large Bean	Superior	Excelso	A	Fancy, Blue Mountain No.1
17	6.75	Bold Bean				
16	6.35	Good Bean	Segunda		B	Blue Mountain No.2
15	5.95	Medium Bean				Blue Mountain No.3

> **합격생의 비법**
>
> 생두의 스크린 사이즈로 등급을 분류하는 나라는 대부분 Colombia Mild Group에 속해 있으며 커피의 품질 관리가 뛰어나고 결점두가 적은 우수한 품질의 커피를 생산한다. 생두를 크기별로 분류할 때는 스크린판 위에 생두를 올려놓고 진동을 주어 크기가 작은 생두는 밑으로 빠지고 큰 생두는 스크린판 위에 남겨서 분류한다.

14	5.55	Small Bean	Tercera	C
13	5.16		Caracol	
12	4.76			
11	4.30	Peaberry	Caracoli	PB
10	3.97			
9	3.57		Caracolillo	
8	3.17			

⑥ SCA의 생두 분류법

미국스페셜티커피협회(SCA) 분류법(Green Coffee Classification)은 다음과 같다. SCA(Specialty Coffee Association)는 커피를 ① 스페셜티 그레이드(Specialty Grade), ② 프리미엄 그레이드(Premium Grade) 두 가지로 분류하며 분류 기준에 의해 결점계수를 환산하여 분류하게 된다.

항목	내용
샘플 중량	• 생두 : 350g • 원두 : 100g
수분 함유량	• 워시드 방식 : 10~12% 이내 • 내추럴 방식 : 10~13% 이내
콩의 크기	편차가 5% 이내일 것
냄새	외부의 오염된 냄새(Foreign ordor)가 없을 것
로스팅의 균일성	• Specialty coffee : Quaker는 허용되지 않음 • Premium coffee : Quaker는 3개까지 허용
향미 특성	• 커핑을 통해 샘플은 Fragrance/Aroma, Flavor, Acidity, Body After taste의 부분에서 각기 독특한 특성이 있을 것 • 향미 결점이 없어야 함(no fault & taint)

• 스페셜티 그레이드(Specialty Grade) : Category I(Primary Defect)는 허용되지 않으며 Full Defects가 5개 이내여야 한다.
• 프리미엄 그레이드(Premium Grade) : Category I(Primary Defect)가 허용되며 Full Defects가 8개 이내여야 한다.

㉠ 등급 분류표

등급	등급 명칭	결점두 수	Cupping Test
Class 1	Specialty Grade	0~5	90점 이상
Class 2	Premium Grade	0~8	80~89
Class 3	Exchange Grade	9~23	70~79
Class 4	Below Standard	24~86	60~69
Class 5	Off-Grade	86 이상	50~59

ⓛ 결점두 선별

〈SCA 기준 결점두〉

Category 1 Defects	Meaning	Full Defect Equivalents
Full Black Bean	• 콩의 대부분이 검정 • 너무 늦게 수확되거나 흙과 접촉하여 발효	1
Full Sour Bean	• 콩의 대부분이 붉은빛이 돌거나 황/갈색 • 너무 익은 체리, 땅에 떨어진 체리 수확 • 과 발효나 정제 과정에서 오염된 물의 사용	1
Dried Cherry/Pod	• 일부 또는 전체가 검은 외피에 둘러싸여 있음 • 잘못된 펄핑이나 탈곡	1
Fungus Damaged Bean	• 곰팡이가 생겨서 누르스름하거나 표면에 갈색이 보임 • 보관 상태에서 곰팡이 발생	1
Severe Insect Damage Bean	• 세 군데 이상 벌레 먹은 구멍이 있음 • 해충이 생두에 파고 들어가 알을 낳은 경우	5
Foreign Matter	나뭇조각, 작은 돌 등 이물질이 있음	1

Category 2 Defects	Meaning	Full Defect Equivalents
Partial Black Bean	콩의 반 미만이 검정	3
Partial Sour Bean	콩의 반 미만이 붉은빛이 돌거나 황색/갈색	3
Hull / Husk	• 드라이 체리/팟의 파편 • 잘못된 탈곡이나 선별 과정	5
Parchment / Pergamino	• 일부 또는 전체가 마른 파치먼트에 둘러싸여 있음 • 불완전한 탈곡	5
Slight Insect Damage Bean	세 군데 미만으로 벌레 먹은 구멍이 있음	10
Floater Bean	• 색이 엷고 밀도가 낮음 • 부적당한 보관이나 건조	5
Broken / Chipped / Cut	• 깨진 콩/콩의 파편 • 잘못 조정된 장비나 과도한 마찰력	5
Immature / Unripe Bean	• 발육 부진으로 녹색 빛이 돌거나 실버스킨이 붙어 있음 • 미성숙한 상태에서 수확	5
Withered Bean	• 엷은 녹색으로 표면에 주름이 있음 • 발육 기간 동안 수분 부족	5
Shell	• 둥근 홈이 있는 기형 콩 • 유전적 원인	5

© 결점두 분류

〈Full Defect 환산표〉

Primary Defects	Full Defect	Secondary Defects	Full Defect
Full Black	1	Partial Black	3
Full Sour	1	Partial Sour	3
Dried Cherry / Pod	1	Parchment / Pergamino	5
Fungus Damaged	1	Floater	5
Severe Insect Damaged	5	Immature / Unripe	5
Foreign Matter	1	Withered	5
		Shell	5
		Broken / Chipped / Cut	5
		Hull / Husk	5
		Slight Insect Damaged	10

• 프라이머리 디펙트(Primary Defects) : 향미에 크게 영향을 끼치는 결점두를 말한다.
• 세컨더리 디펙트(Secondary Defects) : 향미에 영향이 적은 결점두를 말한다.

② 스페셜티 그레이드(Specialty Grade)

프라이머리 디펙트(Primary Defects)는 한 개도 허용되지 않고, 디펙트 점수가 5점 이내여야 한다. 퀘이커는 한 개도 허용되지 않으며 커핑 점수는 80점 이상이어야 한다.

9) 디카페인 처리

카페인의 발견과 제거기술의 발전을 연도별로 정리해 보면 다음과 같다.

1819년	1903년	1910년	1970년
독일 화학자 Friesrich Ferdinand Runge 카페인 발견	독일 Roselius Wimmer 카페인 제거 성공	독일 Kaffe HAG 디카페인 커피 상업화	독일 Zosel CO_2 카페인 제거법 성공

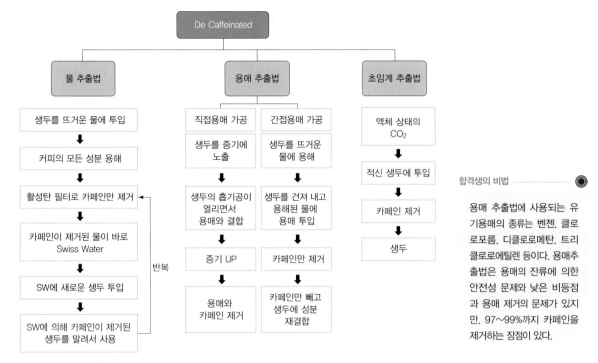

```
                        ┌─────────────────────┐
                        │   De Caffeinated     │
                        └─────────────────────┘
        ┌───────────────────────┼───────────────────────┐
   ┌─────────┐           ┌─────────────┐          ┌─────────────┐
   │ 물 추출법 │           │  용매 추출법  │          │ 초임계 추출법 │
   └─────────┘           └─────────────┘          └─────────────┘
```

물 추출법	용매 추출법 (직접용매 가공)	용매 추출법 (간접용매 가공)	초임계 추출법
생두를 뜨거운 물에 투입	생두를 증기에 노출	생두를 뜨거운 물에 용해	액체 상태의 CO$_2$
커피의 모든 성분 용해	생두의 흡기공이 열리면서 용매와 결합	생두를 건져 내고 용해된 물에 용매 투입	적신 생두에 투입
활성탄 필터로 카페인만 제거	증기 UP	카페인만 제거	카페인 제거
카페인이 제거된 물이 바로 Swiss Water	용매와 카페인 제거	카페인만 빼고 생두에 성분 재결합	생두
SW에 새로운 생두 투입			
SW에 의해 카페인이 제거된 생두를 말려서 사용 (반복)			

▲ 디카페인 처리 과정

합격생의 비법 ·········· ◉

용매 추출법에 사용되는 유기용매의 종류는 벤젠, 클로로포름, 디클로로메탄, 트리클로로에틸렌 등이다. 용매추출법은 용매의 잔류에 의한 안전성 문제와 낮은 비등점과 용매 제거의 문제가 있지만, 97~99%까지 카페인을 제거하는 장점이 있다.

① 물 추출법(Swiss Water Process)

생두를 물에 담그거나 물을 생두에 통과시켜 카페인을 제거하는 방법이다. 추출 속도가 빨라 회수 카페인의 순도가 높으며 유기용매가 직접 커피에 접촉하지 않아 안전하고 경제적이다.

② 용매 추출법

유기 용매로 카페인을 추출하는 방법이다. 유기 용매에 사용되는 성분은 벤젠, 클로로포름, 디클로로메탄, 트리클로로에틸렌 등이다. 97~99%의 카페인이 제거되지만 미량의 용매 성분이 커피에 잔류할 수 있다.

③ 초임계 추출법(액체 CO$_2$)

높은 압력으로 만들어진 액체 CO$_2$를 생두에 침투시켜 카페인을 제거하는 방법이다. 유해 물질의 잔류 문제가 없고 카페인의 선택적 추출이 가능한 반면 설비 비용이 많이 든다.

6 커피 생산지와 소비

1) 아프리카(Africa)

① 에티오피아(Ethiopia)

아라비카(Arabica)종의 원산지이다. 생산량의 절반이 해발 1,500m 이상의 고지대에서 10월~12월에 수확된다. 이가체페(Yirgacheffe)커피는 에티오피아를 대표하는 커피로 잘 알려져 있다. 이외에도 짐마(Dimma), 시다모(Sidamo), 코케(Koke), 리무(Limu) 등이 있다. 에티오피아는 내추럴 커피를 많이 생산하는데 다른 나라의 커피에서는 볼 수 없는 풍부한 꽃향기와 허브 향, 감귤계 과일 향을 가지고 있으며 좋은 신맛이 특징이다. 에티오피아 커피는 맛과 향이 화려한 특성이 있어서 '커피의 귀부인'이라고 불리기도 한다. 생두의 등급은 G1, G2, G3, G4 순으로 나뉘며, 등급이 높을수록 결점두의 수가 적다.

② 케냐(Kenya)

커피 재배에 가장 이상적인 기후를 가진 나라로 해발고도 1,500m 이상의 고원 지대에서 생산된다. 6월 중순에서 12월 사이에 수확하며 강렬한 향과 밝은 산미가 일품으로 꼽힌다. 지역마다 차이가 있지만 복합적인 과일 향과 감귤류의 가볍지 않은 산미, 캐러멜과 같은 단맛, 케냐 특유의 풍성한 바디감이 특징이다. 단일 품종으로 가장 균형잡힌 맛과 향을 가지고 있다고 평가된다. 서부 산악지대에서 주로 생산되며, 주요 재배 지역은 니에리(Nyeri), 메루(Meru), 무랑가(Muranga) 등이다. 생두의 등급은 AA, A, AB, B 순으로 나뉘며, 콩의 크기가 클수록 높은 등급을 부여한다.

③ 탄자니아(Tanzania)

국토 대부분이 평야와 고원으로 이루어져 있다. 이 기후 특성을 반영해 커피 생두가 회녹색을 띠고 있다. 북쪽 지역의 화산지대와 서쪽 지역의 고원지대에서 대부분 생산되며, 킬리만자로(Kilimanjaro) 커피가 유명하다. 캐러멜과 초콜릿 향, 너트 향이 잘 어우러져 있고 적당한 신맛을 가지고 있다. 빅토리아 호수 근처에서 내추럴 방식으로 정제하는 커피는 좋은 단맛과 무게감을 가지고 있으며, 대부분 지역에서는 워시드 방식으로 생산되고 있다. 생두의 등급은 AA, A, AB, B 순으로 나뉘며, 콩의 크기가 클수록 높은 등급을 부여한다.

2) 아시아 / 태평양(Asia / Pacific)

① 인도네시아(Indonesia)

수마트라섬, 자바섬, 술라웨시섬 등에서 세계 4번째로 많은 커피를 생산하는 나라다. 인도네시아의 커피는 개성이 강하고 쓴맛과 좋은 바디감을 가지고 있는데 그동안은 품질보다 저평가 받아 왔다. 주로 로부스타종을 재배하지만 아라비카종의 생산을 늘려 고급화에 주력하고 있다. 수마트라(Sumatra)가 최대 생산지이며 만델링(Mandheling)이 가장 유명한 커피다. 생두의 등급은 G1, G2, G3, G4 순으로 나뉘며, 등급이 높을수록 결점두의 수가 적다.

② 예멘(Yemen)

예멘은 중동지역에 속해 있으나 아프리카 대륙과 맞닿아 있어 아프리카 커피로 분류되기도 한다. 에티오피아에서 전해진 커피가 세계 최초로 경작된 나라다. 국토 대부분이 사막 지역이라 커피의 생산량이 매우 적고 전통적인 가내수공업 형태로 커피를 재배, 가공하는 나라다. 1,500m 이상의 서쪽 산악지역에서 생산되며, 대표적인 커피 모카 마타리(Mocha Matari)는 세계 최대 커피 무역항이었던 예멘의 모카항에서 유래되었다. 하라지(Harazi), 이스마일리(Ismaili) 지역에서도 생산되며, 공식적인 분류 기준이 없다.

③ 하와이(Hawaii)

1825년부터 커피 경작을 시작하였고 미국 영토 중 유일하게 커피 재배가 가능한 곳이다. 모라카이(Morokai), 카우아이(Kauai), 마우이(Maui) 섬 등에서 재배되며 가장 큰 섬인 빅아일랜드(Big Island)의 코나(Kona) 지역에서 가장 많이 재배되기 때문에 코나라는 이름을 붙여 판매한다. 이 지역은 북동 무역풍이 부는 열대성 기후의 화산지대로 연간 강수량이 풍부하여 커피 재배에 적합한 조건을 갖추고 있다. 9월에서 이듬해 3월 사이에 수확하며, 폴리싱 과정을 거치기 때문에 생두가 매끈하면서도 짙은 녹색을 띤다. Extra Fancy, Fancy, Prime 순으로 등급이 매겨진다.

3) 중앙아메리카(Central America)

① 멕시코(Mexico)

멕시코시티를 기준으로 남동쪽 1,700m 이상의 고산지대에서 재배된다. 일반적으로 멕시코는 국토의 1/3이 고원지대다. 그래서 고지대에서 생산된 커피라는 뜻의 스페인어 '알투라(Altura)'라는 이름을 붙여 수출하고 있다. 주요 생산 지역은 치아파스 주(Chiapas), 코아테펙(Coatepec), 오악사카(Oaxaca) 등이다. 생두 등급은 SHG, HG, Prime, Good 순으로 나뉘며 해발고도가 높은 지역에서 생산된 커피가 높은 등급을 받는다.

② 과테말라(Guatemala)

국토 대부분이 미네랄이 풍부한 화산재 토양으로 이루어져 있고 아직도 화산 활동이 활발한 지역이다. 화산에서 내뿜는 질소를 커피 나무가 흡입해 자연스럽게 스모크 향이 커피에 배게 되어 '스모크 커피의 대명사'라는 별칭을 가지고 있다. 태평양 연안 지역에서 커피를 생산하고 있으며 우기와 건기가 뚜렷하다. 안티구아(Antigua)가 대표적인 브랜드이지만 최근 들어 마이크로랏, 게이샤 등의 고급화 재배가 추세를 이루고 있다. 코반(Coban), 우에우에테낭고(Huehuetenango), 아카테낭고(Acatenango), 산마르코스(San Marcos) 등의 지역에서도 많은 커피가 생산되고 있다. 생두 등급은 SHB, HB, SH, EPW 순으로 나뉘며 생산 고도가 높은 지역의 커피에 높은 등급을 부여한다.

③ 코스타리카(Costa Rica)

로부스타 품종의 재배를 법적으로 금지하고 있으며 품질이 좋은 아라비카종을 100% 생산하는 나라다. 국토 대부분이 무기질이 풍부한 화산토양과 온화한 기후로 이루어져 있어 커피 생산국 중에서도 면적당 커피 생산량이 가장 높고 커피의 품질 또한 우수하다. 아라비카 커피 고유의 맛과 향을 살릴 수 있는 습식가공법만을 고집하여 세계적으로 가장 완벽한 커피로 손꼽히고 있다. 가장 유명한 커피는 타라수(Tarrazu)이며, 센트럴 벨리(Central Valley), 웨스트 벨리(West Valley), 투리알바(Turrialba), 브룬카(Brunca) 등에서 커피가 생산된다. 생두 등급은 SHB, HB 순으로 나뉘며 고지대에서 생산된 밀도가 단단한 콩에 높은 등급을 부여한다.

④ 엘살바도르(El Salvador)

국토의 12%가 커피 농장인 엘살바도르는 중앙아메리카 최대 커피 생산지이지만 정치 불안으로 인해 대규모 커피 농장 형태가 아닌 가내 수공업 형태의 커피 재배가 주를 이루고 있다. 비옥한 토질, 해발고도, 기후 어느 것 하나 뒤지지 않는 좋은 환경을 갖추고 있고, 마야족 전통 방식으로 커피를 생산하고 있다. 주요 생산지역은 아파네카 이라마테펙(Apaneca Ilamatepec) 산악지대로 산타아나(Santa Ana), 손소나테(Sonsonate), 아우아차판(Ahuachapan) 주에 걸쳐져 있으며 이 지역들에서 엘살바도르 커피의 약 60%가 생산된다. 생두의 등급은 SHG, HG, CS 순으로 나뉘며 해발고도가 높은 지역에서 생산된 커피에 최고 등급을 부여한다.

⑤ 온두라스(Honduras)

전 세계 커피 생산량 10위 안에 드는 커피 생산 대국이다. 국토의 70~80%가 고지대 산악지형으로 이루어져 있어 커피 재배에 적합한 화산재 토양을 갖고 있다. 커피 수확은 5~10월경이고 주로 서쪽 지역에서 생산되는데 주 생산지역은 산타바르바라(Santa Barbara), 코판(Copan), 오코테팩(Ocotepeque), 렘피라(Lempira), 라파스(La Paz) 주 등이다. 생두의 등급은 SHG, HG, CS 순으로 나뉘며 해발고도가 높은 지역에서 생산된 커피에 최고 등급을 부여한다.

4) 남아메리카(South America)

① 콜롬비아(Colombia)

1800년대 초부터 커피 경작이 시작되었고, 1900년을 기점으로 세계 최대 커피 생산국가로 발전하였다. 안데스 산맥 지역에서 커피가 주로 생산되는데 해발 1,400m 이상의 고지대에서 품질 높은 커피가 재배되고 있다. 비옥한 화산재 토양과 온화한 기후, 적절한 강수량 등 이상적인 재배 조건을 갖추고 있다. 카페테로(Cafetero)라고 불리는 농부들이 습식법(Wet Method)으로 생산하고 수확기는 10~2월과 4~6월 두 번이다. 주요 생산지는 마니살레스(Manizales), 아르메니아(Armenia), 메데인(Medellin), 산타마르타(Santa Marta), 부카라망가(Bucaramanga) 등이다. 생두 등급은 Supremo, Excelso로 나뉘며 크기가 큰 생두에 수프리모 등급을 부여한다.

② 브라질(Brazil)

브라질은 세계 제일의 커피 생산국이자 수출국으로, 다른 나라들에 비해 비교적 낮은 고도 대규모 농장에서 커피를 경작한다. 20세기 초에는 값싸고 풍부한 노동력을 바탕으로 대규모 농장에서 커피를 재배해 전 세계 커피 시장의 40~50%를 점유하기도 했다. 로부스타도 많이 생산하지만 고급 아라비카 커피의 생산량이 점차 늘고 있다. 저지대에서 생산되는 커피는 주로 내추럴 커피이며 밀도가 약하고 중성적인 커피라 일컬어지고 있다. 미나스제라스 주(Minas Gerais)가 브라질 전체 생산량의 50%를 차지하고 있으며, 에스피리투산투(Espirtu Santo), 상파울루(Sao Paulo), 바이아(Bahia), 파라나(Parana) 등의 지역에서 생산되고 있다. 생두 등급은 No.2, No.3, No.4, No.5, No.6 순으로 나뉘며 결점두가 적을수록 높은 등급을 부여하고 있다.

5) 커피 생산

전 세계 커피 생산량은 약 1억 4천만 백(60kg 기준) 정도다. 남아메리카에서 전체 생산량의 50%를 차지하고 있고 아시아/태평양 지역, 중앙아메리카, 아프리카 순으로 생산된다. 이 중 브라질이 전체 생산량의 30%를 차지하고 있으며 베트남, 인도네시아, 콜롬비아 순으로 커피 생산량이 많다.

6) 커피 소비

커피의 소비는 생산국보다는 수출국의 비중이 높다. 단일국가의 소비율은 미국, 독일, 일본 순이다. 지역별 소비는 유럽이 가장 높고, 1인당 커피 소비율은 핀란드, 노르웨이, 덴마크, 오스트리아, 스웨덴 등 북유럽 국가들이 상위권을 차지하고 있다. 우리나라의 커피 소비율은 전 세계 13위권으로 아시아 국가 중에서는 일본 다음으로 소비량이 많은 커피 소비 대국이다.

7 지속가능 커피(Sustainable Coffee)

커피재배 농가의 삶의 질을 개선하고 수질과 토양, 생물다양성을 보호하며 장기적인 관점에서 안정적으로 커피를 생산하도록 도와주기 위한 것이다. 하지만 인증에 대한 통일된 기준이나 단일 기구가 없이 인증기관마다 다른 기준으로 평가하고 있어 신뢰성에 대한 문제가 대두되고 있다. 유기농 커피(Organic coffee), 공정무역 커피(Fair-trade coffee), 버드프렌드리 커피(Bird-Friendly coffee) 등이 있다. 인증기관으로는 Fair Trade International, Smithonian Migratory Bird Center, Rainforest Alliance, UTZ 등이 있다.

1. 에티오피아에서 발견된 커피나무가 최초로 상업적으로 재배되기 시작한 나라는 어디인가?

① 브라질
② 예멘
③ 인도네시아
④ 인도

1. 에티오피아에서 발견된 커피는 7세기 초반 예멘으로 옮겨 심어져 본격적으로 재배되기 시작한다.

2. 커피(Coffee)의 어원이 되는 이슬람어는?

① Kaffee
② Bunchum
③ Qahwah
④ kahue

2. 커피의 탄생 배경이 되는 이슬람어는 Qahwah이다.

3. 의학집성이라는 문헌을 통해 커피를 최초로 'Buna' 또는 'Bunchum'으로 기록한 아라비아의 의학자는 누구인가?

① 가지아(Gaggia)
② 시모넬리(Simonelli)
③ 아비센나(Avicenna)
④ 라제스(Rhazes)

3. 900년경 의학집성에 커피를 최초로 언급한 사람은 라제스이다. 이후 1000년경 아비센나에 의해 커피의 약리 효과가 기록된다.

4. 라제스는 Bunchum, Bunca로 기록하였으며, 라우볼프는 Chaube로 기록하였다. 이후 이슬람어 Qahwah에서 터키어 Kahbe를 거쳐 오늘날의 Coffee에 이르게 된다.

4. 다음 (   )에 들어갈 단어로 잘 짝지어진 것은?

커피를 문헌에 처음 언급한 사람은 아라비아의 의사인 라제스(Rhazes)이다. 그는 커피를 'Bunchum' 또는 'Bunca'라 불렀으며 독일인 레오하르트 라우볼프(Leonhard Rauwolf)는 (   )라고 기록하였다. 이후 커피는 이슬람어 (   )에서 터키어 (   )를 거쳐 오늘날 명칭인 Coffee에 이르게 된다.

① Qahwah – Kahve – Chaube
② Chaube – Qahwah – Kahve
③ Kahve – Qahwah – Chaube
④ Chaube – Kahve – Qahwah

5. 클레멘트 8세는 커피가 가진 맛과 향에 반해 커피에 세례를 주어 기독교인들이 널리 커피를 즐기도록 한 인물이다.

5. 이슬람교의 음료로 알려져 이교도의 음료라 비판받은 커피에 세례를 주어 커피가 유럽 사회에 널리 전파될 수 있도록 한 인물은 누구인가?

① 클레멘트 8세
② 요한바오로 5세
③ 베네틱토 10세
④ 레오 8세

6. 1686년 프랑스에 만들어진 Cafe De Procope(카페 드 프로코프)는 볼테르와 장자크 루소 등 계몽주의 사상가의 아지트 역할을 하며 프랑스 혁명을 잉태한 장소로 유명하다.

6. 다음 17세기 카페 중 가장 먼저 개업한 곳은?

① The King's Arms
② Caffe Florian
③ Cafe De Procope
④ Cafe Llyod

7. 영국의 최초 커피하우스는 파스카 로제, 프랑스의 카페 드 프로코프는 프로코피오 콜텔리, 오스트리아 비엔나 커피하우스는 게오르그 콜시츠키에 의해 만들어졌다.

7. 다음 중 커피하우스와 창업자가 바르게 연결된 것은?

① 더 킹스 암즈 – 존 허친스
② 영국의 최초 커피하우스 – 게오르그 콜시츠키
③ 카페 드 프로코프 – 파스카 로제
④ 비엔나 커피하우스 – 프로코피오 콜텔리

8. 다음 설명 중 틀린 것은?

① 커피는 6~7세기경 발견되었으며, 커피의 발견 신화는 칼디와 오마르의 신화이다.

② 커피를 "천번의 키스보다 황홀하고 무스카텔 와인보다 달콤하다"라고 묘사한 커피 칸타타의 작곡가는 모차르트이다.

③ 커피는 발견 초기에 약이나 열매를 먹는 용도로 사용되었다.

④ 커피의 식물학명은 꼭두서니과 코페아속이다.

8. 커피 칸타타는 1732년에 바흐에 의해 작곡되었다.

9. 다음 커피 역사에 관한 사실 중 다른 것은?

① 유럽의 커피 문화는 17~19세기에 급속도로 발전하였는데, 이 시기의 커피하우스는 여론을 모으고 전파하는 역할을 하였다.

② 우리나라 최초의 커피하우스는 손탁호텔이다.

③ 1773년 일어난 보스턴 차 사건으로 미국은 홍차 소비국에서 커피 소비국으로 전환한다.

④ 네덜란드에 의해 지금의 스리랑카의 실론 지역에 커피를 재배하기 시작한 것은 13세기 말이다.

9. 네덜란드가 실론 지역에 커피나무를 이식한 해는 1658년으로, 17세기에 해당된다.

10. 영국의 사교클럽인 The Royal Society에 대해 바르게 설명한 것은?

① 1660년 영국의 옥스포드 타운의 커피하우스에서 결성된 후 현존하는 최고의 사교클럽이다.

② 커피와 기술에 대한 지식의 개선, 수집 및 합리적인 커피 체계 건설을 목적으로 한다.

③ 정식 명칭은 커피과학 진흥을 위한 런던왕립학회이다.

④ 소재지는 스코틀랜드에 있다.

10. The Royal Society는 영국 런던에 위치해 있으며 자연과 기술에 대한 유용한 지식의 개선, 수집 및 합리적인 철학 체계의 건설을 목적으로 한다. 정식 명칭은 자연과학 진흥을 위한 런던왕립학회이다.

11. 유럽의 커피 전파와 관련된 기술 중 맞는 것은?

① 오스트리아 최초의 커피하우스는 잘츠부르크에 설립되었다.

② 이탈리아는 베니스에 가장 먼저 커피가 도입되었다.

③ 영국 런던에 최초의 커피하우스는 게오르그 콜시츠키에 의해 설립되었다.

④ 프랑스에 가장 먼저 커피가 도입된 도시는 파리이다.

11. 오스트리아 최초 커피하우스는 게오르그 콜시츠키에 의해 비엔나에 설립되었다. 영국 런던에 최초의 커피하우스는 파스카 로제에 의해 설립되었고, 프랑스에 가장 먼저 커피가 도입된 도시는 마르세유이다.

12. 1723년 마르티니크섬에 커피나무를 이식한 사람은 프랑스 장교 가브리엘 드 클리외이다.

12. 커피 전파 역사에 관한 정리 중 잘못 기술된 것은?

① 1600년경 바바 부단이 커피 씨앗을 인도의 마이소어 지역에 이식하였다.

② 1715년에는 부르봉(Bourbon) 섬에서 커피를 재배하기 시작하였고, 아이티와 산토도밍고에도 커피나무가 이식되었다.

③ 1714년 네덜란드 식물원에서 프랑스 루이 14세에게 커피 묘목을 선물하였다.

④ 1723년 팔헤타가 마르티니크섬에 커피나무를 전파하였다.

13. 1896년 아관파천 당시 러시아 공사관으로 피신해 있던 고종황제에게 러시아 공사 베베르(Karl Ivanovich Veber)가 커피를 대접했다.

13. 우리나라의 커피 역사에 대한 설명 중 잘못 기술된 것은?

① 구한말에는 "커피를 서양에서 들여온 탕국"이라는 의미로, 양탕국이라 불렀다.

② 우리나라 최초의 커피하우스는 손탁호텔이다.

③ 1896년 아관파천 당시 고종황제에게 커피를 대접한 사람은 블라디미르이다.

④ 문헌상 우리나라에서 최초로 커피를 접한 사람은 고종황제이다.

14. 레온하르트 라우볼프는 커피를 'Chaube'라고 기록하였고, 메카의 카이르 베이가 커피 금지령을 내린 해는 1511년이다. 1517년 이집트 정복 후 콘스탄티노플로 커피를 가져온 사람은 셀림 1세이다.

14. 커피의 전파에 관한 기술 중 역사적 사실로 맞는 것은?

① 영국인 존 스미스는 1603년 그의 저서에 커피를 'Coffa'라고 언급하였다.

② 레온하르트 라우볼프는 1573년 그의 저서에 커피를 'Buchum'으로 기록하였다.

③ 메카의 카이르 베이가 1701년 커피 금지령을 내렸다.

④ 1517년 이집트를 정복한 후 커피를 콘스탄티노플로 가져온 사람은 람세스 1세이다.

15. 커피나무는 꼭두서니과 코페아속에 속하며, 카네포라종이 고온다습한 저지대에서도 잘 자란다. 티피카, 버번, 카투라, 카투아이 등의 품종은 아라비카의 대표 품종이다.

15. 다음 중 커피나무에 대한 설명으로 맞는 것은?

① 커피나무는 코페아과 꼭두서니속의 다년생 상록수 식물이다.

② 아라비카종의 고향은 에티오피아, 카네포라종의 고향은 아프리카 콩고이다.

③ 아라비카종은 고온다습한 환경에도 잘 적응하며 저지대에서 잘 자란다.

④ 카네포라종의 대표 품종은 티피카, 버번, 카투라 등이다.

16. 커피나무의 특성에 대한 설명 중 맞는 것은?

① 커피체리는 밖에서부터 외피, 파치먼트, 생두, 은피의 순으로 이루어져 있다.

② 커피꽃은 흰색이며 개화 후 7~8일 정도 피어 있으며, 향은 재스민과 비슷하다.

③ 로부스타종 나뭇잎은 두껍고 길쭉하며 표면에 광택이 난다.

④ 잘 익은 커피체리는 대부분 빨간색을 띠지만 일부 노란색을 띠는 열매도 있다.

17. 커피를 식물학적으로 분류한 다음 설명 중 틀린 것은?

① 로부스타종은 염색체수가 22개이다.

② 아라비카종은 염색체수가 44개이다.

③ 아라비카종은 타가수분을 한다.

④ 아라비카종의 꽃잎은 5장, 로부스타종의 꽃잎은 5장, 리베리카종은 7~9장이다.

18. 커피나무에 대해 기술한 내용 중 틀린 것은?

① 로부스타종은 1년 내내 온도차가 크지 않은 저지대에서 재배하기 때문에 꽃 피는 시기가 일정하다.

② 커피꽃이 피고 진 자리에 커피체리가 맺히는데 이로부터 8~10주 후 수확이 가능하다.

③ 로부스타종보다 아라비카종 커피나무가 뿌리를 더 깊게 내린다.

④ 커피나무는 싹을 틔운 지 3년이 지나야 첫 수확이 가능하고 5년 정도가 지나야 수확이 안정된다.

19. 커피체리에 대한 설명으로 맞는 것은?

① 커피체리 안에는 생두가 단 한 개만 들어 있다.

② 생두는 평평한 면 한가운데 센터컷이라 불리는 홈이 파여 있다.

③ 커피열매는 타원형으로 붉은색에서 녹색으로 익어 간다.

④ 생두는 은피와 과육 외피로 둘러싸여 있다.

16. 커피체리는 밖에서부터 외피 → 과육 → 파치먼트 → 실버스킨 → 생두 순으로 이루어져 있다. 커피꽃은 개화 후 2~3일 정도 피어 있으며 재스민 향이나 오렌지 향이 난다. 나뭇잎이 두껍고 길쭉하며 광택이 나는 품종은 아라비카종이다.

17. 아라비카종은 자가수분을 하고, 로부스타종은 타가수분을 한다.

18. 커피나무에 꽃이 피었다가 체리가 맺히면 이로부터 6~8개월이 지나야 수확이 가능하다.

19. 커피체리 안에는 보통 2개의 생두가 들어 있는데 때에 따라서 1개 혹은 3개 이상이 들어 있기도 한다. 커피체리는 녹색에서 붉은색으로 익어 가며, 생두는 은피와 파치먼트, 과육, 외피로 둘러싸여 있다.

20. 피베리는 주로 커피나무 가지 끝에서 열린다. 커피체리 안에는 보통 2개의 생두가 들어 있으며 1개 혹은 3개 이상의 커피 생두가 들어 있는 경우도 있다. 커피체리의 과육은 보통 단맛을 낸다.

21. 생두를 감싸고 있는 두꺼운 껍질을 파치먼트, 표면을 감싸고 있는 얇은 껍질은 실버스킨(은피)이라 부른다. 또한 생두의 평평한 면 가운데 파인 홈을 센터컷이라 부른다.

22. 피베리(Peaberry)는 커피나무 가지 끝에서 주로 열리며 커피체리 안에 열매가 한 개 들어 있는 경우를 말한다.

23. 예전에는 결점두로 취급되었으나 지금은 톡특한 맛과 향이 있어 고급품종으로 거래된다. 피베리는 아라비카종, 로부스타종 구분 없이 생기며, 커피나무 가지 끝에서 발견되는데 커피체리가 일반 커피체리보다 작다.

---

20. 다음 중 커피체리에 대한 설명으로 맞는 것은?

① 커피체리의 외피 안에는 과육이 있고, 과육 안쪽으로 파치먼트 상태의 생두가 두 개 들어 있다.
② 피베리는 주로 커피나무 가지 안쪽에서 열린다.
③ 커피체리 안에는 보통 3개의 생두가 들어있는데, 1개만 들어 있는 경우도 있다.
④ 커피체리의 과육은 보통 쓴맛을 낸다.

21. 생두를 감싸고 있는 두꺼운 껍질을 ( )라 부르며 생두의 표면을 감싸고 있는 얇은 껍질을 ( )라 부른다. ( ) 안에 알맞은 용어끼리 바르게 짝지어진 것은?

① 은피 – 파치먼트
② 실버스킨 – 센터컷
③ 파치먼트 – 은피
④ 외피 – 실버스킨

22. 커피체리 안에 한 개의 콩이 들어있는 경우가 있는데 이를 무엇이라 부르는가?

① 숏베리
② 롱베리
③ 버번
④ 피베리

23. 피베리에 대한 설명으로 맞는 것은?

① 커피콩의 모양이 동글동글하게 독특한 모양으로 생겨서 예전이나 지금이나 결점두로 취급된다.
② 스페인어로 Caracol, Caracoli라고 부르며 "달팽이 모양의 콩"이란 뜻을 가지고 있다.
③ 피베리는 주로 아라비카종에서만 생긴다.
④ 커피나무 가지 끝에서 발견되는데 커피체리의 크기가 커서 육안으로 식별이 가능하다.

24. 커피에 대한 설명으로 맞는 것은?

① 커피 생산량의 대부분을 차지하는 것은 로부스타종과 리베리카종이다.

② 아라비카종의 카페인 함량이 로부스타종보다 더 많다.

③ 커피의 소비는 생산국보다 주로 유럽, 미국, 일본 등 선진국에서 많이 이루어진다.

④ 커피의 3대 원종은 로부스타, 리베리카, 카티모르이다.

24. 커피 생산량의 대부분은 아라비카종과 로부스타종이다. 로부스타종의 카페인 함량이 아라비카종보다 2배 정도 높다. 커피의 3대 원종은 아라비카종, 로부스타종, 리베리카종이다.

25. 아라비카종에 대한 설명으로 바른 것은?

① 아라비카의 고향은 에티오피아이며, 1753년 스웨덴 식물학자 칼 폰린네에 의해 처음 등록되었다.

② 2쌍의 염색체를 가지고 있다.

③ 로부스타종보다 저지대에서 생산된다.

④ 고온다습한 기후에 잘 적응하고 병충해에 강하다.

25. 아라비카종은 4쌍의 염색체를 가지고 있으며 로부스타종보다 고지대에서 생산된다. 고온다습하고 병충해에 강한 특성은 로부스타종이다.

26. 다음 중 로부스타종의 특성에 대해 잘 설명하고 있는 것은?

① 주요 생산 국가는 브라질, 베트남, 인도 등이다.

② 염색체 수는 44개이다.

③ 체리의 숙성 기간이 아라비카종보다 짧다.

④ 로부스타종의 고향은 아라비카종과 같은 에티오피아이다.

26. 로부스타종의 염색체 수는 22개이며, 체리의 숙성 기간이 아라비카보다 긴 9~11개월 정도이다. 로부스타종의 고향은 아프리카 콩고이다.

27. 다음 (   ) 안에 알맞은 내용으로 바르게 연결된 것은?

아라비카종의 원종에 가까운 티피카(Typica)종에서 변이를 이르킨 종이 버번(Bourbon)종이다. 콩의 크기는 작으나 커피녹병에 강하고 수확량이 많은 (   )은 버번종의 돌연변이로 풍부한 신맛이 특징이다. 버번과 티피카의 자연교배종인 (   )은 1950년부터 브라질에서 재배되기 시작했으며, 나무 키가 큰 것이 단점이다.

① 문도노보 – 카투라

② 카투라 – 문도노보

③ 카투라 – 카티모르

④ 카티모르 – 카투라

27. 카투라와 문도노보에 대한 설명이다.

28. HdT는 Hibrido de Timor의 약자로 아라비카와 로부스타의 교배종이다. 콩의 크기가 크고 커피녹병에 강하다는 특성이 있다.

28. 다음 중 아라비카종과 로부스타종의 교배로 만들어진 품종은?

① 켄트
② 마라고지페
③ 카투아이
④ HdT

29. 게이샤 커피에 대한 설명이다.

29. 다음 설명에 해당하는 아라비카 계통의 품종은?

세계 3대 희귀 커피 중 하나이며 에티오피아가 고향이다. 케냐와 탄자니아, 코스타리카를 거쳐 파나마에 이식되었다. 독특한 맛과 향을 CoE 품평회에서 만점에 가까운 점수를 받으며 혜성처럼 등장하였다.

① Geisha
② SL28
③ Maragogype
④ Kent

30. 티피카종의 변종인 버번종이 발견된 지역은 레위니옹 섬이다.

30. 아프리카 동부의 마다가스카르 섬 동쪽에 위치해 있으며 티피카종의 변종인 버번종이 발견된 장소는?

① 세인트헬레나 섬
② 레위니옹 섬
③ 세이쉘 섬
④ 모리셔스 섬

31. 카투아이는 나무의 키가 작지만 병충해와 강풍에 강해 생산성이 좋은 품종이다.

31. 다음은 어떤 생두 품종에 대한 설명인가?

문도노보와 카투라의 교배종으로 병충해에 강해 매년 생산이 가능하지만 생산 기간이 10여 년 정도로 짧은 것이 단점이다. 체리가 노란색인 품종을 ( ) Amarello라 한다.

① 카티모르
② 켄트
③ 카투아이
④ 마라고지페

32. 다음 중 카투라 품종에 대해 바르게 설명한 것은?

① 브라질 환경에 잘 적응하지 못해 지금은 콜롬비아와 코스타리카에서 널리 재배된다.
② 단위 면적당 많이 심을 수 없다는 단점이 있다.
③ 브라질에서 발견된 티피카종의 돌연변이 종이다.
④ 체리는 녹색에서 노란색으로만 익어간다.

32. 카투라는 브라질에서 발견된 버번종의 돌연변이다. 단위 면적당 많이 심을 수 있어 생산성이 높고 체리는 붉은색과 노란색 두 가지로 익어간다.

33. 아라비카의 여러 품종에 대한 설명으로 틀린 것은?

① 문도노보는 버번종과 티피카종인 수마트라의 교배종이다.
② SL34는 케냐에서 개량된 품종이다.
③ 켄트는 인도네시아의 고유 품종이다.
④ 마라고지페는 브라질의 한 농장에서 발견된 티피카종의 돌연변이 종이다.

33. 켄트는 인도의 고유 품종으로 커피녹병에 강해 높은 생산성을 자랑한다.

34. 다음 중 커피 재배에 대해 바르게 설명한 것은?

① 커피나무 재배에 적당한 토양은 물을 많이 함유한 알칼리성 토양이 좋다.
② 바나나 나무나 망고 나무 등 잎이 큰 나무를 같이 심으면 커피나무가 고사한다.
③ 아라비카종보다는 로부스타종 커피나무가 고온다습한 환경에도 잘 적응하고 병충해에 강하다.
④ 로부스타종은 해발 고도가 800m 이상인 고고도에서 재배된다.

34. 커피나무 재배에 적합한 토양은 물 빠짐이 좋고 미네랄이 적당히 함유된 산성 토양이 좋다. 바나나 나무나 망고 나무 등 잎이 큰 나무를 같이 심어 직사광선으로부터 커피나무를 보호하기도 한다. 고고도에서 재배되는 품종은 아라비카종이다.

35. 아라비카종 재배 지역 특성과 거리가 먼 것은?

① 화산성 토양의 충적토가 좋다.
② 연 강우량이 1,500~2,000mm인 열대 혹은 아열대 기후가 적합하다.
③ 건기와 우기가 명확한 알칼리성 토양이 적합하다.
④ 해발고도 800~2,000m의 고지대에서 생산된다.

35. 브라질이나 인도처럼 건기와 우기가 명확한 자연 환경에는 로부스타종이 적당하다.

36. 아라비카종과 로부스타종을 비교 설명한 것 중 잘못된 것은?

① 아라비카종은 주로 인스턴트 커피 제조용으로 사용된다.
② 아라비카종의 재배 고도가 로부스타종의 재배 고도보다 높다.
③ 로부스타종이 커피녹병 등 병충해에 더 강하다.
④ 아라비카종은 에티오피아가 원산지이며, 로부스타종은 콩고가 원산지이다.

36. 인스턴트 커피 제조나 캔 커피 제조용으로 사용되는 품종은 로부스타이다.

37. 다음은 어떤 커피 재배 방법에 대한 설명인가?

키가 크고 잎이 넓은 나무의 그늘을 이용하여 직사광선으로부터 커피나무를 보호하고, 일조 시간을 줄여 줌으로써 밀도가 높은 콩을 생산하게 해 준다. 커피나무에 그늘을 만들어 주기 위해 심는 나무를 Shade Tree라 부른다.

① 자연 재배
② 그늘 재배
③ 태양 재배
④ 유기농 재배

38. 커피 재배에 관해 틀리게 설명하고 있는 것은?

① 커피 씨앗은 발아하는 데 30~60일 정도가 소요된다.
② 발아한 씨앗은 유기질이 풍부하고 배수가 잘되는 토양에서 재배한다.
③ 재배지에 직접 파종하는 방법을 활용하면 씨앗의 발아율을 높일 수 있다.
④ 발아 후 6~18개월이 지나면 재배지에 옮겨 심는다.

39. 커피의 번식 방법에 대해 바르게 설명하고 있는 것은?

① 커피의 번식은 씨앗을 직접 파종하는 유성생식 방법과 접목이나 꺾꽂이를 활용하는 무성생식 방법도 가능하다.
② 커피를 파종할 때는 주로 파치먼트를 제거한 생두를 활용한다.
③ 커피는 경작지에 직접 파종하는 방법을 사용한다.
④ 커피의 발아는 7~14일 정도로 비교적 빠른 편이다.

40. 커피나무의 경작에 대한 설명으로 바른 것은?

① 묘목을 경작지에 옮겨 심은 후 약 5년이 지나야 첫 수확이 가능하다.
② 생산량을 늘리고 병충해에 강한 품종을 얻기 위해 원종만을 고집한다.
③ 물이 잘 흡수되고 배수가 잘 되지 않는 토양이 좋다.
④ 파치먼트 상태의 씨앗을 묘판에 심는 방법을 주로 활용하지만 때에 따라서 경작지에 직접 파종하기도 한다.

41. 지속가능 커피(Sustainable Coffee)에 대한 설명으로 틀린 것은?

① 커피 재배 농가의 삶의 질 개선에 목표가 있다.
② 국제 인증사업을 통해 수익을 창출하는 데 역점을 둔다.
③ 수질과 토양, 생물 다양성을 보호한다.
④ 장기적인 관점에서 안정적으로 커피를 생산하는 시스템을 만든다.

41. 단순히 수익을 창출하는 데 목적이 있는 것이 아니다. 지속가능 커피 실천 방안으로는 유기농 커피, 공정무역 커피, 셰이딩 커피가 있다.

42. 잘 익은 커피체리를 수확하는 방법 중 스트립핑(Stripping)에 대해 바르게 설명하고 있는 것은?

① 일정한 수확 시기를 정해 놓지 않고 그때그때 잘 익은 커피열매만 수확하는 방법이다.
② 핸드피킹에 비해 인건비 부담이 크다.
③ 이물질이 섞이지 않는 깨끗한 수확 방법이다.
④ 나뭇가지 전체를 훑어서 수확하기 때문에 수확 시간과 노동력을 절감할 수 있다.

42. 스트립핑 방법은 수확 시기를 잘 결정해야 품질이 좋은 커피를 생산할 수 있다. 핸드피킹 방법에 비해 인건비를 절감할 수 있고, 나뭇잎, 나뭇가지 등의 이물질이 섞일 가능성이 적은 수확 방법이다.

43. 커피체리 10kg을 수확한 후 가공 과정을 거쳐 최종적으로 얻을 수 있는 생두의 양은?

① 워시드 커피 2kg, 내추럴 커피 2kg
② 워시드 커피 3kg, 내추럴 커피 2kg
③ 워시드 커피 2kg, 내추럴 커피 3kg
④ 워시드 커피 3kg, 내추럴 커피 3kg

43. 커피체리를 수확한 후 모든 가공 과정을 다 거쳐 얻을 수 있는 생두의 양은 워시드 커피와 내추럴 커피를 불문하고 전체 생산량의 약 20% 정도이다.

44. 다음 커피생산국 중 내추럴 가공(Natural Processing)을 하는 나라는?

① 에티오피아
② 콜롬비아
③ 도미니카
④ 쿠바

44. 에티오피아는 내추럴 가공을 하는 대표적인 나라이다. 브라질, 인도네시아 등에서도 내추럴 가공법을 사용하고 있다.

45. 다음 중 워시드 가공(Washed Processing) 방법에 대해 잘못 설명하고 있는 것은?

① 펄핑 작업 후 발효조에서 16~36시간 정도 발효시킨다.
② 외피를 벗겨 낸 파치먼트 상태의 생두를 물에 담가 물에 뜨는 가벼운 체리를 걸어 낸다.
③ 내추럴 가공법에 비해 생산 단가가 싸다.
④ 물이 풍부한 지역에서 선택하는 커피 가공법이다.

45. 물이 많이 필요하기 때문에 내추럴 가공법에 비해 생산 단가가 높고 환경을 오염시킨다는 단점이 있다.

46. 워시드 가공의 커피 명칭은 Fresh cherry → Pulped coffee → Parchment coffee → Green coffee 순이다.

46. 커피 가공 과정 중 다음 설명에 해당되는 커피 명칭은 무엇인가?

워시드 가공에서 외피를 제거한 Pulped coffee를 발효조에 담갔다 햇볕에 말린 상태의 커피를 말한다.

① Green coffee
② Fresh cherry
③ Dry coffee cherry
④ Parchment coffee

47. 체리가 파치먼트에 비해 건조시간이 더 길고, 테이블 건조 방식의 커피가 품질이 더 좋다. 균일한 건조를 위해 파치먼트나 체리는 자주 뒤집어야 한다.

47. 커피를 건조하는 과정에 대해 바르게 설명하고 있는 것은?

① 콘크리트, 아스팔트, 자갈밭, 모래 등으로 만든 건조장을 Patio라 부른다.
② Fresh cherry는 Parchment에 비해 건조 시간이 더 짧다.
③ 파티오 건조 방식이 테이블 건조 방식에 비해 품질이 더 좋다.
④ 빠른 건조를 위해 파치먼트나 체리를 자주 뒤집어 주지 않는다.

48. 워시드 가공의 탈곡을 헐링(Hulling), 내추럴 가공의 탈곡을 허스킹(Husking)이라 부른다.

48. 다음 (   ) 안에 맞는 용어로 알맞게 짝지어진 것은?

커피는 건조 후 탈곡 과정을 거치게 되는데, 워시드 커피의 탈곡 과정을 (   )이라 하며 내추럴 커피의 탈곡 과정을 (   )이라 한다.

① Husking – Hulling
② Husking – Grading
③ Polishing – Hulling
④ Hulling – Husking

49. #13-Peaberry, #14-Small bean, #15-Medium bean, #16-Good bean, #17-Bold bean, #19-Extra large bean, #20-Very large bean

49. 스크린 사이즈에 대한 설명으로 바른 것은?

① 피베리는 #13을 기준으로 한다.
② 콜롬비아 수프리모는 #17 이상이다.
③ Good bean은 #18이다.
④ Bold bean은 #17이다.

50. 스크린 사이즈의 명칭이 작은 순서에서 큰 순서대로 잘 나열된 것은?

① Small 〈 Bold 〈 Good 〈 Extra large
② Good 〈 Bold 〈 Extra large 〈 Very large
③ Bold 〈 Good 〈 Very large 〈 Extra large
④ Medium 〈 Small 〈 Good 〈 Bold

50. Peaberry 〈 Small 〈 Medium 〈 Good 〈 Bold 〈 Extra Lage 〈 Very large 순이다.

51. SCA 기준 결점두에 해당되지 않는 것은?

① Insect Damage
② Peaberry
③ Shell
④ Sour bean

51. 피베리는 ISO 10470 Green coffee – Defect Reference chart에서 결점두로 분류하기도 하지만 SCA 기준에서는 결점두가 아니다.

52. SCA 기준 Specialty coffee에 대한 설명으로 맞는 것은?

① 콩의 크기 편차가 7% 이내여야 한다.
② Quaker는 2개까지 허용된다.
③ 워시드 커피 기준 함수량은 10~12% 이내이다.
④ Cupping 결과 100점 만점에 70점 이상을 획득한 커피를 말한다.

52. 콩의 크기 편차는 5% 이내여야 하고, 퀘이커는 허용되지 않으며 커핑 결과 80점 이상을 획득해야 한다.

53. SCA 스페셜티 커피 기준에 의한 스페셜티 등급에 해당되는 것은?

① Quaker가 없으나 Sour bean이 1개 발견된 샘플
② Black bean 1개와 Parchment가 1개 발견된 샘플
③ Unripe가 3개 발견된 샘플
④ Insect Damage가 1개 발견된 샘플

53. Category 1에 해당되는 샘플은 단 1개도 허용되지 않는다. 따라서 퀘이커, 블랙빈, 파치먼트, 인섹트데미지가 들어간 샘플은 스페셜티 등급이 될 수 없다.

54. 다음 중 생두를 평가하는 방법으로 맞는 것은?

① 생두의 등급은 생두의 크기에 의해서만 결정된다.
② 은피를 제거하는 폴리싱 과정을 꼭 거쳐야만 한다.
③ 생두는 색상이 다양하게 나타나야 좋은 등급으로 평가받는다.
④ 생두 300g을 무작위로 추출해 결점두 수를 측정해 등급을 정하기도 한다.

54. 생두의 등급은 크기, 재배고도, 결점도수 등에 의해 결정된다. 폴리싱 과정은 꼭 거쳐야만 하는 것은 아니나 하와이안 코난의 경우 품질을 높이기 위해 폴리싱 과정을 한다. 생두는 색상과 크기가 균일할수록 좋다.

55. 생두에 관한 설명 중 잘못된 것은?

① 생두의 조직은 밀도로 표시되는데, 단단한 것보다는 연할수록 좋은 등급이다.
② 생두의 수분함량을 함수율이라고 하며 함수율이 8% 미만이면 올드크롭에 해당된다.
③ 생두는 이물질이나 결점두가 없이 색상이 일정하고 크기가 클수록 좋다.
④ 브라질의 향미 등급은 Strictly soft – Soft – Rioy – Rio 순이다.

56. 커피 생두의 밀도에 대해서 설명한 것 중 틀린 것은?

① 생두가 단단할수록 밀도가 높다고 표현한다.
② 생두의 밀도가 높을수록 로스팅하기가 쉬워진다.
③ 고지대에서 생산된 생두일수록 밀도가 높다.
④ 밀도가 높은 커피콩이 일반적으로 맛과 향이 좋다.

57. 생두의 등급 기준을 바르게 설명하고 있는 것은?

① 로부스타 커피 등급은 뉴욕상품거래소에서 샘플 300g 중 결점두 수에 따라 결정한다.
② 아라비카 커피 등급은 런던국제금융선물옵션거래소에서 샘플 500g 중 결점두 수에 따라 결정한다.
③ 아라비카 커피 등급의 최상등급은 NY2이다.
④ 일반적으로 저지대에서 생산되는 커피가 콩의 크기가 크고 단단해 고품질 등급에 해당된다.

58. 다음 중 좋은 생두를 고르는 조건으로 맞는 것은?

① 생두의 색상이 연노랑일수록 좋은 생두로 분류된다.
② 생두의 밀도가 단단하고 생두의 크기가 클수록 좋으나 결점두 수는 무관하다.
③ 고지대보다는 저지대에서 생산되는 생두가 크기도 일정하고 품질이 좋다.
④ 모든 조건이 동일한 경우 생두의 크기가 크고 청록색일수록 좋은 생두이다.

59. 생두의 크기에 대해 설명하고 있는 것 중 틀린 것은?

① 케냐는 AA, A로 등급을 표시하며 탄자니아는 A, B, C, PB로 표기한다.
② 에티오피아는 고도에 따라 등급을 분류하는 SHB – HB – PW로 표기한다.
③ 생두의 크기가 클수록 맛과 향이 풍부하며 가격도 높게 책정된다.
④ 스크린 사이즈 18은 미국의 경우 7.14mm에 해당된다.

60. 커피생산 국가와 품명이 틀리게 연결된 것은?

① 브라질 – Cerrado
② 탄자니아 – Kilimanjaro
③ 과테말라 – Tarrazu
④ 에티오피아 – Yirgacheff

61. Hawaiian Kona 커피를 최하위 등급에서부터 바르게 나열한 것은?

① Prime 〈 Extra Fancy 〈 Fancy
② Fancy 〈 Extra Fancy 〈 Prime
③ Prime 〈 Fancy 〈 Extra Fancy
④ Extra Fancy 〈 Prime 〈 Fancy

62. 중미 지역의 대표적인 커피생산국인 과테말라에 대해 바르게 설명하고 있는 것은?

① 생두의 등급은 밀도에 따라 등급을 나누는데 SHG가 최상 등급이다.
② 건식법으로 가공한 내추럴 커피가 유명하다.
③ 세계 커피생산량 2위에 해당되는 나라이다.
④ 인구의 약 25%가 커피 산업에 종사하고 있으며 수출의 약 75%를 커피가 차지한 적도 있었다.

63. 커피생산지에 대해 설명한 것 중 틀린 것은?

① 콜롬비아는 아라비카 커피를 재배하고 있으며 Premium – Supremo – Extra – European – UGQ로 구분한다.
② 코스타리카의 대표적인 커피생산지는 Tarrazu이다.
③ 인도네시아는 과거 주로 아라비카종을 생산했으나 지금은 로부스타의 생산량이 월등히 많다.
④ 전 세계 커피생산량 1위 국가는 콜롬비아, 2위 국가는 베트남이다.

---

59. 에티오피아는 생두 300g 중 결점두 수에 따라 등급을 표시하는 G1 – G2 – G3 – G4…를 사용한다.

60. 과테말라는 Antigua가 대표적인 품명이다.

61. Prime 〈 Fancy 〈 Extra Fancy 순이다.

62. 생두의 등급은 SHB, 건식법보다는 수세식을 사용하며, 세계 생산량 2위에 해당되는 나라는 베트남이다.

63. 커피생산량 1위 국가는 브라질이다.

64. 게이샤 커피는 에티오피아가 원산지인 고유 품종이며, 코피 루왁의 주 생산지는 인도네시아이다. 미나스제라스, 상파울루, 에스피리투산투 등은 브라질의 커피 생산지이다.

64. 커피 생산지별 특징에 대해 바르게 설명하고 있는 것은?

① 다양한 맛과 향으로 유명한 Geisha종은 일본인들이 술처럼 즐겨 마신다고 하여 술 문화의 이름인 '게이샤'에서 차용해 왔다.
② 사향고양이의 배설물을 가공하여 얻은 코피 루왁은 베트남이 주 생산지이며 라오스와 미얀마 등지에서도 생산된다.
③ Kona 커피는 하와이 섬 서쪽 코나 지방에서 재배되는 최고급 커피이다.
④ 멕시코 커피는 주로 미나스제라스, 상파울루, 에스피리투산투 등에서 생산된다.

65. 한국은 세계 12위권의 커피 소비대국으로 연간 약 5조 원대의 시장을 형성하고 있다. 커피는 생산국보다는 경제력이 좋은 선진국에서 주로 소비된다. 미국의 스페셜티 커피 시장은 전체 시장의 약 50%를 차지할 정도로 지속적인 성장세에 있다.

65. 커피 소비에 대한 설명으로 맞는 것은?

① 한국은 세계 25위권의 커피 소비국으로 연간 약 2조원대의 시장을 형성하고 있다.
② 국민 1인당 커피를 가장 많이 소비하는 나라는 핀란드로 연간 약 12kg을 소비하고 있다.
③ 커피는 주로 생산국에서 많이 소비되고 있으며 브라질, 에티오피아, 케냐 순으로 소비되고 있다.
④ 미국의 스페셜티 시장은 전체 커피 시장의 약 10%에 불과하며 아직 사업 시작기에 있다.

66. 디카페인 가공 과정을 거치면 맛과 향에 손실이 발생된다.

66. 디카페인 커피에 대한 설명 중 틀린 것은?

① 가공 과정을 거쳐도 커피의 맛과 향은 크게 손실되지 않는다.
② 제조 공정은 크게 용매 추출법, 물 추출법, 초임계 추출법 3가지로 나뉜다.
③ 1819년 독일의 화학자 룽게에 의해 최초로 기술이 개발되었다.
④ 카페인이 97% 이상 제거되기도 한다.

67. 추출 속도가 빠른 것은 물 추출법이다.

67. 디카페인 처리 방법 중 용매 추출법에 대해 틀리게 설명하고 있는 것은?

① 젠, 클로로포름, 디클로로메탄, 트리클로로에틸렌 등의 유기 용매를 사용한다.
② 용매의 잔류에 의한 안정성 문제가 있다.
③ 추출 속도가 빨라 회수 카페인의 순도가 높다.
④ 낮은 비등점과 용매 제거의 문제가 있다.

68. 커피생산지의 각종 정보 제공, 무역정보, 생산량 조언 등에 대해 활동하는 국제 커피기구는?

① ICO
② IBO
③ IOC
④ SCA

68. International Coffee Organization의 약자이다.

69. 각국의 커피를 국제 커핑 심사위원들이 현지에서 평가하고 그 점수 중 상위 등급의 커피를 인터넷 옥션을 통해 전 세계로 판매하는 커피 대회는?

① Fair Trade Certified
② Cup of Excellence
③ Organic Certified
④ ANACAFE

69. CoE에 대한 설명이다.

70. ICO에서 정한 Coffee Year의 기준이 되는 날짜는?

① 7월 1일
② 8월 1일
③ 9월 1일
④ 10월 1일

70. 커피생산국마다 수확 기준일이 달라 통계자료에 혼동이 있어 ICO에서는 매년 10월 1일을 Coffee Year로 정해 운영하고 있다.

 ANSWER

1.②	2.③	3.④	4.②	5.①
6.③	7.①	8.②	9.④	10.①
11.②	12.④	13.③	14.①	15.②
16.④	17.③	18.②	19.②	20.①
21.③	22.④	23.②	24.③	25.①
26.①	27.②	28.④	29.①	30.②
31.③	32.①	33.③	34.③	35.③
36.①	37.②	38.③	39.①	40.④
41.③	42.④	43.①	44.①	45.③
46.④	47.①	48.④	49.①	50.②
51.②	52.③	53.③	54.④	55.①
56.②	57.③	58.④	59.②	60.③
61.③	62.④	63.④	64.③	65.②
66.①	67.③	68.①	69.②	70.④

PART 2

로스팅
&
블렌딩

C O F F E E

ESPRESSO

MOCHA

CHOCOLATE
MILK

MACCHIATO

AMERICANO

IRISH
COFFEE

FLAT WHITE

CAPPUCCINO

DOPPIO

GLACE

FREDDO

LATTE

FRAPPUCCINO

CARAMEL
MACCHIATO

FRAPPE

CHAPTER 01

로스팅의 의미와 열 전달

① 로스팅의 의미

1) 로스팅의 정의

▲ 로스팅된 원두

커피는 생산지, 품종, 재배 고도, 가공 방법, 보관 상태에 따라 다양한 맛과 향을 지니는데 이러한 맛과 향이 제대로 발산하도록 커피의 생두(Green Bean)를 볶아서 커피 고유의 향미(Flavor), 향(Aroma), 색(Color)을 발현시켜 주는 과정을 로스팅(Roasting)이라 한다.

2) 로스팅의 역사

커피로스팅이 언제 시작되었는지, 언제부터 커피콩을 볶아서 음용하기 시작했는지는 확실하지 않다. 우연한 기회에 커피로스팅이 발견되었고, 수 세기 동안 이 기술이 발전해 온 것은 분명하다. 로스팅은 최초 1300년대에 시작해 계속 발전해 왔으며, 로스팅 발견에 대해서는 3가지 기원설이 존재한다.

① 우연한 산불로 인해 커피로스팅이 발견되었다는 설
커피나무가 자라는 산에 우연히 산불이 났는데 이때 커피콩들이 타면서 좋은 향을 내뿜어서 이를 갈아 내려 마셔 봤더니 좋은 맛과 향이 나서 이후로 커피콩을 볶아서 음용하기 시작했다는 설이다.

② 커피콩을 달여 마시다 우연히 눌어붙어서 커피로스팅이 되었다는 설
커피 발견 초기만 하더라도 열매를 갈아서 물에 우려 마시거나 숙성시켜 술로 마시곤 했는데, 달여 마시려고 그릇에 넣고 끓였는데 물이 증발하면서 커피가 구워지기 시작했고 이후 커피를 볶기 시작했다는 설이다.

③ 커피 유출을 막기 위해 생두를 가열하다 우연히 커피로스팅이 시작되었다는 설
커피는 회교사원 안에서 수도승들이 잠을 쫓기 위한 명약으로 많이 사용하였다.

이때 외부로 유출되지 않도록 커피열매를 엄격히 관리했는데 이는 커피 생두가 유출될 경우 다른 지역에서 싹을 틔워 재배할 수 있기 때문이다. 따라서 이를 억제하기 위해 생두를 살짝 가공해서 밖으로 유출시키곤 했는데 어쩌다 보니 너무 태워서 로스팅이 진행되었고, 이를 갈아서 물에 타 마셔 보니 맛이 좋아서 계속 로스팅해서 음용하기 시작했다는 설이다.

어떤 설이 진짜 커피로스팅의 유래인지는 알 수 없으나 1454년 이후 커피가 일반 이슬람 교도들에게도 개방되어 로스팅된 커피를 추출해 마시고 있었다는 사실로 볼 때, 이미 이전에 커피 로스팅이 보편화된 것으로 보인다. 1400년대 초기에는 토기나 돌로 만든 용기로 커피를 볶았으며 1500년대 이르러서야 금속 용기로 커피가 볶아지기 시작했다.

3) 로스팅 열 전달 방식

① 전도

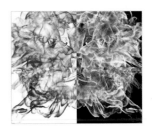

▲ 로스팅의 열 전달 방식

전도는 열이 따뜻한 쪽에서 다른 쪽으로 분자의 이동에 의해 전달되는 방식을 말한다. 로스터기 드럼에 생두를 투입하면 생두가 주변의 열을 흡수하게 되는데 이때 생두끼리 부딪히면서 열전도 현상이 일어난다. 열을 먼저 흡수한 생두가 자신보다 차가운 생두에 접촉을 통해 열을 전달해 주는 방식이다. 생두의 밀도가 높을 경우 열전도가 늦고, 밀도가 낮을 경우 열전도가 빨라진다.

② 복사

타오르는 모닥불에 손을 대거나 난로 옆에 섰을 때 따뜻한 열이 전달되는 느낌을 말한다. 복사열은 파장의 형태로 전해지는데, 중간에 아무런 물질이 없어도 열선이 전해지는 것을 열복사라고 한다. 직화식 로스터기의 경우 드럼에 직접 가해지는 열로 인해 복사열의 영향을 크게 받지만, 열풍식이나 반열풍식의 경우 복사열의 영향이 크지 않다.

③ 대류

대류는 유체(기체나 액체)가 부력에 의한 상하운동으로 열을 전달하는 것으로써, 촛불에 손을 댔을 때 촛불의 주변보다 위가 더 뜨겁게 느껴지는 것을 통해 알 수 있다. 이는 촛불의 가열로 인해 유체의 이동이 자연스럽게 위로 이동해서 열이 전달되기 때문인데, 이러한 대류 방식을 자연대류라고 한다. 로스터기는 댐퍼나 송

로스팅 과정은 생두의 수분을 날려 주는 건조 과정(Dry Process), 생두에 열을 가해 다공질로 만들어 주는 열분해 과정(Pyrolysis Process), 로스팅된 원두를 식혀 주는 냉각 과정(Cooling Process)으로 진행된다.

갈변반응(Sugar Browning)
갈변반응은 식품이 조리나 가공과정에서 옅은 노란색으로 변하는 것을 말한다. 커피의 경우 열에 의한 비효소적 갈변 반응이며 다음 세 가지의 원인에 의해 발생한다.

**A. 마이야르 반응
   (Maillard Reaction)**
커피 생두를 로스팅할 때 생두에 포함되어 있는 미량의 아미노기와 환원당인 카보닐기가 상호작용하여 갈색의 중합체인 멜라노이딘을 만드는 반응을 마이야르 반응이라 한다. 생두를 투입하고 수분 증발이 끝나는 지점까지 일어나는 반응이다.

B. 캐러멜화(Caramelization)
커피 생두에 약 5~10%가 포함되어 있는 자당이 로스팅 시 160℃가 되면 캐러멜당으로 변화하여 황색으로 변화하는데 이를 캐러멜화라 한다. 생두의 수분증발이 끝나고 1차 크랙을 지나 2차 크랙이 시작되기 전까지 일어나는 반응이다.

C. 클로로겐산에 의한 갈변
클로로겐산류와 단백질 및 다당류와의 반응으로 고분자의 갈색색소를 형성한다.

풍장치에 의해 강제적으로 유체를 이동시켜 열을 전달하는데, 이를 강제대류라고 한다.

④ 냉각

로스팅된 원두는 배출과 동시에 급속으로 식히는 작업을 해야 한다. 이때 쿨링팬이나 교반기를 통해 차가운 공기가 원두를 지나게 함으로써 뜨거운 열을 빼앗아 냉각시키는 방법을 많이 사용한다. 로스팅된 원두를 빨리 냉각시키지 못할 경우, 원두 내에서 화학적 반응이 지속적으로 일어나 맛과 향의 표현이 다르게 나타날 수 있다.

4) 로스팅의 물리적 변화

로스팅은 생두에 열을 가해 조직을 최대한 팽창시켜 생두가 가진 여러 성분(수분, 지방분, 섬유질, 당질, 카페인, 유기산, 탄닌 등)을 조화롭게 표현하는 일련의 작업이다. 따라서 로스팅 전에 생두의 수확 시기, 수분함량, 조밀도, 종자, 가공 방법 등 생두의 상태를 파악하는 것이 중요하다. 생두는 로스팅이 진행됨에 따라 여러 가지 물리적 · 화학적 변화 과정을 거치는데, 간단히 정리해 보면 다음과 같다.

▲ 로스팅 전   ▲ 로스팅 후

① 색상의 변화

Green 혹은 Light Brown색을 가진 생두는 로스팅이 진행되면서 발생하는 수분의 증발때문에 옅은 노란색에서 갈색, 검은색으로 점차 어둡게 변화한다. 이는 당의 갈변화 반응과 단백질의 마이야르 반응에 의한 것으로 알려져 있다. 생두에 많은 열이 가해질수록 갈변화 반응은 빨라지게 되므로 적절한 열량 조절로 원하는 배출 타이밍을 잘 잡는 것이 좋다.

② 부피의 변화

딱딱한 상태의 생두는 로스팅이 진행됨에 따라 열이 전달되면서 증기와 가스가 형성되고 세포가 압력을 받으면서 부풀게 된다. 1차 크랙 이후 콩의 세포 조직은 다공질 조직으로 바뀌면서 생두에 비해 부피가 50~60% 정도 팽창한다. 2차 크랙이 일어나면 부피는 생두의 원래 크기보다 최대 80~90% 정도 커진다.

③ 무게의 변화

생두는 열을 받으면 콩 내부의 수분 증발, 가스와 채프(Chaff) 발생에 따라 중량도 줄어들게 된다. 수분은 커피콩의 내부 온도가 물의 끓는점 이상으로 상승하면서 기화하여 미디엄 로스트일 때 2~3%로 감소한다. 가스는 원두 1g당 2~5ml가 발생하는데 주로 이산화탄소(CO_2, 87%)이다.

- 약볶음(Light Roast) : 12~14% 감소
- 중볶음(Medium Roast) : 15~17% 감소
- 강볶음(Dark Roast) : 18~25% 감소

④ 형태의 변화

생두 상태에서 열을 받으면 원두에 점차 주름이 발생하고 원두의 색상이 바뀌어 감에 따라 주름의 깊이와 모양이 달라진다. 1st Crack 이후 발열 반응이 시작되면서 주름이 점차 펴지고 2nd Crack을 전후로 주름이 완전히 펴지게 된다. 이는 원두의 부피 변화와 밀접한 관계가 있다.

⑤ 향의 변화

생두는 약간의 매콤한 냄새와 풋풋한 풀 냄새가 난다. 생두를 투입하고 시간이 지남에 따라 수분이 증발하고 노란색으로 바뀌면서 캐러멜 향이 나기 시작한다. 1차 크랙(1st Crack)을 전후로 신 향과 고소한 향이 어우러지고 2차 크랙(2nd Crack)에 이르러 탄 향이 강하게 나기 시작한다. 따라서 원두가 가진 고유한 맛과 향을 살리기 위해서는 샘플봉을 통해 적절한 향기가 나는 시점에 배출이 이루어져야 한다.

⑥ 밀도의 변화

커피콩은 품종과 산지의 고도에 따라 그 밀도가 다른데, 로스팅이 진행되면서 무게는 감소하고 부피의 증가로 인해 밀도가 감소하게 된다. 일반적으로 로부스타가 밀도 감소가 크다.

⑦ pH의 변화

pH는 로스팅의 강도가 낮을 때는 낮아졌다가 강도가 높아질수록 점차 높아진다.

⑧ 당도의 변화

당도는 로스팅 정도가 강해질수록 약간 높아지지만 이탈리안, 로스팅 단계까지 볶으면 당도가 거의 없어진다. 따라서 당도를 즐기려면 중볶음 정도에서 로스팅을 마치는 것이 좋다.

⑨ 맛의 변화

로스팅 초기에는 신맛이 강해지다 마이야르 반응 구간을 지나고 캐러멜화 반응 구간에서부터 약해진다. 단맛은 캐러멜화가 진행되면서 증가하지만 다크 로스트가 되면 감소한다. 쓴맛은 로스팅 진행에 따라 새로 생성이 되면서 다크 로스트로 갈수록 점점 더 강해진다.

로스팅 전		로스팅 후	
물	12%	물	1%
당분	10%	당분	2%
섬유소	4%	섬유소	25%
카페인	1.1~4.5%	카페인	1.1~4.5%
지방질	12%	열복합글루시드	30%
염기성산	6.8%	지질	14%
질소성분	12%	트리고넬린	0.5%
비질소성분	18%	염기성산	4.5%
재	4.1%	용해성 추출물	24~27%
		재	4.5%

〈로스팅 전/후의 성분 변화, 출처 : 올어바웃 에스프레소〉

로스팅 단계

BARISTA

1 로스팅 단계 분류

1) SCA 분류법

Roast Classification	Agtron no.	Color disk values	특징
Very Light	95/75	Tile #95	곡물맛
Light	85/67	Tile #85	• 강한 신맛 • 품종 특성이 나타나기 시작
Moderately Light	75/59	Tile #75	• 강한 신맛 • 바디가 조금씩 강해짐
Light Medium	65/51	Tile #65	• 산뜻한 신맛 • 미국 서부 지역의 전통적 표준
Medium	55/43	Tile #55	• 품종의 특성이 아직 뚜렷함 • 미국 서부 지역의 전통적 표준
Moderately Dark	45/35	Tile #45	이태리 북부 지역의 에스프레소 표준
Dark	35/27	Tile #35	• 약한 탄맛 • 미국식 에스프레소의 전통적 표준
Very Dark	25/19	Tile #25	• 강한 쓴맛과 탄맛 • 원산지 특성이 소명

2) 일본식 분류법

8단계 분류법				
단계			색	맛과 향
명칭	명도값 (L값)	약칭		
Light	30.2	약 배 전	밝고 연한 황갈색	• 로스팅 단계 중 가장 약함 • 신 향, 강한 신맛
Cinnamon	27.3		연한 황갈색	• 시나몬색과 비슷, 원두가 단단한 상태 • 다소 강한 신맛, 약한 단맛
Medium	24.2	중 배 전	밤색	• 1st Crack이 시작되는 시점 • 신맛이 다소 강하면서 쓴맛이 있음
High	21.5		연한 갈색	• 1st Crack〜2nd Crack 직전까지의 로스팅 • 단맛 강조, 약한 쓴맛, 신맛과 바디감의 조화

City	18.5	강 배 전	갈색	• 2nd Crack의 시작점 • 바디감이 잘 잡히는 시점, 산미와 쓴맛도 적절 • 스페셜티 커피에 적합한 강도
Full-City	16.8		진한 갈색	• 2nd Crack이 정점에 이른 단계 • 바디감이 절정에 이르고 쓴맛이 강해지는 상태 • 약한 신맛
French	15.5	강 배 전	흑갈색	강한 쓴맛, 약한 단맛과 신맛
Italian	14.2		흑색	• 2nd Crack이 끝난 단계 • 매우 강한 쓴맛, 탄맛과 스모크한 향이 있음

로스팅 실패로 발생되는 결점

① Baked Bean : 원두 내/외부의 색상이 불일치하는 것을 말한다.
  • 온도는 높은데 로스팅 시간이 짧은 경우 발생한다.
  • 투입량에 비해 너무 높은 온도로 로스팅한 경우 발생한다.
  • 로스팅 도중 갑자기 온도를 고온으로 조절하는 경우 발생한다.
  • 1차, 2차 크랙 시점에서 화력 조절에 실패할 경우 발생한다.
② Raw Nut : 설익은 콩을 말한다.
  • 저온 단시간 로스팅할 경우 발생한다.
  • 투입량에 비해 너무 낮은 온도로 로스팅한 경우 발생한다.
  • 흡열 반응 시점에서 충분한 열량을 공급해 주지 못했을 경우 발생한다.
  • 함수율이 높은 생두를 약배전으로 볶은 경우 발생한다.
③ Tipping/Blister : 원두에 검은 반점이 생기는 것을 말한다.
  • 저온으로 오랫동안 로스팅한 경우 발생한다.
  • 흡열 반응 시점에서 충분한 열량을 공급해 주지 못했을 경우 발생한다.
  • 발열 반응 시점에서 화력 조절에 실패한 경우 발생한다.

CHAPTER 03 ---

로스터기

1 로스터기의 종류

1) 구조에 따른 분류

① 직화식(드럼 로스팅 머신)

내부의 드럼에 뚫려 있는 작은 구멍을 통해 화력이 콩에 직접 닿아 열기를 생두에 직접 전달하며 열을 조절하기 위한 댐퍼(개폐하며 습기와 열기 조절)가 붙어 있다. 드럼의 두께가 얇아서 예열시간이 반열풍식에 비해 짧은 편이다.

로스팅 과정 중 버너를 통해 전달되는 열은 생두의 외부조직에서 차츰 내부조직으로 전달되는 방식이다. 따라서 생두의 특징에 따라 다양한 화력 조절과 댐퍼 조절이 가능하다. 댐퍼의 미세한 조작에 따라 맛을 정교하게 컨트롤하기 쉽기 때문에 개성 있는 커피를 만들 수 있는 장점이 있어 단종 블렌딩에 적합하다.

그러나 드럼 내부의 열량 조절이 어렵고 생두가 직접 불에 닿기 때문에 민감하게 반응하고 댐퍼가 있어 조작이 복잡하여 늘 같은 결과물을 얻기가 어렵다. 또한, 로스팅 머신이 설치된 장소의 실내온도, 공기의 흐름, 외부 날씨, 환기 여부에 따라 다른 방식과 비교했을 때 민감하게 반응한다.

② 열풍식

드럼을 가열해서 드럼에서 콩으로 열을 전도하는 방식이 아니라 드럼을 데우지 않고 열풍을 콩더미에 쏘아 주거나 반열풍식과 같이 드럼의 뒷부분을 통하여 열풍을 원두 사이로 순환시켜 로스팅하는 콩에 열을 골고루 전달하는 로스팅 방식이다. 균일한 로스팅이 가능하며 로스팅 시간을 단축시킬 수 있는 효과적인 방법이다.

매우 균일하게 로스팅되고 결과물도 좋다. 상업용의 경우 가격이 비싸서 아직 널리 사용하지는 않지만, 가정용 로스터에 간이 열풍식이 많이 사용되고 있어서 쉽게 접할 수 있다.

③ 반열풍식

직화 방식 로스팅 머신의 단점을 보완하고 보다 안정적인 커피의 맛과 향을 표현하기 수월해서 일반적으로 가장 많이 사용하는 로스팅 방식이다.

드럼에 구멍이 뚫려 있지 않으며 화력에 의해 드럼이 가열되면 드럼 표면에서 발생하는 열전도에 의해 커피가 로스팅되며 동시에 열에 의해 생성된 열풍이 드럼 뒤쪽을 통하여 드럼 내부로 전달되어 대류에 의해 로스팅되는 방식이다. 일정한 열량이 공급되는 반열풍 방식은 외부 환경의 영향을 덜 받기 때문에 화력 조절 스위치를 통해 로스팅 단계별 필요한 열량을 조절하기 쉽다. 일정한 열량 공급은 원두를 균일하게 팽창시키는 데 도움을 준다. 직화 방식과 달리 초기 흡열 반응 시간이 비교적 길기 때문에 생두가 팽창하기 위해 필요한 열량을 충분히 받아들인 후 반응할 수 있어서 안정적인 커피의 맛과 향을 얻을 수 있다.

드럼이 두툼한 철판으로 만들어져 있어서 화력을 높여도(직접 불이 닿는 방식이 아니므로) 콩이 쉽게 타지 않는다. 하지만 직화 방식보다 최소 30분 이상 천천히 예열해 주어야 한다. 예열시간이 충분하지 않으면 원두의 조직 팽창이 균일하게 일어나지 않을 수 있다.

반열풍 방식은 직화 방식보다 외부 환경의 영향을 적게 받는다. 콩에 열이 균일하게 전달하므로 콩의 색깔 변화나 크랙소리와 같은 로스팅 과정 변화가 일정하여 판단이 용이하다. 따라서 사용하는 생두에 차이가 없다면 로스팅 시 균일한 커피의 맛과 향을 표현할 수 있지만 직화식에 비해 로스터의 개성 있는 커피 맛을 표현하기는 쉽지 않다.

④ 디지털 로스터(Digital Roaster)

전기를 이용해 복사열과 적외선으로 커피를 볶는 전기로스터(Electronic roaster)가 여기에 속한다. 디지털 프로그래밍 기술을 활용해 자동으로 로스팅할 수 있기 때문에 누구나 쉽게 로스팅할 수 있다는 것이 장점이다.

2) 형태에 따른 분류

로스터기를 형태에 따라 분류하면 드럼형, 보울형, 유동형, 스파웃형 등으로 구분할 수 있다. 이 중에서 드럼형 머신을 가장 많이 사용한다.

② 열원의 종류

1) LPG

액화석유가스(LPG)는 원유를 증류하여 기름을 등급별로 나누는 과정에서 발생하는 부탄과 프로판을 액화시켜 만든 연료이다. 열량 면에서 액화천연가스(LNG)보다 약 2배 정도 강하기 때문에 로스팅에 적합하다.

2) LNG

액화천연가스(LNG)는 천연가스를 정제하는 과정에서 발생하는 메테인을 액화시킨 가스로 대용량 배관을 통해 도시가스로 공급된다.

3) 전기

전기를 열원으로 사용하는 경우는 열풍을 발생시키는 별도의 히터에 전기를 공급해 가열하는 방법과 할로겐 램프에 열을 공급하는 두 가지 방법이 있다. LPG나 LNG 방식에 비해 예열 시간이 오래 걸리고 고르게 로스팅되지 않는다는 단점이 있지만 에너지 효율 측면에서 비용이 저렴하고 로스터기의 설치나 운용이 간단하다는 장점이 있다.

4) 숯

숯불 로스팅은 우리나라나 일본에서 많이 사용되는 독특한 방법이다. 숯의 스모크한 향이 커피에 배어 독특한 맛과 향을 낼 수 있지만, 커피 본연의 향기가 다소 약해지며 다른 연료에 비해 예열 시간이 길고 연료비가 많이 든다.

③ 로스팅 방법

1) Long Time(Lower Temp) Roasting(저온 장시간 로스팅)

직화식 로스터기에서 화력을 억제하면서 30~40분 정도의 긴 시간에 걸쳐 로스팅하는 방법이다. 열을 받는 시간이 길어져 쓴맛의 조절에 효과가 있으나 향기의 손실이 크다. 약한 온도로 원두의 내부까지 열을 길게 침투시키기 때문에 콩이 잘 부풀고 주름이 잘 펴진다. 원두의 형태와 크기에 맞춰 일정한 로스팅을 하고 싶을 때 사용하는 방법이다. 유기산 분해가 많아 신맛이 적어지면서 쓴맛이 강조되기 때문에 같은 로스팅 레벨이라 할지라도 저온 장시간 로스팅 방법으로 로스팅한 원두가 쓴맛이 잘 난다.

2) Short Time(Higher Temp) Roasting(고온 단시간 로스팅)

열풍식 로스터기에서 열풍을 통해 로스팅 스피드를 빠르게 하는 방법이다. 대류에 의한 열풍으로 배전이 이루어지기 때문에 콩이 익어 가는 속도가 빨라진다. 신맛을 조절하는 데 유효한 로스팅 방법으로 배전시간이 짧기 때문에 향기 성분을 날리지 않고 유지시킬 수 있다. 저온 장시간 로스팅에 비해 유기산 손실이 적기 때문에 신맛은 좋지만, 쓴맛이 약해진다. 하지만 너무 강한 열로 온도를 갑자기 올릴 경우 원두에 얼룩이 남을 수 있다.

3) Intermediate Roasting(중간 로스팅)

저온 장시간 로스팅과 고온 단시간 로스팅을 혼용한 방법이다. 주로 반열풍식 로스터기에 활용하는데, 콩을 투입하고 서서히 탈수를 진행하다가 Light Yellow 시점에서부터 댐퍼 조절로 열풍을 공급해 1st Crack 지점까지 콩을 빨리 익혀 주는 방법이다. 이렇게 하면 유기산 파괴를 적절히 조절할 수 있어 신맛과 쓴맛의 조화를 잘 이끌어 낼 수 있다.

4) Double Roasting(더블 로스팅)

말 그대로 두 번에 걸쳐서 원두를 볶는 방법이다. 로스팅할 때 열분해가 충분히 진행되지 않으면 날카로운 맛이 나게 되는데, 이를 방지하기 위해 1st Crack 전후로 원두를 배출하여 식힌 후 다시 로스터기에 투입해 원하는 포인트까지 로스팅하는 방법이다. 더블 로스팅된 원두는 맛이 부드럽지만 밋밋하게 표현되는 단점도 있다.

5) 혼합 로스팅

두 가지 이상의 생두를 섞어 한꺼번에 로스팅하는 방법을 말한다. 흔히 Before Blending이라는 용어로 많이 사용된다. 생두 상태에서 섞기 때문에 각 생두의 함수율과 밀도, 크기 등을 꼼꼼히 살펴야 일정한 로스팅 포인트를 얻을 수 있다. After Blending보다 맛의 표현도가 떨어지는 단점이 있지만 일의 효율성 측면에서 유리하다.

４ 로스터기의 구조

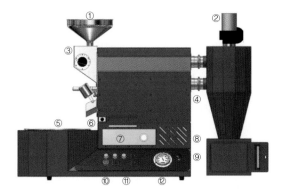

▲ 로스터기의 구조

① 투입구
흔히 호퍼라고 불리는 생두를 투입하는 부분이다. 마개가 있어 생두를 미리 부어 놓고 예열온도가 될 때까지 대기할 수 있다. 일체형 기계도 있고 분리형 기계도 있어서 분리형의 경우 호퍼를 다른 용도로도 활용할 수 있다.

② 송풍기
연기나 미세먼지를 배출해 주는 역할을 한다. 덕트를 연결해 밖으로 연기나 미세 먼지를 배출해 주지만 제대로 설치되지 않으면 화재 등의 원인이 되기도 한다. 송 풍기와 덕트의 연결 부위를 잘 결합하고 연기가 새지 않는지 잘 점검해야 한다.

③ 댐퍼
로스팅 시 드럼과 실린더 내부의 공기의 흐름을 조절하는 역할을 한다. 댐퍼의 기 능은 크게 3가지로 나뉜다.

㉠ 드럼 내부의 공기 흐름 조절
로스팅에서 가장 중요한 것은 열 조절이다. 열 조절을 위해 가스공급량이나 드럼 내 온도 조절 등 화력 조절을 가장 우선시하고 댐퍼로 열 조절을 보조한다. 커피의 향미는 열 조절 방식에 따라 화학적 변화가 다양하게 일어나므로 세밀한 댐퍼 조 절이 향미를 좌우하게 된다.

ⓛ 드럼 내부의 열량 조절 기능

댐퍼를 열면 잠열로 잡혀 있던 열이 드럼 내부를 통과하면서 열량을 공급해 주는 역할을 한다. 로스팅기를 점화해서 드럼을 예열할 때에는 댐퍼를 닫아 잠열을 모아 주고 생두를 투입해서 로스팅을 진행할 때에는 반개폐 혹은 완전 개폐를 하여 드럼 내부로 충분한 열량이 공급되게 한다. 1st Crack 이후 댐퍼를 닫아 맛과 향을 유지시키기도 한다.

ⓒ Silver Skin 배출 기능

댐퍼를 열면 드럼 외부에 쌓여 있는 잠열을 드럼 내부로 순환시키는 강제대류가 일어난다. 이때 대류열을 따라 드럼 내부의 매연과 은피가 사이클론 방향으로 빠져나간다. 매연은 사이클론에 설치된 송풍기를 따라 외부로 배출되고 무게가 있는 은피는 사이클론 하부의 은피제거통으로 내려간다.

ⓔ 로스팅 과정 중 댐퍼 조절 시점

• 흡열 반응 및 1차 수분 증발 시점 댐퍼의 역할

생두는 투입 후 드럼 내에 있는 열을 흡수하면서 수분을 증발시킨다. 이 시점에서의 댐퍼의 역할은 불필요한 향을 드럼 외부로 배출시키고 드럼 외부에 있는 잠열을 모아 드럼 내부에 충분한 열량을 공급하는 역할을 한다. 완전개폐보다는 반개폐를 유지한다.

• Light Yellow 시점 댐퍼의 역할

생두의 탈수가 진행되면 점차 노란색으로 바뀌어 간다. 이때 댐퍼를 최대한 열어 생두 내부까지 충분한 열량이 공급되도록 한다. 댐퍼는 생두 상태의 비릿한 향을 외부로 배출하고 생두에서 분리한 은피를 배출하는 역할을 한다.

• 1차 크랙 시점 댐퍼의 역할

로스터기에 투입된 원두는 1차 크랙을 기점으로 흡열 반응에서 발열 반응 상태로 바뀐다. 이때 댐퍼를 조절함으로써 신 향의 강도 조절이 가능하다. 보통 1차 크랙이 끝나는 시점에서 댐퍼를 닫아 향과 맛을 유지시키고 열량을 줄여 원두의 내부 깊숙이 열이 골고루 전달되게 한다.

• 2차 크랙 시점 댐퍼의 역할

2차 크랙에 이르면 원두는 고유한 향과 맛을 갖추게 된다. 이때 댐퍼를 열고 닫음으로써 맛과 향의 강도 조절이 가능하다. 또한, 원두 표면의 주름을 펴 주기 위해 댐퍼를 약간 열어 열량을 공급해 주기도 한다.

• 댐퍼의 조작이 맛과 향에 미치는 영향

커피의 맛을 확실하게 내고 싶다면 댐퍼를 열고 로스팅을 진행하는 편이 낫다. 댐퍼를 전폐하고 로스팅을 진행했을 때 맛과 향이 좋다고 주장하는 사람들이 있는데, 전폐한 로스팅 원두와 전개한 로스팅 원두를 블라인딩 테스트해 보면 꼭 그렇지 않다는 것을 알 수 있다. 댐퍼를 닫으면 공기의 흐름이 원활하지 않아 드럼 내 향의 휘발성 성분이 많이 발생해 순간적으로 타는 현상이 발생한다. 이러한 경우 원두에 고무탄내 혹은 담배 냄새가 밸 수도 있다.

드럼 내부에 투입된 콩의 온도 상승은 H(열량) = T(온도) × H(시간)으로 정리할 수 있는데, 이는 원두에 가해지는 온도와 시간의 함수관계를 말하는 것으로 이에 대한 변수를 얼마나 어떻게 설정하는지에 따라 맛과 향이 좌우된다. 댐퍼는 이 변수 중 하나를 조절하는 부수적인 기능이라 볼 수 있다.

ⓓ 댐퍼의 보수 점검

배기댐퍼와 급기댐퍼가 나누어진 로스터기의 경우 주 1회 이상 청소를 해 주어야 기능에 이상이 발생하지 않는다. 로스터기는 사람이 마시는 커피를 볶는 기계이므로 기계에 바르는 오일 종류도 항상 몸에 해롭지 않은 성분을 사용해야 한다. 가급적 식용 구리스 등을 이용하여 댐퍼의 마디마디에 기름칠해 주는 것이 좋다. 기름칠을 하지 않고 오래 사용할 경우 배전 중 발생하는 찌꺼기가 굳어 댐퍼의 개폐 조절이 어려워질 수 있다.

④ 사이클론

집진기라 불리는 장치다. 로스팅할 때 생두에 붙은 실버스킨이나 미세먼지를 모아서 가벼운 것은 덕트를 통해 밖으로 배출하고, 무거운 것은 아래 실버스킨통에 쌓아 준다. 집진기 내부를 주기적으로 청소해 주어야 벽에 이물질이 쌓여 통로가 막히는 현상을 방지한다.

⑤ 냉각기

로스팅이 끝난 원두는 빨리 식혀주어야 원하는 로스팅 포인트에 맞출 수 있다. 냉각기 아래에는 쿨링팬이 작동해 공기를 흡수해 배기관을 통해 배출시킨다. 용량이 큰 로스터기에는 교반기가 달려 있어 냉각을 원활하게 해 주며 용량에 따라 쿨링팬의 크기나 개수가 차이 난다.

⑥ 체프받이

로스팅 시 드럼 쪽에서 흘러나오는 체프나 미세먼지를 받아 주는 부분이다. 송풍기가 제대로 작동할 경우 체프가 많이 쌓이지 않지만, 체프받이에 쌓이는 양이 많아질 경우 송풍기의 정상 작동 여부나 청결 상태를 점검해 봐야 한다.

⑦ 버너

가스식의 경우 별도의 버너가 부착되어 있고, 전기식의 경우 할로겐 램프가 부착되어 있을 수 있다. 가스식 버너의 경우 용량은 칼로리(kcal)로 표시되며 숫자가 클수록 최대 화력이 높다. 로스터기의 용량이 커질수록 버너의 용량도 증가한다.

⑧ 실버스킨통

사이클론 밑에 있는 무거운 실버스킨을 받아내 모아 주는 통을 말한다. 가벼운 연기나 미세먼지는 송풍기를 통해 밖으로 배출되지만 무거운 실버스킨은 집진기의 아래에 쌓인다. 열풍식이나 반열풍식 로스터기의 경우, 실버스킨의 양이 직화식에 비해 많다.

⑨ 가스밸브

가스식의 경우, 가스관과 로스터기 사이에 가스의 출입을 조절해 주는 밸브가 장착되어 있다. 이 밸브를 열면 미압계 수치가 올라가고, 잠가주면 미압계 수치가 떨어진다. 로스팅 시 불의 세기를 조절해 주는 중요한 부품이다.

⑩ 조작스위치/온도계 패널

로스터기의 메인 전원과 드럼, 사이클론에 전원을 공급하고 차단하는 스위치가 달려 있는 패널이다. 보통 로스터기를 ON시킬 경우 메인 전원 → 드럼 → 사이클론 순으로 스위치를 점화하고 OFF시킬 경우에는 이와 반대로 한다.

⑪ 온도계(드럼, 열풍, 잠열)

드럼 내부의 온도를 나타내는 온도계는 드럼 중심부의 온도를 표시하며, 열풍의 온도를 표시하는 온도계는 드럼 주변에 흐르고 있는 공기 온도를 표시한다. 그리고 잠열은 로스터기의 상단에 머물고 있는 잠재적인 열량 온도를 표시한다. 가장 높은 온도는 잠열, 그다음은 열풍, 마지막은 드럼 순이다. 또한, 댐퍼를 통해 열풍의 양을 조절하여 잠열을 드럼 내부에 침투시키면 로스팅을 용이하게 한다.

⑫ 미압계

가스압력계라고도 불리며 화력의 세기를 수치화해 표시해 주는 장치다. 압력계의 수치가 높을수록 화력이 높다는 것을 의미하며 로스팅 시 미세한 화력 조절과 로스팅 프로파일 기록에 용이하다.

⑬ 기타

로스터기 전면에는 대부분 확인창과 샘플러(테스트 스푼)가 있다. 확인창은 드럼 내부에 투입된 원두가 익어가는 과정을 눈으로 확인할 수 있도록 투명 강화유리로 되어 있으며 장기간 사용 시 기름때가 낄 수 있어 주기적으로 분해해 청소해 주어야 한다. 또한 샘플봉은 드럼 내부와 맞닿아 있어 로스팅 중간 중간에 샘플러로 콩을 빼서 로스팅 진행 정도를 체크할 수 있다.

⑭ 제연장치

애프터 버너는 가스를 사용해서 로스팅 후 발생되는 연기를 500℃ 정도의 고온에서 연소시켜 소멸시켜 주는 장치다. 연기는 제거되지만 열기와 냄새는 제거되지 않아 주택 밀집 지역에서 사용하기에는 부적합하다. 제연기는 모래나 물에 연기를 흡착시키는 기계로 연기 제거에도 유용하지만 냄새도 어느 정도 제거해 주는 효과가 있다. 하지만 애프터 버너나 제연기를 추가로 설치할 경우 적지 않은 비용이 든다.

합격생의 비법 ··························· ◎

로스터기에 투입할 수 있는 원두의 최대 용량은 80% 정도다. 버너의 용량이 작은 로스터기의 경우 투입량이 많으면 원두가 골고루 익지 않아 Quaker가 많이 발생된다.

⑤ 로스팅 순서

1) 준비

① 로스팅할 생두를 계량하여 준비한다.
② 로스터기 내 외부의 덮개와 배출구를 닫는다.
③ 댐퍼를 닫는다.

2) 예열

① 로스터기 전원을 켜고 드럼과 사이클론 송풍기 정상 작동 여부를 확인한다.

② 가스밸브 혹은 연료 잠금장치를 열어 연료를 공급한다.

③ 점화한다.

④ 분 단위로 로스터기 내부의 온도를 체크한다.

3) 투입

① 계량된 생두를 투입한다.

② 생두의 투입량에 맞게 화력을 조절한다.

③ 댐퍼를 반개하여 열량을 서서히 공급해 준다.

4) Light Yellow 시점

① 댐퍼를 완전히 열어 충분한 열량을 공급해 준다.

② 화력을 낮추지 않는다.

③ 원두의 색과 향의 변화를 체크한다.

5) 1st Crack 시점

① 열량을 유지하거나 반으로 줄여 준다.

② 완전히 열린 댐퍼를 반 정도 닫아서 공기의 흐름과 열량을 조절한다.

③ 발열 반응이 시작되는 시점이므로 원두의 특성에 따라 미세한 열량 조절이 필요하다.

6) 2nd Crack 시점

① 배출 포인트를 설정한다.

② 강배전의 경우 열량을 조금 높여 준다.

③ 확인봉으로 원두의 부풀기와 색을 가늠한다.

7) 원두의 배출과 쿨링

① 원두 배출 전 쿨러를 가동시킨다.
② 교반기가 없을 경우 원두를 저어주면서 쿨링을 진행한다.
③ 주변 공기가 차가울수록 쿨링이 빨리 진행된다.

8) 원두 선별

① 쿨링이 완료된 원두에서 결점두를 골라낸다.
② 이물질, 불량두, 과다 로스팅, 과소 로스팅 원두를 선별해 낸다.

6 로스팅 과정 중 유의사항

1) 로스터기의 온도 편차

로스터기를 가열하면 열은 다양한 위치에서 측정된다. 자연대류 현상에 의해 대부분 로스터기 가장 위쪽의 열 온도가 가장 높고 드럼과 하단의 온도 순으로 측정된다. 성공적인 로스팅을 하기 위해서는 일정한 온도로 같은 결과를 얻을 수 있어야 한다. 하지만 주변 환경에 따라 온도의 편차가 존재한다. 일례로 같은 LPG나 LNG를 사용하더라도 겨울철보다는 여름철에 팽창률이 두 배 가까이 증가하기 때문에 온도 조절이 어렵다. 로스터의 다양한 경험과 노하우가 요구되는 이유가 바로 여기에 있다.

2) 생두의 수분

생두의 수분은 가공 방식과 유통 방식에 따라 큰 편차를 보인다. 함수율이 높은 생두는 그만큼 수분이 많이 함유되어 있다는 의미이고, 함수율이 낮은 생두는 건조하다는 의미다. 따라서 로스팅 전에 반드시 함수율을 측정해야 한다. 일반적으로 함수율이 높은 생두는 불을 강하게 해서 볶아 주고, 함수율이 낮은 생두는 불을 약하게 해서 볶는다고 알려져 있지만, 이는 잘못된 상식이다. 함수율이 높은 생두는 콩이 익어가면서 수분에 의한 열전달이 빨리 되기 때문에 불을 강하게 해서 볶을 경우 내부발화 현상이 나타나 콩이 금방 타버리는 현상이 발생한다. 따라서 함수율이 높은 생두일수록 열을 천천히 공급해 충분한 팽창이 이루어지도록 해야 한다.

**워터 퀀칭
(Water Quenching)**
원하는 로스팅 포인트에 이르면 로스팅 과정을 신속히 끝내고 원두의 자체 온도를 순간적으로 떨어뜨려야 한다. 이때 주로 이용되는 방법이 워터 퀀칭이다. 매우 짧은 시간에 물을 분사해 주는 것으로, 물의 양은 원두의 수분율을 약 1~2% 정도 증가시키는 것이 좋다. 이 경우 배전된 원두의 수분 함량은 4% 정도가 된다. 물을 뿌린 후에는 곧바로 냉각(Cooling) 과정을 거친다. 쿨링카트(Cooling Cart)로 방출된 원두를 교반기로 회전시키면서 찬 공기를 불어넣어 빠르게 냉각시키는 과정이다. 이때 온도를 얼마나 빨리 떨어뜨리느냐에 따라 향미의 정도와 보존이 달라질 수 있다. 워터 퀀칭은 주로 대형 로스팅에 사용되는 방법이다.

3) 로스팅 연기

생두를 투입하고 Light Yellow 시점을 지나면 서서히 연기가 발생하기 시작한다. 1st Crack을 전후해서 연기가 다소 강해지는데 이때 연기를 모두 배출시키면 향이 다소 떨어지는 커피가 된다. 따라서 댐퍼를 일시적으로 닫거나 반만 열어서 향을 잡아 주는 과정이 필요하다.

4) 이산화탄소

로스팅이 진행됨에 따라 배연되는 이산화탄소의 양은 증가한다. 이는 원두의 조직이 팽창하면서 생성된 공간에 이산화탄소가 채워지면서 생기는 현상이다. 강배전할 경우 원두는 다공질이 되어 이산화탄소의 양이 많아지게 되고 실온에 보관할 경우 향과 맛이 빨리 생성된다. 중배전이나 약배전으로 갈수록 향과 맛이 생성되는 기간이 길어진다. 그 이유는 이산화탄소가 공기 중으로 탈기되면서 산소와 수분이 그 자리를 차지하게 되는데 중배전 커피나 약배전 커피는 강배전에 비해 원두가 단단해 숙성 과정이 더 느리기 때문이다. 따라서 같은 커피를 로스팅하더라도 바로 마실 커피는 약간 강하게, 일정 기간 두고 마실 커피는 다소 약하게 로스팅하는 스킬을 발휘할 수 있다.

■7 로스팅에 따른 성분의 변화

성분		생두(%)		원두(%)	
		전체	가용성 성분	전체	가용성 성분
탄수화물	당분	10.0	10.0	18.0~26.0	11.0~19.0
	섬유소 외	50.0	–	37.0	1.0
지질		13.0	–	15.0	–
단백질		13.0	4.0	13.0	1.0~2.0
무기질		4.0	2.0	4.0	3.0
산	클로로겐산	7.0	7.0	4.5	4.5
	유기산	1.0	1.0	2.35	2.35
알칼로이드	트리고넬린	1.0	1.0	1.0	1.0
	카페인	1.0	1.0	1.2	1.2
휘발성 화합물	가스	–	–	2.0	미량
	향기성분	–	–	0.04	0.04
페놀		–	–	2.0	2.0
총량		**100**	**26**	**100**	**27~35**

〈출처 Sivetz & Desroiser – Coffee Technology〉

1) 물리적 성분의 변화

① 수분

커피콩 내부의 온도가 물의 끓는점 이상으로 상승하면 기화되어 수분율이 감소한다. 로스팅이 진행되면서 1~2%로 줄어든다.

② 가스

로스팅이 진행되면서 생두 1g당 2~5ml의 가스가 발생한다. 가스 중 87%는 이산화탄소(CO_2)로 이는 고온의 열로 인한 건열반응에 의해 발생한다. 가스의 50% 정도는 즉시 방출되지만 나머지는 커피 원두에 남아 있다가 서서히 방출되면서 공기 중의 산소와 접촉하여 발생하는 산패를 막아 준다.

2) 화학적 성분 변화

① 탄수화물

탄수화물 중 가장 많은 비중을 차지하는 성분이 다당류다. 이는 대부분 불용성으로 세포벽을 이루는 셀룰로오스(Cellulose), 헤미셀룰로오스(Hemicelluose)를 구성한다. 당류 중 가장 많은 자당(Sucrose)은 갈변반응을 통해 원두가 갈색을 띠게 한다. 자당은 플레이버와 아로마 물질을 형성하며 로스팅 후 대부분 소실된다. 탄수화물은 커피 성분 중 가장 많은 비중을 차지한다. 아라비카종이 로부스타종보다 두 배 정도 더 함유하고 있다.

② 지질

대부분 트리글리세드(Triglyceride) 형태로 존재한다. 지방산(Fatty acids), 디테르펜(Diterpene), 토코페롤(Tocopherol), 스테롤(Sterol) 등의 성분으로 생두뿐만 아니라 표면에도 왁스 형태로 소량 존재하며 열에 안정적이다. 지질은 로부스타종보다는 아라비카종에 더 많이 함유되어 있으며 지질 성분이 많을수록 커피 아로마가 더 뛰어나다. 지질은 로스팅에 큰 변화를 보이지 않는 성분이다. 생두를 장기 저장하면 리파아제(Lipase)에 의한 가수분해가 촉진되어 산가를 높인다.

종류	리놀레산 (Linolic acid)	팔미트산 (Palmitic acid)	올레산 (Oleic acid)	스테아르산 (Stearic acid)	아라키드산 (Arachidic acid)
함량	43.1%	31.1%	9.6%	9.6%	4.1%

③ 단백질

펩타이드(Peptide), 유리아미노산(Free amino acid) 등을 포함한다. 유리아미노산은 로스팅이 진행되면서 소실이 되고 단당류와 반응하여 멜라노이딘(Melanoidin)과 향기 성분으로 변한다. 유리아미노산은 생두의 0.3~0.8%이지만 향기 형성에 중요한 성분이다.

④ 산
㉠ 유기산

구연산인 시트르산(Citric Acid), 사과산인 말산(Malic acid), 아세트산(Acetic acid), 주석산인 타타르산(Tartaric acid) 등이 있다. 유기산은 커피의 신맛을 결정하는 성분이지만 아로마와 커피 추출액의 쓴맛에도 관여한다.

㉡ 클로로겐산(Chlorogenic acid)

폴리페놀 형태의 페놀화합물(Phenolic compound)에 속하며 유기산 중 가장 많은 성분이다. 로스팅에 따라 양이 감소하는데 분해되면서 퀸산(Quinic acid)과 카페산(Caffeic acid)으로 바뀐다. 아라비카종보다 로부스타종에 더 많이 함유되어 있다.

⑤ 카페인

승화 온도가 178℃로 비교적 열에 안정적이며 커피 생두뿐만 아니라 잎에도 소량 존재한다. 로스팅이 진행되면서 일부가 승화되어 소실되지만 로스팅에 따른 중량 손실로 인해 원두에서 차지하는 비중은 크게 변하지 않는다. 카페인으로 인해 발생되는 쓴맛은 전체 커피 쓴맛의 10% 정도다.

⑥ 트리고넬린(Trigonelline)

카페인의 약 25% 정도의 쓴맛을 낸다. 열에 불안정해서 로스팅이 진행됨에 따라 급속히 감소한다.

⑦ 무기질

무기질 중 가장 많은 함량을 차지하는 성분은 칼륨(K)으로 약 40% 정도다. 그 밖에 인(P), 칼슘(Ca), 망간(Mn), 나트륨(Na) 등이 존재한다.

⑧ 수용성 비타민

로스팅이 진행됨에 따라 아래와 같이 변한다.

비타민	생두	원두
니아신(Niacin)	22.0	93~436
티아민(Thiamin)	2.1	0~0.7
리보플라민(Riboflavin)	2.3	0.5~3.0
아스코르브산(Ascobric acid)	460~610	–
판토텐산(Panthothenic acid)	10.0	2.3

⑨ 휘발성 화합물

휘발성 화합물은 커피의 향기를 구성하는 성분이다. 중량의 0.05% 미만인 700~2,500ppm으로 매우 적은 양이지만 800여 가지 이상이며 가스 방출과 함께 증발, 산화되어 상온에서 2주가 지나면 사라져 버린다. 아라비카종이 로부스타종보다 더 많이 함유하고 있으며 로스팅이 프렌치나 이탈리안 로스트 정도로 강배전이 되면 오히려 감소하는 경향이 있다.

CHAPTER 04

블렌딩의 정의와 방법

1 블렌딩(Blending)의 정의

특성이 다른 2가지 이상의 커피를 혼합하여 새로운 향미를 가진 커피를 창조하는 방법이다. 커피 블렌딩의 목적은 각각의 특성을 가진 커피들을 적절한 비율로 혼합하여 맛과 향을 보완하고 전체적인 맛의 상승 효과를 내고자 함에 있다. 커피 블렌딩의 다른 방법은 같은 종류의 커피를 로스팅 정도가 다르게 볶아서 혼합하는 방법이 있다. 한 가지 원두를 약배전+중배전, 중배전+강배전 형태로 로스팅 포인트를 다르게 해서 섞는 방법인데, 스트레이트(싱글오리진) 커피가 가진 고유한 맛과 향을 강조하면서도 보다 깊고 풍부한 향미를 얻을 수 있다.

2 블렌딩의 목적

1) 새로운 맛과 향을 창조

블렌딩은 산지별 커피들이 가진 장점들을 결합해 완전히 다른 느낌의 커피를 창조하는 데 사용된다. 각각의 싱글오리진 원두를 블렌딩 커피에 맞게 혼합하여 스트레이트 커피에서 느낄 수 없는 새로운 커피의 맛과 향을 창조해 낸다.

2) 맛의 단점 보완

블렌딩은 한 가지 원두의 단순한 맛과 향을 보완하는 데 사용된다. 스트레이트(싱글) 커피는 본연의 맛과 향을 지니고 있지만 쓴맛, 신맛, 단맛, 짠맛, 바디감이 골고루 강하게 갖춰져 있지는 않다. 스트레이트 커피의 단순한 맛을 보완해 균형 잡힌 맛을 만들어 내기 위해 블렌딩을 한다.

3) 생두 대체

커피는 매년 작황 상태에 따라 맛과 향이 차이가 난다. 커피 작황이 좋지 않아 일정 수준의 맛과 향이 나지 않는 경우, 이와 비슷한 생두로 대체해야 한다. 로스터는 매년 사용할 생두의 작황 상태뿐만 아니라 맛과 향의 변화도 체크하여 자신의 블렌딩 커피에 적합한지를 파악하고 있어야 한다.

4) 원가 절감

단가가 저렴한 생두를 섞어 전체 생산 원가를 절감하는 차원에서 블렌딩을 이용하기도 한다. 아라비카보다 상대적으로 저렴한 로부스타 원두를 이용해 전체 커피 원가를 줄이기도 하며 산지별 생두 중 등급이 낮은 생두를 사용하기도 한다.

❸ Straight Coffee VS Blending Coffee

스트레이트 커피 혹은 싱글오리진(Single Origin) 커피는 한 국가에서 생산된 한 종류의 커피를 말한다. 하와이안 코나, 콜롬비아 수프리모, 케냐 AA 등으로 불리며, 커피 생산국의 최고 품질을 획득한 커피의 본연의 맛과 향을 즐기는 것을 목적으로 한다. 이에 반해 블렌딩 커피는 스트레이트 커피가 가진 장점에 다른 장점의 맛과 향을 보완하는 것으로 보다 균형 잡힌 맛과 향을 연출할 수 있다. 스트레이트 커피는 생산국, 생산지의 자연환경을 그대로 담아 그 커피만의 독특한 맛과 향을 느낄 수 있다는 장점이 있고, 블렌딩은 스트레이트 커피가 가진 장점들을 모아 중화시키기 때문에 어떤 의미에서는 특색이 없다고 느낄 수 있다. 하지만 블렌딩 커피는 수천 혹은 수만 가지의 조합이 가능해 블렌더의 손길에 따라 새로운 맛과 향이 탄생한다. 그리하여 음악으로 비유하자면 스트레이트 커피는 독주회, 블렌딩 커피는 오케스트라의 합주회라 할 수 있다.

❹ 블렌딩 준비

1) 생두의 특성 파악

블렌딩은 각각의 원두에 부족한 맛을 보충하여 맛과 향의 밸런스를 갖춘 커피를 만들기 위함이다. 따라서 각 생산국, 생산지별 원두의 특징을 파악하는 것이 중요하다. 스크린 사이즈, 밀도, 함수율 등 생두 내외적인 요인들을 파악하고 나아가 향기, 신맛, 단맛, 쓴맛, 바디감 등의 각각의 커피가 가진 본연의 맛과 향에 대한 지식이나 데이터도 갖춰야 한다.

합격생의 비법 .... ◉

블렌딩 Base로는 어떤 콩이 적당할까?
블렌딩에 사용하는 커피 중 Base로 사용할 원두는 밀도가 높은 단단한 콩이 좋다. 블렌딩 커피는 보통 에스프레소용으로 많이 사용하기 때문에 강배전까지 버틸 수 있어야 한다. 그래서 Base로 들어가는 커피는 브라질, 케냐, 탄자니아처럼 밀도가 높은 단단한 콩을 많이 쓴다.

2) 스트레이트 커피의 맛과 향 확인

블렌딩하고자 하는 스트레이트 커피를 볶아서 커핑을 통해 각각의 맛과 향을 체크해 놓는다. 신맛이 강한 커피, 쓴맛이 강한 커피, 부드러운 바디감을 가진 커피, 강한 바디감을 가진 커피, 감칠맛이 있는 커피 등으로 나누어 기록해 놓으면 블렌딩에 많은 도움이 된다. 블렌딩을 처음 시도할 경우 상반된 성질을 가진 커피를 섞어 균형감 있는 커피를 만들어 본다.

3) 스트레이트 커피의 피크 로스팅 포인트

스트레이트 커피를 각각 볶아서 로스팅 후 블렌딩할 경우 스트레이트 커피 각각의 피크 로스팅 포인트(Peak Roasting Point)를 점검해 놓아야 한다. 피크 로스팅 포인트는 커피가 가진 본연의 맛과 향이 가장 잘 표현되는 로스팅 단계를 말한다. 이렇게 함으로써 각각의 원두가 가진 강점을 융합해 최고의 맛을 구현해 낼 수 있다.

4) 블렌딩 후의 맛과 향

생두의 특성과 블렌딩 배합률이 정해졌다면 블렌딩 후의 맛과 향에 대해 점검해야 한다. 블렌딩을 하는 목적은 커피가 가진 각각의 맛과 향을 조합해 전체적인 상승 효과를 내는 데 있기 때문에, 블렌딩 후 맛과 향에 특색이 없다면 블렌딩은 쓸데없는 작업이 되고 만다. 맛과 향을 점검해 배합 비율과 로스팅 포인트를 재설정한다.

5) 기본이 되는 원두 찾기

블렌딩의 Base가 될 원두를 선정하는 방법은 두 가지가 있다. 특정한 맛을 가진 커피를 기본으로 하는 방법과 특정한 맛을 살려 주는 커피를 기본으로 하는 방법이다. 특정한 맛을 가진 커피를 기본으로 할 경우 이 특징적인 맛을 잃지 않도록 나머지 원두를 마일드한 커피로 블렌딩해 준다. 특정한 맛을 살려 주는 커피는 보통 콜롬비아 수프리모, 브라질 산토스 NO.2 등 튀지 않고 잔잔한 맛과 향을 주는 커피들을 말하는데, 이렇게 마일드한 커피에 독특한 맛과 향을 가진 원두를 섞어 주면 특징적인 맛과 함께 균형 잡힌 커피를 만들어 낼 수 있다.

5 블렌딩 방법

1) Blending Before Roasting(BBR)

로스팅 전 블렌딩(Blending Before Roasting)은 로스팅 과정에서 각각의 커피 맛을 중화시키면서 전체적으로 고른 색깔의 커피 원두를 얻는 방법이다. 그러나 생두별로 그 밀도와 함수율, 로스팅 포인트가 다르고 건조 방식에 따라 생두가 열을 품고 발산하는 정도 또한 다르다. 따라서 개별 생두의 특성을 잘 파악하고 불 조절에 어울리는 생두끼리 배합하는 과정이 필요하다. 생두 상태에서 섞기 때문에 일의 효율성 측면에서 로스팅 후 블렌딩보다 장점이 있다.

2) Blending After Roasting(BAR)

로스팅 후 블렌딩(Blending After Roasting)은 각각의 생두를 로스팅 포인트에 맞게 로스팅한 후 원두를 혼합하는 것이다. 풍부한 맛과 향을 얻을 수 있는 반면 원두들의 로스팅 정도가 다를 수 있으므로 블렌딩된 커피의 색이 균일하지 않다. 블렌딩 본연의 목적에 맞는 맛과 향의 상승효과는 로스팅 전 블렌딩에 비해 뛰어나지만 원두 하나하나를 볶아서 배합해야 하므로 일의 능률은 떨어진다.

3) BBR vs BAR

대형 로스터나 커피 업체는 로스팅 전 블렌딩 방식을 선호한다. 그 이유는 색상이 고른 커피를 얻을 수 있어 마케팅에 활용하기 적합하고, 질이 낮은 생두를 적당히 배합해도 맛과 향의 중화 작용을 기대할 수 있으며, 로스팅 후 블렌딩할 경우 발생되는 원두 재고와 일의 비효율성을 줄일 수 있기 때문이다.

4) BBR + BAR

로스팅 전 블렌딩과 로스팅 후 블렌딩을 병행해 사용할 수도 있다. 생두별로 밀도, 수분함량의 차이, 로스팅 포인트가 많이 다른 경우 로스팅 전 블렌딩으로 생두를 먼저 섞은 후 로스팅하고, 차이가 많이 나는 원두는 싱글오리진으로 로스팅한 후 섞는 방법이다. 이렇게 하면 자신이 추구하는 맛과 향을 어느 정도 유지할 수 있다. 로부스타종과 아라비카종을 섞는 경우 로부스타종이 아라비카종보다 변화 속도가 느리므로 로스팅하는 데 어려움이 있다. 이럴 경우 이 병행 기법을 사용하면 된다.

⑥ 블렌딩 기법

1) 단종 원두를 로스팅 포인트를 다르게 하여 블렌딩하는 방법

한 가지 원두만으로 로스팅 포인트를 다르게 해서 블렌딩하는 방법이다. 일례로 에티오피아 예가체프를 중볶음, 중강볶음, 강볶음으로 로스팅 포인트를 다르게 한 후 비율대로 섞는 방법이다. 강한 맛을 원할 경우 강볶음 원두의 비율을 늘려 주고 신맛과 부드러운 맛을 원할 경우 중볶음 원두의 비율을 늘려 준다. 블렌딩 비율을 각각 다르게 하여 맛을 비교해 보며 자신이 추구하는 블렌딩을 찾아낸다.

2) 로스팅 포인트를 일치시켜 블렌딩하는 방법

블렌딩을 처음 하는 경우 생두의 로스팅 포인트를 모두 통일해 블렌딩하는 방법이다. 이 블렌딩 기법은 조화로운 맛과 향을 찾아내기 위한 방법이다. 블렌딩할 각각의 원두를 약배전, 중배전, 중강배전, 강배전 등으로 로스팅한 후 같은 로스팅 포인트끼리만 섞어서 맛과 향을 체크한다. 이후 로스팅 포인트를 각각 다르게 한 원두를 섞어 세밀한 맛과 향을 찾아 나간다.

3) 로스팅 포인트를 다르게 하여 블렌딩하는 방법

싱글오리진 커피가 가진 최상의 맛과 향을 내는 로스팅 포인트로 각각 배전한 후 섞는 방법이다. A 원두는 약배전, B 원두는 중배전, C 원두는 강배전 등으로 나누어 로스팅한 후 비율을 다르게 하여 블렌딩한 후 맛과 향을 체크해 가는 방법이다. 서로 다른 특성을 가진 커피의 맛과 향을 알아야 이 기법을 활용할 수 있기 때문에 많은 로스팅 경험이 필요하다.

4) 같은 비율로 블렌딩하는 방법

생두나 원두를 모두 같은 비율로 블렌딩하는 방법이다. 블렌딩의 기본이 되는 방법으로 어느 커피라도 균등한 비율로 섞어 간단하고 편리하게 블렌딩하는 기법이다. BBR로 블렌딩할 경우 생두 상태에서 같은 비율로 섞은 후 로스팅하고, BAR로 블렌딩할 경우 각각의 생두를 로스팅한 후 원두 상태에서 비율대로 섞는다.

5) 다른 비율로 블렌딩하는 방법

생두나 원두를 다른 비율로 블렌딩하는 방법이다. 조금 더 세밀한 맛과 향을 추구하고자 할 때 사용하는 방법이다. BBR로 블렌딩할 경우 생두 상태에서 각각 비율을 다르게 섞어서 로스팅한다. 생두의 비율은 다르지만 BBR로 로스팅할 경우 로스팅 포인트는 모두 같게 된다. BAR로 블렌딩할 경우에는 각각의 생두를 로스팅한 후 원두 상태에서 섞는 방법으로, 이렇게 비율을 다르게 블렌딩할 경우에는 BAR 방법이 효과적이다.

7 블렌딩 비율 확인 방법

1) 핸드드립을 이용하는 방법

싱글오리진 커피를 각각 볶아 준비해 놓고 핸드드립으로 커피를 추출해 맛을 비교해 보면서 블렌딩 비율을 잡는 방법이다. 이는 분쇄된 커피 20g을 핸드드립으로 200ml 추출해서 맛과 향을 비교하는 방법으로, 원두 A(10g)와 원두 B(10g)를 1:1 비율로 섞어 핸드드립 추출한 후 맛과 향을 비교하면서 비율을 조정해 간다. 두 번째 추출부터는 원두의 비율을 다르게 하여 반복 추출한 커피의 맛과 향을 체크해 자신이 추구하는 블렌딩 커피의 맛과 향에 맞는 비율이 되도록 한다.

2) 커핑을 이용하는 방법

커핑을 이용해 블렌딩 비율을 맞추기 위해서는 커핑하는 방법에 대해 충분히 알고 연습해야 한다. 커핑컵 하나에 넣는 원두의 양은 10g으로 통일하고 9개의 컵을 준비하고 컵마다 블렌딩 원두의 비율을 다르게 하여 분쇄된 원두를 넣은 다음 커핑을 통해 자신이 추구하는 가장 적합한 비율을 가진 블렌딩을 찾아낸다. 1번 컵에는 원두 A(9g) : 원두 B(1g), 2번 컵에는 원두 A(8g) : 원두 B(2g) …… 순으로 비율을 다르게 해 커핑하는 방법이다. 핸드드립 방법에 비해 시간을 절약할 수 있다.

3) 커피 추출액을 이용하는 방법

핸드드립이나 커피브루워를 이용해 싱글오리진 커피를 각각 추출해 놓고 추출액의 비율을 다르게 혼합해 맛과 향을 체크하면서 블렌딩 비율을 정하는 방법이다. 핸드드립으로 추출할 때는 동일한 드리퍼로 동일한 추출법을 이용해야 한다. 하지만, 자유도로 인해 추출할 때마다 커피 맛이 달라질 수 있으므로 자동머신인 커피브루워를 이용하는 것도 좋은 방법이다. 커피 추출액의 비율에 맞게 원두 비율을 맞추면 되는데, 커피 추출액을 A 원두 60% : B 원두 40%로 했다면 원두의 블렌딩도 이 비율에 맞게 한다.

8 블렌딩 맛 조절법

블렌딩 커피의 장점은 맛이 항상 안정되어 있다는 것이다. 하지만 생두의 작황 상태, 가공이나 유통 상태에서의 변질, 보관 환경에 따른 변화 등으로 맛이 흔들릴 수도 있다. 이러한 경우 블렌딩에 변화를 주어 맛을 조절해야 하는데, 방법은 다음과 같다.

1) 생두를 바꾸는 방법

블렌딩에 계속 사용하는 생두의 작황이 좋지 않다면 어느 정도 같은 맛과 향을 내는 생두로 대체한다. 일례로 에티오피아 시다모 생두의 상태가 좋지 않다면, 비슷한 맛과 향을 내는 에티오피아 예가체프로 대체한다. 생두를 대체할 때는 우선 같은 국가의 주변 지역 생두에서 찾아내는 것이 좋다. 이후 기후나 토양 등 자연 조건이 비슷한 주변 국가, 같은 대륙 순으로 대체 생두를 찾는다.

2) 배합 비율을 바꾸는 방법

맛이 흔들릴 경우 블렌딩 표준의 맛이 되도록 배합 비율을 조정하는 방법이다. 같은 원두를 등배합으로 계속 블렌딩한다고 해서 항상 같은 맛이 유지되는 것은 아니다. 매번 블렌딩한 후 커핑을 통해 맛을 확인하고 오차범위를 벗어난 맛의 차이가 있을 경우 배합비율을 바꿔 가며 조정해 나간다.

3) 더블 로스팅(Double Roasting)

더블 로스팅을 하면 떫은 맛을 빼거나 맛을 가볍게 할 수 있다. 더블 로스팅은 생두를 로스터기에 넣고 탈수가 완료되는 Light Yellow 시점에서 1st Crack 시점 사이에 배출해 쿨링한 후 다시 로스팅하는 방법을 말한다. 이렇게 더블 로스팅한 원두는 맛이 연하고 부드러워지는 경향이 있다. 더블 로스팅 후 비율대로 블렌딩하여 맛을 조절해 나간다.

4) 로스팅 포인트 조절

로스팅 포인트를 조절해 쓴맛과 신맛의 강도를 조정한다. 약하게 로스팅할수록 신맛이 강해지고 강하게 로스팅할수록 쓴맛이 강해지는 원리를 활용한 방법이다. 다만 로스팅 포인트를 바꾸는 방법은 맛을 조절하기에는 용이하지만 향까지 한꺼번에 맞출 수 있는 것은 아니다.

5) 추출법 조절

추출법 조절은 최후의 방법이다. 분쇄도, 물의 온도, 추출 방법 등을 조정해 원하는 맛과 향을 잡는 방법으로, 위 4가지 기법으로 조절했음에도 불구하고 원하는 블렌딩 맛과 향이 나오지 않을 때 시도해 본다.

9 블렌딩 사례

커피 블렌딩은 로스터의 영업 기밀에 해당되기 때문에 배합 원두의 종류나 배합 비율을 공개하지 않는다. 하지만 기초적인 배합 방법이나 비율은 여러 서적에서 소개된 바 있는데, 로스팅 전 블렌딩의 기초적인 배합 종류와 비율을 몇 가지 정리해 보면 다음과 같다.

맛과 향	블렌딩 원두	비율(%)	Peak Roasting Point
바디감과 균형감이 좋은 맛	브라질 산토스 예멘 모카 마타리 콜롬비아 수프리모	40 30 30	Full City
과일의 신맛과 달콤한 향	에티오피아 내추럴 인도네시아 만델링	60 40	City
감칠맛과 풍부한 맛	브라질 산토스 과테말라 안티구아 콜롬비아 수프리모 예멘 모카 마타리	30 30 20 20	City
쓴맛과 단맛의 조화	브라질 산토스 파푸아뉴기니 AA 베트남 아라비카 탄자니아 AA	30 30 20 20	Full City
에스프레소	브라질 산토스 콜롬비아 수프리모 과테말라 안티구아	40 40 20	French

🔟 블렌딩 원칙

① 생두 상태에서 크기, 밀도, 함수율, 생산 연도를 확인해야 한다.

② 맛이 좋은 스트레이트 원두끼리 섞는다고 해서 꼭 좋은 맛이 탄생하는 것은 아니다.

③ 배합에 따른 맛과 향을 체크하면서 배합의 비율을 조정해야 한다.

④ 많은 수의 원두를 섞는다고 좋은 맛이 나지는 않는다.

⑤ 나쁜 맛과 향을 가진 커피를 배합하면 전체적으로 풍미가 저하된다.

⑥ 유사한 맛과 향을 가진 원두끼리 배합하면 특색이 없어진다.

⑦ 안정되고 지속 가능한 맛과 향을 지향한다.

⑧ Base가 되는 원두는 적어도 30% 이상 섞어 주어야 한다.

⑨ 로스팅 포인트를 달리하여 맛과 향을 조절해 나간다.

⑩ 가급적 많은 사람의 기호에 맞는 배합을 찾는다.

CHAPTER 05

향커피

1 향커피(Flavored Coffee)란?

커피에 향을 첨가한 것을 말한다. 주로 커피 원두에 액체 상태의 인공 향 시럽을 덮은 것으로, 원가 절감, 재고 소진, 다양한 상품의 개발 등을 목적으로 만들어졌다. 원래 향커피는 소수의 사람들이 추출된 커피에 천연과일, 견과류, 위스키 등을 첨가해 마시던 수준이었지만 1970년대 미국 시장의 커피 공급 과잉으로 인한 재고 소진을 위해 헤이즐넛, 아이리쉬 크림, 프렌치바닐라 등의 향커피가 개발되면서 대중화되었다. 지금은 커피 원두에 인공 향을 첨가한 것부터 인스턴트 커피, 캡슐 커피까지 다양하게 판매되고 있다.

2 향커피의 종류

1) 헤이즐넛(Hazelnut)

헤이즐넛 커피는 개암나무 향과 바닐라 향을 결합해서 만들었다. 고소한 개암나무 열매의 향과 달콤한 바닐라 향을 섞으면 시중에 판매되는 헤이즐넛 향의 커피가 된다. 모두 인공 향으로 만들어진다.

2) 아이리쉬 크림(Irish Cream)

아이리쉬 위스키 향과 크림 향을 결합해 만든 커피다. 원래 아이리쉬 크림 커피는 블랙 커피와 위스키를 3대 2의 비율로 잔에 부은 다음, 갈색 설탕을 섞고 그 위에 두꺼운 생크림을 살짝 얹은 커피다. 제2차 세계 대전이 끝난 직후에 아일랜드 서부에 있는 샤논(Shannon) 국제공항의 한 술집에서 처음 만들어졌다.

3) 초콜릿 라즈베리(Chocolate Raspberry)

초콜릿 향과 산딸기과의 라즈베리 향을 결합해 만든 커피다.

4) 서던피칸(Southern Pecan)

피칸은 미국 남부에서 생산되는 캐나다산 긴 타원형의 호두 열매를 말한다. 이 열매의 향을 추가한 커피로 고소한 호두의 향이 가미되어 있다.

5) 초콜릿 헤이즐넛(Chocolate Hazelnut)

초콜릿 향과 헤이즐넛 향을 결합해 만든 것으로, 달콤하고 쌉쌀한 초콜릿 향과 고소한 헤이즐넛 향이 궁합이 잘 맞아 개발된 인공 향커피다.

6) 프렌치바닐라(French Vanilla)

멕시코가 원산지인 난초과 식물에서 추출한 향이 부드러운 바닐라 향을 낸다. 바닐라 향과 함께 은은한 커스터드 향이 어우러져 있으며 음료로 마실 때 초콜릿을 추가하면 조화로운 맛을 낸다.

3 향커피의 제조 방법

향커피는 로스팅된 원두에 적당량의 향기 성분을 버무리는 과정으로 제조된다. 대량으로 제조할 때에는 전용 믹스 기계를 사용하고, 소량 제조 시에는 수제 과정으로 만들어진다. 커피와 향의 배합은 97:3 정도로 향의 성분이 3% 이상 초과되면 역겨운 향이나 입안에 미끈하고 불쾌한 향기 성분이 남는다.

1) 로스팅 중 향기 배합법

로스팅 과정에서 향기 성분을 첨가하는 방법이다. 보다 강한 향이 커피 원두에 스며들어 추출된 커피에도 향기가 강하게 나타난다.

2) 로스팅 직후 향기 배합법

로스팅이 막 끝난 원두는 쿨링 전에 원두 표면의 온도가 높게 나타난다. 원두 표면의 온도가 80~90℃ 정도가 되었을 때 향기 성분을 넣고 버무리는 작업을 하면 원두 깊숙이 스며든다.

3) 쿨링 후 향기 배합법

원두를 완전히 냉각하고 2일 정도 숙성시킨 후 원두에 향기 성분을 버무리는 방법이다. 로스팅 중이나 직후에 배합하는 방법보다는 향기 흡수 효과가 떨어지지만 은은하고 부드러운 향을 표현할 수 있다.

1. 로스팅이 진행됨에 따라 수분이 증발해 중량, 질량, 밀도가 감소하고 휘발성 물질이 방출되면서 유기물 손실이 발생한다. 조직이 다공질이 되면서 부피는 늘어난다.

1. 생두를 로스팅할 때 일어나는 변화 중 맞는 것으로 짝지어진 것은?

    A. 카페인의 양이 증가한다.
    B. 휘발성 향기 성분이 계속 증가한다.
    C. 조직이 다공질이 되어 부피는 늘어난다.
    D. 가용성 성분이 증가한다.

    ① A, C
    ② B, C
    ③ C, D
    ④ B, D

2. 로스팅이 진행됨에 따라 세포 내 성분은 겔 상태로 유동화된다. 원두의 압축 강도는 감소하며, 원두의 비중은 감소한다.

2. 로스팅이 진행됨에 따라 일어나는 원두의 물리적 변화에 대해 바르게 설명한 것은?

    ① 로스팅이 진행됨에 따라 세포내 성분은 고체화된다.
    ② 로스팅이 진행됨에 따라 원두의 압축 강도는 증가된다.
    ③ 로스팅이 진행됨에 따라 원두의 용적증가율은 감소한다.
    ④ 로스팅이 진행됨에 따라 원두의 비중은 증가한다.

3. 생두 조직의 내부 온도가 160℃ 정도에서 수분 증발이 끝나고 색상이 노란색으로 변하기 시작한다.

3. 로스팅에 관하여 설명한 것 중 틀린 것은?

    ① 로스팅 머신에 따라 차이가 있으나 생두는 로스팅 머신 내부에서 100~500℃로 가열된다.
    ② 생두 조직의 내부 온도가 100℃ 정도에서 수분 증발이 끝난다.
    ③ 흡열 반응은 생두 투입 초기 시점부터 나타나기 시작한다.
    ④ 생두에 함유되어 있던 탄수화물, 지방, 단백질, 유기산 등이 분해되기 시작하는 온도는 200℃ 이후이다.

4. 로스팅 단계 분류에 대해 맞게 설명하고 있는 것은?

① 로스팅 단계별 명칭은 국제적으로 단일 기준이 정해져 있다.
② 로스팅 8단계 분류는 라이트 → 시나몬 → 하이 → 미디엄 → 시티 → 풀시티 → 이탈리안 → 프렌치 순이다.
③ SCA 기준 로스팅 단계는 Very Light에서부터 Dark까지이다.
④ 아크트론 타일의 숫자가 낮을수록 로스팅이 많이 진행된 상태다.

4. 로스팅 단계별 명칭은 일정치 않고, 나라나 지역마다 다르다. 로스팅 8단계는 라이트 → 시나몬 → 미디엄 → 하이 → 시티 → 풀시티 → 프렌치 → 이탈리안 순이다. SCA 기준 로스팅 단계는 Very Light에서 Very Dark까지이다.

5. 로스팅 단계 중 명도가 가장 낮은 것부터 순서대로 배열된 것은?

① 프렌치로스트 〉 풀시티로스트 〉 라이트로스트 〉 미디엄로스트
② 프렌치로스트 〉 시티로스트 〉 미디엄로스트 〉 라이트로스트
③ 프렌치로스트 〉 시티로스트 〉 풀시티로스트 〉 미디엄로스트
④ 프렌치로스트 〉 풀시티로스트 〉 시나몬로스트 〉 시티로스트

5. 이탈리안 〉 프렌치 〉 풀시티 〉 시티 〉 하이 〉 미디엄 〉 시나몬 〉 라이트

6. 프렌치로스트의 특징에 대한 설명으로 맞는 것은?

① 쓴맛이 다소 강하게 나타난다.
② 신맛이 강하고 풍부한 맛이 난다.
③ 원두의 색상이 Light Yellow를 띤다.
④ 핸드드립용 커피 음료에 적합하다.

6. 프렌치로스트는 쓴맛이 강해 에스프레소용 음료가 적합하며 원두의 색상은 Dark이다.

7. 로스팅에 따른 원두의 변화에 대해 맞게 설명한 것은?

① 이산화탄소가 증가하며 풋내가 점차 증가한다.
② 로스팅 정도가 강해질수록 원두의 무게가 증가한다.
③ 원두의 수분 함량이 증가하면서 유기물의 양이 증가한다.
④ 카페인의 양은 큰 변화가 없다.

7. 이산화탄소가 증가하지만 풋내는 감소한다. 로스팅 정도가 강해질수록 원두의 무게가 감소하고, 원두의 수분 함량이 감소한다.

8. 로스팅 시간이 지남에 따라 생두의 색상이 변해가는 과정을 바르게 나열한 것은?

① Green → Light Brown → Yellow → Medium Brown → Dark
② Green → Yellow → Light Brown → Dark → Medium Brown
③ Green → Yellow → Light Brown → Medium Brown → Dark Brown
④ Green → Light Brown → Yellow → Medium Brown → Dark Brown

8. Green → Yellow → Light Brown → Medium Brown → Dark Brown → Dark → Very Dark 순이다.

9. 드럼 로스팅 머신에 대한 설명이다.

9. 1860년 독일의 Emmerich사와 미국의 Burns사에 의해 개발된 로스팅 기계는?

① 드럼 로스팅 머신
② 열풍식 로스팅 머신
③ 반열풍식 로스팅 머신
④ 유동식 로스팅 머신

10. 로스팅 전에 생두의 함수율, 밀도, 수확 연도, 가공방법 등을 점검한다. 로스터기의 특징에 맞게 생두의 양을 조절해야 하며 로스팅 전에는 항상 계획을 수립한다.

10. 로스팅에 대해 설명으로 맞는 것은?

① 로스팅은 콩의 종류나 수확 연도에 상관없이 일정하게 해야 한다.
② 로스팅하기 전 로스터기는 약한 화력으로 최대한 천천히 예열해야 한다.
③ 항상 로스터기의 최대 용량에 맞춰 생두의 양을 투입한다.
④ 로스팅은 계획 없이 그때그때 상황에 맞게 한다.

11. 저온-장시간 로스팅은 가용성 성분이 적게 추출되고, 고온-단시간 로스팅은 가용성 성분이 10~20% 더 추출된다.

11. 저온-장시간 로스팅과 고온-단시간 로스팅을 비교한 것 중 틀린 것은?

① 저온-장시간 로스팅 커피콩의 온도는 200~240℃ 정도이다.
② 고온-단시간 로스팅은 상대적으로 팽창이 커 밀도가 적다.
③ 저온-장시간 로스팅은 가용성 성분이 많이 추출된다.
④ 고온-단시간 로스팅은 가용성 성분이 10~20% 더 추출된다.

12. 수망 로스팅은 필요한 양만큼 로스팅함으로써 불필요한 커피의 낭비를 줄일 수 있다. 열이 골고루 전달되지 않는다는 단점이 있고, 생두의 가격이 저렴해 비용을 절감할 수 있다.

12. 홈 로스팅 방법 중 수망 로스팅에 대해 바르게 설명하고 있는 것은?

① 로스팅을 통해 다양한 종류의 생두를 특성별로 이해하기 쉽다.
② 생두의 가격이 비싸서 원두를 구입하는 것이 좋다.
③ 열을 골고루 전달할 수 있어 고른 로스팅이 이루어진다.
④ 한꺼번에 많은 양을 로스팅할 수 있다는 장점이 있다.

13. 원두의 팽창률을 높이기 위해서는 최대 화력으로 단시간에 로스팅한다.

13. 같은 로스팅 머신으로 원두의 팽창률을 높일 수 있는 화력 조절의 방법은?

① 초반에는 최소 화력으로 중반 이후 최대 화력으로 로스팅한다.
② 초반에는 최대 화력으로 중반 이후 최소 화력으로 로스팅한다.
③ 최대 화력으로 단시간에 로스팅한다.
④ 최소 화력으로 장시간 로스팅한다.

14. 다음 중 산화반응을 일으키는 커피 성분은?

① 당
② 단백질
③ 탄수화물
④ 불포화지방산

14. 분자 안에 이중결합을 가지고 있는 불포화지방산이 산화된다.

15. 카페인에 대해 바르게 설명하고 있는 것은?

① 커피를 뜨거운 물로 추출하면 백탁 현상이 일어난다.
② 카페인은 찬물에 잘 녹는다.
③ 카페인이 녹는점은 섭씨 238℃이다.
④ 커피의 쓴맛은 카페인이 대부분을 차지한다.

15. 뜨거운 물로 내린 커피가 차가운 얼음에 닿으면 백탁 현상이 일어난다. 카페인은 뜨거운 물에 잘 녹으며 카페인의 쓴맛은 전체의 10%를 넘지 않는다.

16. 커피에 함유된 카페인에 대해 잘 설명하고 있는 것은?

① 생두보다 원두의 카페인 함량이 더 높다.
② 커피나무 껍질과 뿌리에도 카페인이 존재한다.
③ 품종에 상관없이 함량이 일정하다.
④ 열에 비교적 안정적이며 130℃ 이상에서 일부 승화하여 소실되지만 대부분은 원두에 남는다.

16. 카페인은 커피나무의 잎에 소량 존재하며 품종에 따라 함유량의 차이가 크다. 생두의 카페인은 대부분 원두에 남는다.

17. 생두에 함유된 유리아미노산에 대해 바르게 설명하고 있는 것은?

① 로스팅해도 손실되지 않는다.
② 당과 반응해서 멜라노이딘 및 향기 성분으로 변화한다.
③ 생두의 1.3~1.8%로 원두의 향기 형성에 중요한 성분이다.
④ 일부 성분은 신맛 성분과 결합해서 갈색 색소 성분으로 변한다.

17. 유리아미노산은 로스팅에 의해 급속히 소실되며, 생두의 0.3~0.8%로 원두의 향기 형성에 중요한 성분이다. 일부 성분은 쓴맛 성분과 결합해서 갈색 색소 성분으로 변한다.

18. 생두의 지방산에 가장 많이 함유되어 있는 성분은?

① Oleic acid
② Stearic acid
③ Arachdic acid
④ Linoleic acid

18. Linoleic acid가 전체 43.1%로 가장 많이 함유되어 있다.

19. 커피에 12~16% 정도 함유되어 있으며, 향미에 중요한 영향을 미치는 성분은?

① 단백질
② 지방
③ 카페인
④ 탄수화물

20. 생두를 장기 보관하였을 경우 변화에 대해 잘못 설명하고 있는 것은?

① 장기 보관할 경우 지질 성분의 산미가 증가된다.
② 생두의 색상과 산미는 저장 조건에 따라 달라진다.
③ 생두의 색이 노란색에서 갈색으로 다시 녹색으로 변해간다.
④ 생두를 오래 보관할수록 산미가 변하는 것은 생두 안에 든 리파아제 성분 때문이다.

21. 생두를 볶은 원두에 함유되어 있는 비타민이 아닌 것은?

① 리보플라빈(Riboflavin)
② 판토텐산(Panthothenic acid)
③ 니아신(Niacin)
④ 아크로빅산(Ascorobic acid)

22. 커피에 함유된 화학 성분에 대해 설명한 것으로 잘못된 것은?

① 아미노산은 생두보다 원두에 더 많이 함유되어 있다.
② 커피의 신맛은 주로 유기산에 의해 발생한다.
③ 탄수화물은 아라비카종이 로부스타종보다 많다.
④ 로스팅을 거친 원두는 지방량이 증가한다.

23. 생두의 탄수화물은 로스팅에 따라 변화한다. 이에 대해 바르게 설명하고 있는 것은?

① 탄수화물 성분 중 유리당은 로부스타종이 아라비카종보다 많다.
② 유리당 성분은 생두보다는 원두에 더 많이 함유되어 있다.
③ 과당은 생두에는 없지만 원두에는 함유되어 있다.
④ 마이야르 반응은 탄수화물과 무기질에 의해 생성된다.

24. 생두의 성분 중 지방에 대해 바르게 설명하고 있는 것은?

① 생두 표면의 밀랍은 생두가 건조되는 것을 막고 미생물에 의해 발효가 진행되는 것을 막아 준다.
② 생두에만 함유되어 있는 특정 지방은 펙틴이다.
③ 생두에 함유된 지방의 대부분은 생두 표면에 존재한다.
④ 생두의 주된 지방성분은 홀로셀루오스, 헤미셀루오스, 펜토산 등이다.

24. 생두에만 함유된 지방은 카월(Kahweol), 카페스톨(Cafestol) 등이다. 생두의 지방 대부분은 생두의 배젖에 있으며, 주된 지방성분은 시스토르테롤, 스티그마스테롤, 캠페스테롤 등이다.

25. 로스팅 과정에서 발생하는 화학적 변화에 대해 바르게 설명하고 있는 것은?

① 페놀은 생두 상태에서 2% 정도 함유되어 있지만 로스팅 후 사라진다.
② 지방은 15%에서 13%로 감소한다.
③ 클로로겐산은 7%에서 5%로 감소한다.
④ 트리고넬린은 1%에서 2%로 증가한다.

25. 페놀은 로스팅 후 2% 증가하고, 지방은 13%에서 15%로 증가하며, 트리고넬린은 변함이 없다.

26. 로스팅 후 커피의 화학적 변화에 대해 틀리게 설명하고 있는 것은?

① 8~12% 정도이던 생두의 수분 함량이 1~2%로 줄어든다.
② 로스팅된 커피를 추출하면 가용성 성분이 녹아 나오는데 이것에 의해 커피의 맛과 향이 결정된다.
③ 유기산은 로스팅 전 1%에서 로스팅 후 5%로 증가한다.
④ 휘발성 가스 성분은 약 2.04% 생성되는데 이 중 0.04%가 탄산가스이고, 2.0%가 향기 성분이다.

26. 휘발성 가스 성분의 0.04%가 향기 성분이다.

27. 원두의 갈색 색소에 대해 바르게 설명하고 있는 것은?

① 갈색 색소는 고분자 물질로 구성되어 있다.
② 생두에 함유되어 있는 지질성분의 캐러멜화에 의한 것이다.
③ 카페인과 트리고넬린의 마이야르 반응에 의해 생성된다.
④ 카페인이 단백질, 다당류와 결합하여 갈색 색소를 생성한다.

27. 생두 내 자당의 캐러멜화, 아미노산과 환원당 간의 마이야르 반응, 클로로겐산이 단백질 및 다당류와 결합해 갈색 색소를 형성한다.

28. 트리고넬린에 대하여 틀리게 설명하고 있는 것은?

① 열에 불안정하여 로스팅이 진행되면 급속히 감소한다.
② 아라비카종보다 로부스타종에 많이 함유되어 있다.
③ 커피뿐만 아니라 어패류 홍조류에도 많이 함유되어 있다.
④ 생두에 함유되어 있는 트리고넬린은 카페인의 약 25% 정도의 쓴맛을 낸다.

28. 아라비카종에 가장 많이 함유되어 있다.

29. 로부스타종에 더 많이 함유되어 있다.

29. 생두의 단백질과 유리아미노산에 대한 설명 중 틀린 것은?

① 로스팅에 의해 급속히 소실된다.
② 당과 반응해서 멜라노이딘 및 향기 성분으로 변화한다.
③ 일부 성분은 쓴맛과 결합해서 갈색 색소 성분으로 변화한다.
④ 유리아미노산은 로부스타종에 비해 아라비카종에 더 많이 함유되어 있다.

30. 클로로겐산은 생두의 화학 성분 중에 산화적 스트레스 예방 및 유해 산소류 제거 능력이 탁월하다.

30. 생두의 화학 성분 중 인체의 활성산소를 제거해 주는 항산화 효능이 가장 좋은 성분은?

① 리놀레산
② 클로로겐산
③ 글루탐산
④ 올레익산

31. 생두의 0.3~0.8%를 차지하고 있는 유리아미노산은 원두 향기 형성의 중요한 성분이다.

31. 다음 보기가 설명하고 있는 커피 성분은?

• 당과 반응해서 멜리노이딘 성분으로 변화
• 로스팅에 의해 급격히 손실
• 일부 성분은 쓴맛 성분과 결합해서 갈색 색소의 성분으로 변화

① 지방
② 단당류
③ 유리아미노산
④ 탄수화물

32. 포름산은 쓴맛을 내는 성분이다.

32. 신맛 성분을 내는 산 성분이 아닌 것은?

① Malic acid
② Acetic acid
③ Citric acid
④ Formic acid

ANSWER

1.② 2.③ 3.② 4.④ 5.②
6.① 7.④ 8.③ 9.① 10.②
11.③ 12.① 13.③ 14.④ 15.①
16.④ 17.② 18.④ 19.② 20.③
21.④ 22.① 23.③ 24.① 25.③
26.④ 27.① 28.② 29.④ 30.②
31.③ 32.④

MEMO

PART 3

커피의 성분과
향미 평가

C O F F E E

ESPRESSO

MOCHA

CHOCOLATE MILK

MACCHIATO

AMERICANO

IRISH COFFEE

FLAT WHITE

CAPPUCCINO

DOPPIO

GLACE

FREDDO

LATTE

FRAPPUCCINO

CARAMEL MACCHIATO

FRAPPE

CHAPTER 01

커피의 성분

1 커피의 맛을 구성하는 성분

1) 쓴맛 성분

① **카페인** : 카페인(Caffeine)은 퓨린(Purine) 염류에 속하며 재배지, 품종에 따라 함량 차이가 있지만, 카페인은 열에 안정적이어서 배전 후 큰 차이는 없다. 생두의 경우 100g당 211mg, 원두의 경우 배전 정도에 따라 1,300~1,600mg 정도가 포함되어 있다.

② **트리고넬린** : 아라비카종에 많이 포함되어 있으며 카페인의 쓴맛 가운데 1/4 정도를 차지한다. 로스팅 중에 50~80% 정도가 분해되어 비휘발성 성분으로 바뀌지만 다른 성분과 반응하여 향기 성분으로 바뀐다.

③ **카페익산** : 카볼산(Carbolic acid)이라고도 하며, 뜨거운 물과 알코올에 쉽게 용해된다.

④ **퀴닉산** : 클로로겐의 분해 생성물로 부분적인 커피의 쓴맛에 관여한다.

⑤ **페놀릭 화합물** : 항균 작용, 소염 작용, 항알레르기 작용 등 여러 가지 효과를 나타내는 화합물이다.

2) 신맛 성분

① **클로로겐산** : 커피의 주된 용해성 물질로 볶은 커피 무게의 4% 이상을 차지하고 유기산의 약 2/3 정도로 약간의 신맛을 낸다.

② **옥살릭산** : 식물 속에는 칼륨 또는 칼슘염 형태로 존재하고 무색무취의 흡습성 결정물이다.

③ **말릭산** : 능금산, 사과산이라 불릴 만큼 천연 과일에 많이 함유되어 있다. 물과 에탄올에는 잘 녹지만 에테르에는 잘 녹지 않는다.

④ **시트릭산** : 구연산이라고도 하며 식물의 씨나 과즙 속에 유리상태의 산 형태로 존재한다. 고등동물의 물질대사에 중요한 역할을 하며 혈액응고저지제로도 활용된다.

⑤ **타타르산** : 포도주를 만들 때 침전되는 주석(酒石)에 함유되어 있어 주석산이라고도 하며, 다이옥시석신산이라고도 한다. 시럽, 주스 등을 만들 때 널리 사용된다.

3) 단맛 성분

① **환원당** : 분자 내에서 알데하이드기를 가지고 있거나 용액 속에서 알데하이드기를 형성하는 당을 말한다. 커피의 단맛에 중요한 기여를 하지만 열에 취약하고 갈변, 부패 등의 문제가 있다.

② **캐러멜당** : 로스팅에 의해 캐러멜화한 당을 말한다.

③ **단백질** : 가수분해된 아미노산 중 일부가 단맛을 내게 된다.

4) 짠맛 성분

커피의 짠맛은 거의 혀로 느껴지지 않는다. 미량의 산화칼륨이 커피의 짠맛의 성분이며 약간의 짠맛으로 인해 커피는 감칠맛을 갖게 된다.

2 커피의 성분과 신체 작용

No	주성분	관련 성분	작용
1	카페인	테오브로민	• 평활근 이완 작용
2		테오필린	• 강심, 이뇨, 혈관 확장 • 중추신경 자극
3		파라크산틴	• 뇌간 자극
4		테아크린	• 정신 작용 • 래디컬 제거 작용
5		리베린	• 항산화 작용
6		에틸리베린	• 발암 억제 • 스트레스 완화
7	트리고넬린	니코틴산	• 신경세포 축삭 • 수상돌기 성장 작용
8		니코틴산아미드	• 치매 개선 • 비타민 공급
9	클로로겐산 (폴리페놀)	3/4/5 – 카페오일퀸산	• 발암 억제 • 항균 활성
10		3,4/3,5/4,5 – 디카페오일퀸산	• DNA 메틸화 억제 • 하이독실래티컬 억제
11		3/4/5 – 페룰로일퀸산	• 래디컬 생성 억제
12		3–페룰로일–4–카페오일퀸산	• 니트로소아민 생성 억제 • 항산화 작용

13	비페놀성 카르본산	포름산	• 당질 대사촉진 • 피로회복 • 위장 작용 • 식욕 억제 • 자양강장 • 면역력 증진
14		말산	
15		구연산	
16		숙신산	
17		글리콜산	
18		아세트산	
19		젖산	
20		인산	
21		퀸산	
22	탄수화물(당류)	단당류	• 신체활동 촉진 • 뇌 활성화 • 신체조직에 포도당 공급 • 장운동 촉진
23		수크로스	
24		**다당류** 아리비노스 마노스 글루코스 갈락토스 람노스 자일로스	
25	아미노산 단백질	알라닌	• 인체 주요 세포 구성 • 혈액 재생 • 세포 재생 • 영양분 공급 • 생체물질 조정 • 생리기능 조절
26		아르기닌	
27		아스파라긴	
28		시스테인	
29		글루탐산	
30		글리신	
31		히스티딘	
32		이소류신	
33		류신	
34		라이신	
35		메티오닌	
36		페닐알라닌	
37		프롤린	
38		세린	
39		트레오닌	
40		티로신	
41		발린	
42	지질	트라이글리세리드	• 혈관 내 콜레스테롤 침착 억제 • 고지혈증 예방 • 수면, 면역 기능 조절 • 염증, 혈압 조절 • 에너지원 • 신체 보호 • 생체막 구성 • 비타민 운반
43		유리 지방산	
44		다이테르펜 에스터	
45		트라이테르펜	
46		유리 디테르펜	
47		인지질	
48		탄화수소	
49		3 – 하이드록시트립타마이드	
50		토코페롤	

51	무기물질	Na, K, Mg, Ca, Al, Mn, Fe, Co, Cu, Zn, C	• 신체 구조 구성 • 근수축 • 신경자극 전달 • 혈액의 산 염기의 균형 • 수분의 공급 • 혈액 응고 • 심장박동 조절
52	비타민	**지용성** 비타민E 알파 토코페롤 베타 토코페롤	• 혈액순환 개선 • 항산화 작용 • 갱년기 장애 개선
53		**수용성** 티아민 리보플라빈 니코틴산 피리독신 판토텐산 엽산 코발라민 아스코르브산	• 에너지 생성 • 신경자극 전달 • 동맥경화, 고혈압 예방 • 혈액의 산소 운반 작용 • 적혈구 생성 • 질병 면역 증가
54	아로마	페놀류	• 신경안정 • 스트레스 감소 • 기분전환
55		피놀류	
56		피리딘류	
57		퓨란류	
58		산류	
59	멜라노이딘		• 인슐린 분비 촉진 • 활성산소 제거 • 노인성 치매 예방

3 미각 체계

혀를 덮고 있는 점막에 위치한 수용체가 가용성 화합물의 자극을 인식하여 맛을 느끼는 것을 말한다. 커피 추출 과정에서 용해되어 나온 가용성 성분을 관능적으로 평가한다. 아래 혀의 구조와 맛 수용체 그림은 기존의 학설로 지금은 혀 전체에서 맛을 골고루 느낀다는 설이 지배적이다.

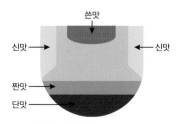

▲ 혀의 구조와 맛 수용체

맛	정미물질(대표)	수치(g/100ml)
쓴맛	퀴닌	0.00038
신맛	염산	0.0056
짠맛	소금	0.1229
단맛	설탕	0.4108

1) 단맛(Sweet)

① 당, 알코올, 라이콜과 일부 산 용액의 특징적인 맛이다.

② 혀의 앞쪽 끝의 용상유두에서 감지된다.

2) 짠맛(Salt)

① 염소, 브롬, 요소, 질산염, 황산염 용액의 특징적인 맛이다.

② 혀 앞쪽의 용상유두와 엽상유두에서 인식된다.

3) 신맛(Sour)

① 주석산, 구연산, 사과산 용액의 특징적인 맛이다.

② 혀 뒤쪽 측면의 엽상유두와 용상유두에서 감지된다.

4) 쓴맛(Bitter)

① 퀴닌, 카페인, 기타 알칼로이드 용액의 특징적인 맛이다.

② 혀 뒤쪽의 유곽유두에서 감지된다.

5) 맛의 변화

① 단맛은 온도가 낮아지면 상대적으로 강해진다.

② 짠맛은 온도가 낮아지면 상대적으로 강해진다.

③ 신맛은 온도의 영향을 거의 받지 않는다.

④ 쓴맛은 다른 맛에 비해 강하게 느껴진다.

6) 촉감으로 느끼는 맛

① **매운맛** : 아픔을 느끼는 피부 감각인 통각으로 느껴지는 맛이다.

② **바디감** : 입안에서 느껴지는 중량감 또는 밀도감을 말한다.

③ **떫은맛** : 피부나 점막을 압박하거나 끌어당기거나 하는 자극을 가했을 때, 피부나 점막면에 작용하는 압력의 차이 때문에 생기는 감각인 압각에 의해 느껴지는 맛이다.

4 맛과 향을 표현하는 용어

1) 신맛(Acidity)

산미라고도 불리며 과일의 새콤한 신맛을 말한다. 고급 아라비카 커피의 중요한 맛으로 신선하고 좋은 커피에서는 기분 좋은 신맛이 난다. 식초의 날카로운 신맛과는 구별되는 맛으로 약배전 커피나 저급 생두에서는 텁텁하고 기분 나쁜 신맛이 난다.

2) 후미, 여운(Aftertaste)

커피를 삼키고 난 후 코와 목이 연결되는 후두부에서 올라오는 향기나 느낌을 말한다. 꽃 향기, 과일 향기 등 기분 좋은 느낌의 맛과 향이 입안에서 맴돌 때 좋은 여운이라고 한다.

3) 향기(Aroma)

Dry Fragrance와 Wet Aroma를 말하며, 갓 분쇄한 원두의 향과 물에 적셨을 때의 향기를 모두 후각으로 느끼는 것이다. 일반적으로 꽃 향기, 과일 향기, 허브 향기, 고소한 향기, 초콜릿 향기, 향 결점 등으로 표현한다.

4) 쓴맛(Bitter)

로스팅 과정에서 발생하는 원두 내부의 당분, 전분 등이 캐러멜화와 탄화 그리고 카페인 등 알칼로이드 물질, 칼슘, 마그네슘 등의 금속염에 의해 쓴맛이 형성된다. 로스팅이 강할수록 쓴맛이 증가하는 경향이 있다.

5) 무자극의 부드러운 맛(Bland)

특별한 맛이 없는 밋밋한 맛을 표현하는 용어다. 커피의 성분 중 지질성분, 셀룰로스 성분과 같은 점성 성분과 Flavor의 강약에 의해 결정된다. 입안에서 느껴지는 느낌으로 진하다, 연하다, 중후하다와 같이 표현한다.

6) 전체 향기(Bouquet)

커피의 전체적인 향기를 표현하는 용어다. Aroma, Flavor, Aftertaste, Fragrance의 향기를 총괄하는 개념이다.

7) 캐러멜 향(Caramelly)

생두를 중배전하면 많이 생성되는 캐러멜, 버터, 볶은 땅콩 같은 종류의 달달한 냄새를 표현하는 용어다.

8) 탄맛(Carbony)

하게 볶은 커피에서 나는 탄맛을 말한다. 풀시티 로스팅 이상에서 원두가 탈 정도로 균일하지 못한 로스팅으로 인해 발생되는 맛이다. Variation coffee나 Ice coffee 메뉴를 위해 일부러 탄맛을 표현하기도 한다.

9) 초콜릿 향(Chocolaty)

중강배전 이상의 강한 로스팅에서 생성되는 무가당 초콜릿이나 바닐라 같은 향기로, 주로 후미에서 많이 느껴지는 기분 좋은 향기다.

10) 감미로운 맛(Delicate)

혀끝에서 느껴지는 달콤한 맛으로 설탕의 단맛과는 구분되는 맛이다. 달콤한 복숭아를 먹은 후 느껴지는 기분 좋은 단맛을 의미한다. 고급 아라비카종에 많이 나타나는 단맛이다.

11) 유쾌하지 못한 맛(Dirty)

흙냄새, 곰팡이 냄새, 과발효 냄새, 텁텁하고 시큼한 맛 등 불쾌한 맛을 표현하는 것으로 Old crop, 발효된 생두, 썩은 생두 등을 로스팅했을 때 나타나거나 볶아 놓은 지 오래된 커피에서 발생한다.

12) 빈약한 맛(Flat)

죽은 맛이라는 의미에서 Dead라고도 표현하며 맛과 향에 특징이 없는 커피를 말한다.

13) 향미(Flavor)

커피를 한 모금 머금었을 때 느껴지는 맛과 향의 복합적인 느낌으로 Rich(풍부하다), Poor(빈약하다) 등으로 표현한다.

14) 향기(Fragrance)

원두 상태에서 발산되는 향기 또는 원두를 갈았을 때 올라오는 향기를 말한다. Dry Fragrance로 표현하며 과일 향, 꽃 향, 허브 향 등으로 표현한다.

15) 과일 향(Fruity)

커피가 유기 생물체로 살아 있을 때 생성되는 향으로 휘발성이 강해 신선한 커피에서만 느껴지는 향기이다. 감귤류 향을 표현하는 Citrus, 딸기나 체리의 향을 표현하는 Berry 등으로 표현한다.

16) 풀 냄새(Grassy)

풀 냄새 같은 맛이나 향을 표현하는 것으로 오래 묵은 생두, 통풍이 잘 안 되는 곳에 보관된 생두를 로스팅했을 때 나타나는 향기다. 생두를 약배전했을 때에도 풀 냄새가 강하게 난다.

17) 거친맛(Harsh)

Rios라고도 표현하며 거칠고 조화롭지 못한 맛을 말한다.

18) 달콤한 맛(Mellow)

신맛이 전혀 없는 과일의 달콤한 맛을 표현하는 용어다.

19) 부드러운 맛(Mild)

쓴맛, 신맛, 단맛 등 전체적인 향미가 부드럽고 조화로운 맛을 표현하는 말이다. 맛이나 향기가 특별히 강렬하지도 않고, 특별히 불쾌한 향미가 없는 중간 정도의 맛과 향이 갖춰진 상태를 말한다.

20) 입안에서 느껴지는 촉감(Mouthfeel)

Body감을 표현할 때 주로 쓰는 용어로 커피를 머금었을 때 입안 가득 퍼지는 촉감을 말한다. 커피 고형 성분의 점성도와 농도로 인한 느낌이다.

21) Musty(묵은 냄새)

생두의 가공 과정에서 충분히 건조되지 못했거나 너무 오래 묵은 생두를 로스팅했을 때 느껴지는 묵은 곰팡이 냄새를 말한다.

22) 고소한 냄새(Nutty)

볶은 견과류에서 나는 고소한 향미를 말한다. 로스팅 과정에서 당 성분의 열분해로 생성되는 향이며 중배전 정도에서 많이 느껴진다.

23) 중성적인 맛(Neutral)

특별히 강한 맛과 향이 없는 커피에 대한 표현으로 브라질 커피를 평가할 때 많이 쓰이는 표현이다. 블랜딩의 베이스가 되는 커피 맛으로 이런 원두에 강한 맛과 향을 가진 커피를 섞어 부드럽게 중화시킨다.

24) 풍부한 느낌(Rich)

맛, 향, 후미, 바디감 등 커피의 느낌을 전체적으로 평가할 때 사용한다. 맛과 향이 진하고 풍부할 때 사용하는 용어다.

25) 떫은맛(Rough)

혀를 아리게 하는 날카로운 듯한 메마른 느낌을 말한다. 추출 방법이 잘못되었을 경우 많이 발생한다.

26) 매끄러운 맛(Soft)

Rough와 반대되는 개념으로 혀에서 매끄럽게 느껴지는 맛이다.

27) 시큼한 맛(Sour)

식초의 신맛처럼 시큼하고 날카로운 신맛을 말한다. 덜익은 생두나 신맛이 강한 저급 생두에서 많이 발생한다. 너무 약배전을 한 커피에서도 이러한 신맛이 나타난다.

28) 매운맛(Spicy)

약간 강하고 자극적인 맛으로 카레, 생강, 후추, 쓴 아몬드 맛 같은 향신료의 매운맛을 말한다.

29) 연한 맛(Thin)

주로 추출을 잘못하여 향이 나 맛이 거의 없고 바디감도 약한 맛없는 커피에 대한 표현이다.

30) 송진 냄새(Turpeny)

송진 가루와 비슷한 냄새를 말하며 주로 강배전 커피에서 나타난다.

31) 와인 맛(Wine)

잘 숙성된 레드와인의 풍미를 연상케 하는 Full body의 부드러운 맛으로 품질이 좋은 아라비카 커피에 많다.

CHAPTER 02

커피의 향미 평가

1 Coffee Flavor

커피의 향기와 맛의 복합적인 느낌을 Flavor라고 한다. 커피 플레이버의 관능 평가는 후각, 미각, 촉각으로 나누어진다.

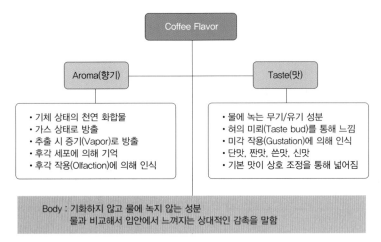

▲ Coffee Flavor의 종류

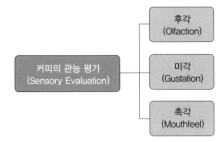

▲ Coffee Flavor의 관능 평가

② 후각(Olfaction)

1) 생성 원인에 따른 분류

• 커피 향기의 종류(SCA Cupper's Handbook)

생성 원인	종류	세부항목
효소작용 (Enzymatic by-Products)	Flowery	Floral, Fragrant
	Fruity	Citrus-like, Berry-type
	Herby	Alliaceous, Leguminous
갈변반응 (Sugar browning by-Products)	Nutty	Nutty, Malty
	Caramelly	Candy-type, Syrup-type
	Chocolaty	Chocolate-type, Vanilla-type
건열반응 (Dry distillation by-Products)	Turpeny(송진)	Resinous, Medicinal
	Spicy	Warming, Pungent
	Carbony	Smoky, Ashy

2) 향을 맡는 단계에 따른 분류

커피 분쇄부터 마시고 난 다음까지의 각 단계별 향기는 다음과 같다.

향의 종류	특성	구성물질	주요 향기
Fragrance (Dry aroma)	분쇄된 커피 향기	에스테르 화합물	Flower
Aroma	물에 적신 커피의 표면에서 나는 향기(Cup aroma)	알데히드(Aldehyde), 케톤(Keton) 계통의 휘발성 화합물	Fruity, Herbal, Nut-like
Nose	마실 때 느껴지는 향기	비휘발성 액체 상태의 유기성분	Candy, Syrup
Aftertaste	마시고 난 다음에 입 뒤쪽에서 느껴지는 향기	비용해성 액체와 수용성 고체물질	Spicy, Turpeny

③ 전체 커피의 향기(Bouquet)

커피는 각기 다른 특유의 향기 특질을 가지고 있으며 전체 커피 향기를 총칭하여 부케(Bouquet)라고 한다.

- 단맛은 온도가 낮을수록 상대적으로 강하게 느껴진다.
- 짠맛은 온도가 높을수록 상대적으로 약하게 느껴진다.
- 신맛은 온도의 차이와 상관없이 일정하다.

상태	순서에 의한 향		생성 원인에 의한 향				
	순서	원인 물질	주로 나는 향기			분자량	휘발성
기체 (Gas)	Fragrance	에스테르 화합물	Flower	Set 1		적음	강함
	Aroma	케톤이나 알데히드 계통의 휘발성 성분	Fruity Herbal Nut-like	Set 2			
증기 (Vapor)	Nose	비휘발성 액체 상태의 유기 성분	Candy Syrup Caramel	Set 3			
	Aftertaste	지질 같은 비용해성 액체와 수용성 고체 물질	Chocolate Spicy Turpeny			많음	약함

4 향기의 강도

강도	내용
Rich	풍부하면서 강한 향기(Full & Strong)
Full	풍부하지만 강도가 약한 향기(Full & Not Strong)
Rounded	풍부하지도 않고 강하지도 않은 향기(Not Full & Not Strong)
Flat	향기가 없을 때(Absence of any Bouquet)

5 촉각(Coffee Mouthfeel)

촉각은 음식이나 음료를 섭취한 후 입안에서 물리적으로 느끼는 촉감을 말한다. 입안의 말초신경이 커피의 점도(Viscosity)와 미끈감(Oiliness)을 감지하는데, 이 두 가지를 집합적으로 바디(Body)라 표현한다.

구분	진함 〉 약함
지방 함량에 따라	Buttery 〉 Creamy 〉 Smooth 〉 Watery
고형 성분에 따라	Thick 〉 Heavy 〉 Light 〉 Thin

- Buttery : 지방 성분이 커피 섬유질에 섞여 아주 높은 수준으로 느껴지는 입안의 촉감을 말한다.
- Creamy : 생두 중에 지방 성분이 많아 다소 높은 수준일 때 느껴지는 입안의 촉감을 말한다.
- Smooth : 생두 중에 지방 함량이 보통이어서 다소 낮은 수준으로 느껴지는 입안의 촉감을 말한다.
- Watery : 적은 양의 커피로 추출이 이루어져 아주 낮은 수준으로 느껴지는 입안의 촉감을 말한다.
- Thick : 섬유질이나 불용성 단백질이 많아 많은 고형 성분이 느껴지는 감각을 말한다.
- Heavy : 커피 추출액에 섬유질과 불용성 단백질이 어느 정도 많이 느껴지는 감각을 말한다.
- Light : 커피의 양이 적어 섬유질이나 불용성 단백질이 감지할 수 있을 정도로만 느껴지는 감각을 말한다.
- Thin : 아주 적은 커피의 양으로 추출했을 때 섬유질이나 불용성 단백질이 매우 적게 느껴지는 감각을 말한다.

⑥ 커피의 향미 결점(Flavor taints & faults)

커피콩은 체리 열매에서부터 커피 추출액이 되기까지 다음과 같은 단계를 거치고 각각의 단계에서 내적/외적 요인에 인한 커피의 향미에 영향을 끼치게 된다.

1) 1단계 : 수확과 건조(Harvesting/Drying)

종류	생성 원인
Rioy	요오드 같은 약품 맛이 심하게 나는 맛의 결점으로 자연 건조한 브라질 커피에서 주로 발생
Rubbery	커피 열매가 너무 오랫동안 매달려 부분적으로 마를 때 생성되는 결점으로 아프리카의 건식 로부스타종에서 발생
Fermented	혀에 매우 불쾌한 신맛을 남기는 맛의 결점
Earthy	흙의 느낌이 커피 맛에 배어 나오는 경우에 발생
Musty	지방 성분이 곰팡이 냄새를 흡수하거나 콩의 곰팡이와 접촉하여 발생
Hidy	우지(牛脂)나 가죽 냄새가 나는 향기 결점

2) 2단계 : 저장과 숙성(Storage/Aging)

종류	생성 원인
Grassy	갓 벤 알팔파에서 나는 냄새와 풀의 아린 맛의 결합된 향미 결점
Strawy	수확한 후 오랫동안 보관하여 유기물질이 없어져 생성
Woody	불쾌한 나무와 같은 맛(Woody-like)을 내는 맛의 결점

3) 3단계 : 로스팅의 캐러멜화 과정(Roasting/Caramelization)

종류	생성 원인
Green	로스팅 과정에서 너무 낮은 열을 너무 짧은 시간에 공급하여 당–탄소 화합물이 제대로 전개되지 않아서 생성
Baked	낮은 열로 너무 오래 로스팅하여 캐러멜화가 제대로 진행되지 않아 향미 성분이 충분히 생성되지 않게 되어 발생
Tipped	로스팅 시 열량 공급 속도가 너무 빨라 콩이 부분적으로 타서 발생
Scorched	로스팅 과정에서 너무 많은 열이 너무 짧은 시간에 공급되어 콩의 표면이 타서 발생

4) 4단계 : 로스팅 후 변화(Post–Roasting/Staling)

종류	생성 원인
Flat	로스팅 후 산패가 진행되어 향기 성분이 소멸되어 발생하는 결점
Vapid	유기물질이 소실되어 추출 커피에서 향이 별로 없는 향기 결점
Insipid	커피의 플레이버 성분이 소실되어 추출한 커피에서 느껴지는 신선하지 않은 맛의 결점
Stale	산소와 습기가 커피의 유기물질에 안 좋은 영향을 주어 생성되거나 로스팅 후 불포화 지방산이 산화되어 생기는 맛
Rancid	상당히 불쾌한 맛을 느끼게 하는 맛의 결점

5) 5단계 : 추출 후 보관 중 변화(Post–Brewing/Holding)

종류	생성 원인
Flat	추출 후 보관 과정에서 향기 성분이 커피에서 소멸되어 발생
Vapid	유기물질이 소실되어 추출 커피에서 향이 별로 나지 않는 결점
Acerbic	추출 후 뜨거운 상태에서 지속적으로 보관 시 생성되는 강한 신맛
Briny	물이 증발하고 무기질 성분이 농축되면서 짠맛이 나는 맛의 결점
Tarry	커피 추출액의 단백질이 타서 생성된 불쾌한 탄맛이 나는 결점
Brackish	산화무기물과 염기성 무기질이 농축되어 나타나는 맛의 결점

CHAPTER 03

커핑

1 커핑(Cupping)이란?

커핑은 컵에 그라인딩된 원두를 담고 물을 부어 맛과 향을 측정하는 방법을 말한다. 커핑은 후각, 미각, 촉각을 이용해서 커피의 맛과 향의 특성을 체계적이고 객관적으로 평가해야 하며, 전문적으로 커핑을 하는 사람을 'Cupper'라고 한다.

2 커핑 준비

1) 샘플 준비

① 샘플 생두는 8~12분 사이 로스팅 완료한다.

② 원두는 로스팅 후 8~24시간이 지난 뒤 커핑을 실시한다.

③ 원두의 보관은 직사광선을 피해 20~22℃에서 밀폐용기에 담아 보관한다.

④ 로스팅 단계는 Agtron Tile 홀빈 #55~60, 분쇄 원두는 Agtron #62~64이다.

⑤ 물과 커피의 이상적인 비율은 물 150cc에 커피 8.25g이다.

⑥ Scorching이나 Tipping 같은 탄맛이 나서는 안 된다.

2) 분쇄

① 커핑 시작 15분 전 분쇄한다.

② 분쇄 굵기는 U.S Standard size 20 sieve를 70~75%에 통과해야 하는 굵기이다.

③ 커핑을 할 때 커피의 추출 수율이 18~22%가 되게 가늘게 분쇄한다.

3) 물

① 커핑에 사용되는 물은 용존 미네랄 함량(Total Dissolved Solids)이 100~120ppm 사이의 물을 사용해야 한다. 이상적인 TDS는 125~175ppm이다.

② 커핑 시 사용되는 물 온도는 93℃가 적합하다.

③ 커피와 물의 비율은 물 1ml에 원두 0.55g을 넣어야 적당하다.

④ 150ml의 물에 8.25g의 원두를 넣어 가용성분의 농도가 1.1~1.3%가 되도록
   한다.

4) 도구

① 커핑컵은 강화유리나 도자기 소재 제품을 사용한다.

② 컵은 5~6oz(150~180ml) 용량으로 사용한다.

③ 커핑 스푼은 은 재질의 스푼으로 4~5ml의 커피를 담을 수 있어야 한다.

5) 샘플 평가(SCA 커핑 방법)

① 향을 깊게 들이마시면서 Fragrance의 속성과 강도를 체크한다.

② 준비된 물을 커피에 고르게 붓고 물에 적셔진 Aroma를 맡는다.

③ 4분간 침지 후 커피층을 깨는(Break) 행위를 하면서 코를 대고 커피층 아래의
   향기를 체크한다. 커핑 스푼은 깨끗한 물로 씻은 후 물기를 제거하고 진행한다.

④ 스푼으로 커피층을 제거하고 시음(Sluping)한다. 추출된 커피를 강하게 흡입
   하여 입안에 골고루 뿌려, 액체 커피가 증기로 변하면서 코의 후각 세포를 자극
   하여 일어나는 향기를 체크한다.

⑤ 커피액의 온도가 70℃ 정도가 되면 Flavor, Aftertaste를 평가하고 조금 더
   식어 70℃ 이하가 되었을 때 Acidity, Body, Balance를 평가한다. 커피액이
   37℃ 이하가 되면 Sweetness, Uniformity, Clean cup, Overall을 평가한다.

⑥ 위의 항목들은 수차례 반복하여 진행해도 된다.

③ 커핑 항목

1) 커핑폼 양식

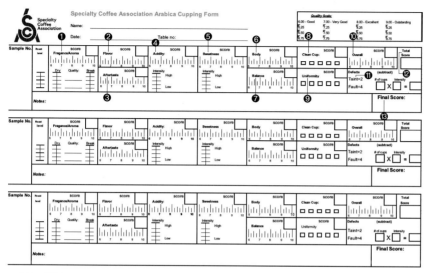

▲ SCA 커핑폼

① Fragrance/Aroma

원두를 분쇄해서 물에 적시기 전에 향기를 체크하는 것을 Fragrance, 물을 부은 후 향을 평가하는 것을 Aroma라 한다. 물에 적시기 전 향기의 강도와 점수를 먼저 Fragrance란에 기입하고, 물에 적셨을 때 올라오는 향기의 강도와 종류를 체크해서 구체적인 향기 이름은 Qualities란에 기입한다. 물을 부은 후 4분을 기다렸다가 크러스트를 Break하면서 올라오는 향의 강도와 점수를 Aroma란에 기입한다.

② Flavor

맛과 향의 복합적 강도를 반영하는 부분이다. 처음 들이켰을 때의 향과 맛에 대한 첫인상에서 삼키기 전까지의 맛과 향의 특성을 기록한다. 향과 맛이 복합성을 띨수록 좋은 점수를 부여한다.

③ Aftertaste

커피를 삼킨 후 혹은 뱉은 후에 후두부에서 느껴지는 느낌을 여운이라 한다. 여운이 짧거나 불쾌한 느낌이 나는 것은 낮은 점수를 부여하고, 부드러우면서도 은은한 여운에 좋은 점수를 부여한다.

④ Acidity

산미의 강약과 질, 밝고 상쾌한 정도를 기록하는 부분이다. 커피를 한 모금 머금었을 때 과일의 신맛과 같은 밝고 경쾌한 산미에 높은 점수를 부여하고 식초의 신맛처럼 시큼한 향기에는 낮은 점수를 부여한다.

⑤ Sweetness

단맛은 설탕의 단맛과 같은 자당의 단맛이 아니라 아주 은은한 단맛을 말한다. 단맛과 반대되는 개념은 식초처럼 시큼하거나, 덜 볶은 원두처럼 풋내가 나는 경우다.

⑥ Body

커피 추출 성분 중 콜로이드라는 입자가 주는 묵직함을 말한다. 입안에서 느껴지는 질감, 즉 혀나 구강에서 느끼는 무게감을 말한다. 대체적으로 바디감이 묵직하면 높은 점수를 부여한다.

⑦ Balance

Flavor, Aftertaste, Acidity, Sweetness, Body의 조화를 말한다. 특정한 향과 맛이 부족하거나 한쪽이 높을 경우 밸런스 점수를 낮게 준다.

⑧ Clean Cup

클린컵은 커피를 머금은 순간부터 삼키고 난 후의 여운까지 부정적인 느낌이 없는 깔끔한 정도를 의미한다. 커피가 아닌 다른 맛이나 향이 느껴지는 컵을 찾아 감점을 준다. 클린컵에서 감점을 받은 컵은 Uniformity에서도 감점을 주어야 한다.

⑨ Uniformity

5개 샘플의 향과 맛의 균일함을 말한다. 1~5번에 이르는 모든 컵이 똑같은 균일한 향미를 유지하고 있어야 한다. 컵 중 한 개에 디펙트가 있는 경우 일관성이 없는 것으로 평가한다. 컵 하나에 2점씩 감점을 한다.

⑩ Overall

총체적인 느낌 혹은 평가다. 커퍼의 주관이 반영되는 유일한 항목이다. 개성이 있거나 향미가 뛰어난 커피에 좋은 점수를 부여한다.

⑪ Defect

디펙트는 커피 향미에 악영향을 주는 Flavor로 Taint와 Fault로 나뉜다. Taint는 향기에서 느껴지는 이취(부패)가 있을 경우를 말하며 강도는 2에 해당된다. Fault는 맛의 결함을 말하며 강도는 4에 해당된다. 디펙트를 평가할 때는 우선 Taint인지 Fault인지 구분한 후 디펙트가 있는 컵의 개수에 강도를 곱해 Total Score에서 감점한다.

⑫ Total Score

Fragrance / Aroma, Flavor, Aftertaste, Acidity, Sweetness, Body, Balance, Clean Cup, Uniformity, Overall 10개의 항목 점수를 더한 점수를 말한다.

⑬ Final Score

Total Score에서 Defect 점수를 뺀 최종 점수를 말한다.

2) Aroma의 종류

〈SCA Le Nez du Cafe 36 Aroma Sample kit〉

Aroma Group	Sample NO.	Aroma	향기에 해당되는 커피 원두
Earthy	1	Earth	베트남, EK 1, 에티오피아 하라/시다모
Vegetable	2	Potato	코스타리카, 콜롬비아, 온두라스
	3	Garden Peas	브라질 로부스타, 우간다 로부스타, 과테말라
	4	Cucumber	브라질, 콜롬비아, 케냐, 에티오피아
Dry Vegetable	5	Straw	브라질, 아이보리코스트, 케냐
Woody	6	Cedar	우간다, 에티오피아, 과테말라
Spicy	7	Clove-like	멕시코, 과테말라, 에티오피아 하라
	8	Pepper	브라질, 짐바브웨
	9	Coriander seeds	에티오피아 시다모, 엘살바도르
	10	Vanilla	브라질 스페셜티, 파푸아뉴기니 시그리
Floral	11	Tea-rose Redcurrant jelly	엘살바도르 파카라마, 과테말라 스페셜티
	12	Coffee Blossom	콜롬비아, 과테말라, 에티오피아 하라, 자바
Fruity	13	Coffee Pulp	콜롬비아 스페셜티, 케냐 AA
	14	Blackcurrant-like	코나, 코스타리카, 케냐 키탈레, 블루마운틴
	15	Lemon	케냐, 콜롬비아, 과테말라, 파푸아뉴기니
	16	Apricot	에티오피아 시다모
	17	Apple	Central America Arabica, 콜롬비아

Animal	18	Butter	코스타리카, 콜롬비아, 케냐, Arabica
	19	Honeyed	파푸아뉴기니, 멕시코, Arabica
	20	Leather	에티오피아 하라
Toasty	21	Basamati Rice	엘살바도르, 호주, 아이보리코스트
	22	Toast	콜롬비아 후일라, 브라질, 우간다
	23	Malt	에티오피아 짐마, 콜롬비아 산오거스틴
	24	Maple syrup	코나, 코스타리카, 콜롬비아 톨리마스, 케냐
	25	Caramel	콜롬비아 엑셀소, Arabica
	26	Dark Chocolate	코나, 에티오피아, 짐바브웨, 케냐
	27	Roasted almonds	브라질, 콜롬비아, 에티오피아 리무
	28	Roasted peanuts	케냐 키탈레, 짐바브웨
	29	Roasted hazelnuts	콜롬비아 산타아르타, 콜롬비아 타키라
	30	Walnuts	콜롬비아, 파푸아뉴기니, 과테말라
	31	Cooked beef	코스타리카, 과테말라, 콜롬비아, 케냐
	32	Smoke	콜롬비아, 온두라스, 엘살바도르, 과테말라
	33	Pipe tobacco	브라질, 케냐, 코나
	34	Roasted coffee	엘살바도르, 브라질
Chemical	35	Medicinal	브라질 리오, Robusta
	36	Rubber	Robusta

자료 : Le Nez du Café by jean Lenior.

CHAPTER 04

CoE(Cup of Excellence)

1999년에 국제무역기구 산하 단체인 국제커피기구에서 품질 좋은 커피를 생산하는 나라들이 제대로 보상 받을 수 있게 하기 위해 만들어진 대회이다. 브라질, 브룬디, 과테말라, 엘살바도르, 온두라스, 니카라과, 르완다, 코스타리카, 콜롬비아, 멕시코 등 10개 국가의 생두를 국제 커핑심사위원들이 평가해 순위를 정하고 국제옥션을 통해 판매하는 시스템이다. 소비자에게는 좋은 품질의 커피를 구매할 수 있는 기회를 제공하고, 생산자들에게는 적절한 보상을 받을 수 있는 기회를 제공한다.

향미	평가 내용
Flavor	지역적 특색과 가공법을 고려해 맛과 향을 평가
Aftertaste	추출된 커피를 시음하고 입과 후두부에 남는 향을 평가
Sweetness	커피에서 느껴지는 단맛을 평가
Acidity	신맛의 강도와 질을 평가, 기분 좋은 신맛에 좋은 평가
Mouthfeel	커피의 바디감과 질감을 평가
Clean cup	잡미가 없이 깔끔하고 깨끗한지 평가
Balance	전체적인 향과 맛의 조화로움을 평가
Defect	결점두에 의해 느껴지는 맛이 있는지를 평가
Overall	커퍼의 주관적인 평가가 반영되는 항목
Final Point	최종 스코어가 84점 이상이 되는 커피에 CoE 등급 부여

1. 커피가 자라면서 자연적으로 갖춰지는 향기인 유기반응군(Enzymatic)에 대한 설명이다. Flowery, Fruity, Herbal 향기가 이에 해당된다.

1. 커피에 자연적으로 갖춰지는 향기로 효소에 의해 형성되어 휘발성이 강한 향기로 짝지어진 것은?

① Nutty, Chocolaty
② Flowery, Herbal
③ Caramely, Nutty
④ Spicy, Malty

2. 당의 갈변화 반응은 로스팅이 진행됨에 따라 Nutty → Caramelly → Chocolaty 순으로 향이 생성된다.

2. 커피를 로스팅하면서 생성되는 당의 갈변화 반응(Sugar Browning) 중 로스팅 포인트가 가장 낮은 단계에서 생성되는 향기는?

① Fruity
② Caramelly
③ Chocolaty
④ Nutty

3. 커피의 향기는 Dry aroma → Cup aroma → Nose → Aftertaste 순으로 느껴진다.

3. 커피를 분쇄했을 때 느낄 수 있는 휘발성 향기 중 가장 먼저 느낄 수 있는 것은?

① Cup aroma
② Aftertaste
③ Dry aroma
④ Nose

4. 커핑 용어를 설명한 것 중 맞는 것으로 바르게 짝지어진 것은?

    A. Fragrance : 분쇄된 커피에서 올라오는 커피의 향
    B. Nose : 마시고 난 다음 입 뒤쪽에서 느껴지는 향기
    C. Bouquet : 전체 커피 향기를 총칭하여 이르는 말
    D. Cup aroma : 마실 때 느껴지는 향기

① A, C
② B, C
③ A, D
④ B, D

4. Nose는 커피를 마실 때 느껴지는 향기를 말하며, Cup aroma는 추출 커피의 표면에서 느껴지는 향기를 말한다.

5. 커피의 전체 향미인 Bouquet를 설명하는 것으로 바른 것은?

① Aftertaste는 뒷맛이나 후미로 느껴지는 향기로 Flower가 여기에 해당된다.
② Nose는 비휘발성 상태의 유기성분으로 Spicy가 여기에 해당된다.
③ Aroma는 케톤이나 알데하이드 성분으로 생성되며 과일 향, 허브 향, 너트 향이 여기에 해당된다.
④ Fragrance는 에스테르 화합물에 의해 생성되는데 Chocolaty가 여기에 해당된다.

5. Aftertaste는 Spicy / Turpeny, Nose는 Candy / Syrup, Aroma는 Fruity / Herbal / Nutty, Fragrance는 Flower가 해당된다.

6. 다음 중 여운(Aftertaste)에 해당하는 것은?

① Carbony
② Herby
③ Syrup
④ Fruity

6. Aftertaste에는 Carbony, Spicy, Turpeny가 있다.

7. 추출된 커피의 표면에서 생긴 증기에 의해 입속에서 느껴지는 향기의 주된 성분은 무엇인가?

① 지질성 액체 성분
② 케톤 또는 알데하이드의 휘발 성분
③ 페놀 성분에 의한 변질 향
④ 비휘발성 액체 상태의 유기성분

7. 커피를 마시는 순간 커피 추출액의 표면에서 생긴 증기에 의해 입속에서 느껴지는 향은 비휘발성 액체 상태의 유기성분이다.

8. 향기는 기체 상태로 느낄 수 있으며, 커퍼의 경험이나 훈련에 의해 쌓인 기억에 의존해 평가가 이루어지며, 원인 요소에 따른 특징과 분자량에 따른 특징에 의한 이중구조로 파악된다.

8. 커피 향기에 대해 설명한 것으로 바른 것은?

① 향기는 액체 상태로 느낄 수 있다.
② 분자량이 많을수록 날카롭고 거칠게 느껴진다.
③ 향기에 대한 평가는 커퍼의 지식에 의존한다.
④ 커피는 분자량에 따른 단일구조로 파악된다.

9. 온도가 높으면 단맛, 짠맛은 약하게, 온도가 낮으면 강하게 느껴진다. 신맛은 변화가 없다.

9. 커피의 세 가지 기본 맛은 단맛, 신맛, 짠맛이다. 온도에 따라 느껴지는 기본 맛을 바르게 설명한 것은?

① 높은 온도에서 신맛이 강하게 느껴지나 단맛은 변화가 없다.
② 높은 온도에서 단맛과 짠맛이 강하게 느껴진다.
③ 온도가 높아지면 단맛, 짠맛은 상대적으로 약하게 느껴지나 신맛은 변화가 없다.
④ 낮은 온도에서 단맛, 짠맛은 강하게 느껴지나 신맛은 변화가 없다.

10. 로스팅을 강하게 하더라도 카페인 성분은 변함이 없다.

10. 커피의 쓴맛에 대한 설명으로 틀린 것은?

① 로스팅을 강하게 할수록 쓴맛 성분이 강해진다.
② 로스팅을 강하게 하면 카페인 성분이 많이 생성된다.
③ 클로로겐산, 옥살산은 커피의 신맛을 만드는 물질이다.
④ 커피의 단맛은 환원당이나 캐러멜 성분 등에 의해 만들어진다.

11. 단백질은 커피의 단맛을 나타내는 성분이다.

11. 다음 중 커피의 신맛과 관련이 없는 성분은?

① 클로로겐산
② 시트르산
③ 단백질
④ 말산

12. Sweetness는 커피의 단맛을 평가하는 용어이다.

12. 커피의 촉감을 Mouthfeel이라고 한다. 이 중 지방 함량에 따른 정도를 표시하는 말이 아닌 것은?

① Creamy
② Waterly
③ Buttery
④ Sweetness

13. 다음 중 Mouthfeel에 관한 설명으로 옳은 것은?

① Watery : 커피추출액에 지방 성분이 매우 많이 섞여 있을 때 나타나는 감각

② Smooth : 생두의 지방 함량이 낮을 때 나타나는 감각

③ Thick : 섬유질이나 불용성 단백질 등의 고형성분이 많이 함유되어 있을 때 느껴지는 감각

④ Heavy : 커피의 작은 섬유질과 단백질이 적게 함유되어 있을 때 나타남

13. Watery는 커피 추출액 중 지방 함량이 매우 낮을 때 느끼는 감각으로 적은 양의 커피를 추출할 때도 나타난다. Smooth는 지방 성분이 매우 많이 섞여 있을 때 나타나는 입안의 촉감을 말한다. Heavy는 커피 추출액의 중후함을 나타내는 용어로, 추출액 중에 있는 고형성분의 양이 많을 때를 말한다.

14. 커피열매가 나무에 달린 채 건조되는 것을 Dried on Tree라고 한다. 이때 효소가 작용하여 나타날 수 있는 향미의 결함은?

① Rioy

② Fermented

③ Hidy

④ Rubbery

14. Rioy는 요오드 같은 약품 맛이 심하게 나는 맛의 결점으로 자연 건조한 브라질 커피에서 주로 발생한다. Fermented는 혀에 매우 불쾌한 신맛을 남기는 맛의 결점을 말하며, Hidy는 우지나 가죽 냄새가 나는 향기 결점을 말한다.

15. 오랫동안 보관한 생두가 숙성되면서 유기화합물이 소실되어 나타나는 맛의 결함은?

① Woody

② Grassy

③ Strawy

④ Baked

15. Grassy는 갓 벤 알팔파에서 나는 냄새와 풀의 아린 맛이 결합된 향미 결점을 말하며, Strawy는 수확한 후 보관을 오래하여 유기 물질이 없어져 생성된다. Baked는 로스팅의 캐러멜화 과정에서 발생되는 향미 결점이다.

16. 로스팅 후 산패되는 과정에서 변화하는 맛의 단계를 바르게 표현한 것은?

① Green → Baked → Tipped → Scorched

② Fresh → Flat → Vapid → Acerbic → Briny → Tarry → Brackish

③ Fresh → Flat → Vapid → Insipid → Stale, Rancid

④ Grassy → Strawy → Woody

16. ①은 로스팅의 캐러멜화 과정을 설명한 것이며, ②는 추출 후 보관 중 변화되는 과정을 말한다. ④는 저장과 숙성 과정 중 변화를 말한다.

17. 물을 적시기 전 분쇄된 원두의 향을 맡는 과정을 Fragrance, 4분간 침지 후 향을 맡는 과정을 Break Aroma라고 한다.

17. 커핑 과정 중 4분간 침지 후 컵 상층부의 커피 원두를 밀면서 맡는 향은?

① Break Aroma
② Fragrance
③ Overall
④ Aftertaste

18. Overall은 커피의 주관적인 평가가 반영되는 항목이다.

18. 커핑 평가 항목에 대해 잘못 설명하고 있는 것은?

① Aftertaste : 커피를 삼키고 난 후 느껴지는 커피의 뒷맛 또는 여운을 평가
② Overall : Total score에서 Faults나 Taints의 결점을 빼고 계산된 객관적인 점수
③ Uniformity : 5개의 커피 샘플이 전체적으로 일관성이 있는지 평가하는 항목
④ Acidity : 커피의 신맛을 강도와 질적인 측면에서 평가하는 항목

19. Cup of Excellence에 대한 설명이다.

19. 다음은 무엇에 대한 설명인가?

1999년 국제 무역기구 산하단체인 국제커피기구에서 품질 좋은 커피를 생산하는 나라들이 제대로 보상을 받을 수 있도록 만들어진 커피품평제도이다. 국제 커핑 심사위원들에 의해 현지에서 평가되고 상위권의 커피는 인터넷 경매로 판매된다.

① SCAJ
② SCAK
③ SCAB
④ CoE

20. Uniformity는 SCA 커핑의 평가 항목이다.

20. CoE 커핑의 평가기준에 해당되지 않는 것은?

① Clean cup
② Uniformity
③ Sweetness
④ Mouthfeel

ANSWER

1.②	2.④	3.③	4.①	5.③
6.①	7.④	8.②	9.③	10.②
11.③	12.④	13.③	14.④	15.①
16.③	17.①	18.②	19.④	20.②

MEMO

PART 4

커피 추출

COFFEE

ESPRESSO

MOCHA

CHOCOLATE
MILK

MACCHIATO

AMERICANO

IRISH
COFFEE

FLAT WHITE

CAPPUCCINO

DOPPIO

GLACE

FREDDO

LATTE

FRAPPUCCINO

CARAMEL
MACCHIATO

FRAPPE

CHAPTER 01

커피 추출의 정의와 방식

1 커피 추출이란?

커피 추출은 분쇄된 커피 입자에 물을 부어 커피의 고형성분을 뽑아내는 것을 말한다. 추출의 3단계는 침투, 용해, 분리이다. 분쇄된 커피 원두에 물을 부으면 커피 입자 속으로 물이 침투하게 되고, 커피 성분 중 물에 녹는 성분을 용해한 후 커피 입자 밖으로 밀어내는 과정(분리)을 거치게 된다. 영어로 커피 추출은 Brewing 또는 Extraction으로 표현한다. Extraction보다는 Brewing을 많이 사용하고 있으며, 커피를 제조한다는 넓은 의미에서 사용할 때는 Brewing, 커피 성분을 추출한다는 좁은 의미로 사용할 때는 Extraction을 쓴다.

1) 커피 추출 방식 비교

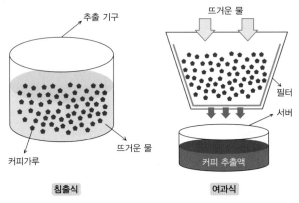

▲ 커피 추출 방식 비교

① 침출식(침지식)

커피 원두에 물을 부어 일정 시간 우려내는 방식을 말한다. 우려내기(Steeping), 끓임법(Boiling), 달임법(Decoction), 반복여과 추출법, 삼출법(Percolation), 진공여과(Vacuum filtration) 방식 등이 여기에 해당된다.

② 여과식(투과식)

커피 원두에 물을 부어 통과시켜 커피의 고형성분을 추출하는 방식을 말한다. 드립추출(Drip filtration), 가압추출(Pressurized infusion) 방식 등이 여기에 해당된다.

2) 다양한 커피 추출 방식

구분	Brewing	Explanation	Tool
침출식 (침지식)	Decoction	커피 가루를 용기에 달이는 방식	Ibrik(Czeve) Boiling
	Steeping	커피 가루에 뜨거운 물을 부어 커피 성분을 우려내는 방식	French press Coffee biggin
	Percolation	커피 가루에 뜨거운 물을 통과시켜 추출하고 이 추출액이 다시 커피 가루를 통과하며 반복추출하는 방식	Percolator
	Vacuum – Filtration	하부 용기의 물을 끓여 상부로 올려 커피 가루와 섞은 후 증기압을 제거하면서 추출액을 하부로 내려 보내는 방식	Vacuum brewer
여과식 (투과식)	Drip – Filtration	커피 가루에 뜨거운 물을 부어 통과시키면서 추출하는 방식	Coffee maker Hand drip Dutch Coffee urn
	Pressurized – Infusion	압력을 가하면서 커피를 추출하는 방식	Moka pot Espresso

3) 커피 추출 조건

① 커피 분쇄 입자와 물의 접촉 시간과의 관계

굵은 분쇄는 물과 접촉시간이 짧아져서 과소추출(Under Extraction)되며, 작은 분쇄는 물과 접촉시간이 길어져서 과다추출(Over Extraction)된다. 그러므로 추출 기구에 따른 알맞은 분쇄를 하여 추출해야 한다.

온도	낮은 온도	높은 온도
분쇄도	가는 분쇄	굵은 분쇄
로스팅 정도	강배전	약배전

② 난류(Turbulence, Turbulency)와의 관계

커피가 추출되면서 생기는 물길로 추출이 지나치면 맛이 약한 커피가 생길 수 있다. 난류(Turbulence)로 인해 물이 커피 가루 사이에서 불규칙하게 흐를수록 맛이 좋은 커피가 추출된다.

③ 물 온도와의 관계

커피의 고형성분은 높은 온도에서 융해되어 추출되는 경향이 있다. 그래서 에스프레소 머신의 경우 95℃ 이상의 온도를 유지하도록 설계되어 있으며, 핸드드립의 경우 90~95℃ 정도의 물이 적당하다. 물 온도가 85℃ 이하일 경우 커피의 고형성분이 제대로 추출되지 않아 심심한 커피 맛이 난다. 분쇄도가 가늘 경우 약간 낮은 온도(90℃)에서 추출하고, 분쇄도가 굵을 경우 높은 온도(95℃ 이상)에서 추출하는 것이 좋다.

④ 커피와 물의 적정 비율

추출된 커피의 적정 추출 농도는 1.0~1.5%이다. 커피의 농도가 1%보다 낮으면 너무 약한 맛이 나고, 1.5%보다 높으면 너무 강한 맛을 내게 된다. 최적의 추출수율은 18~22%이다. 추출수율(Yield)이란 사용한 커피 가루가 추출되어 녹아 들어간 양을 나타낸다. 추출수율이 18%보다 낮으면 과소추출이 일어나 견과류의 풋내가 연출되고, 22%를 초과하면 과다추출이 일어나 쓰고 떫은맛이 난다.

⑤ 좋은 품질의 물

50~100ppm의 무기질이 함유된 물(약경수)이 커피 추출에 가장 적합하다. 정수기 혹은 연수기를 설치하여 신선하고 냄새와 불순물이 없는 최상의 상태로 만들어 사용한다.

2 커피 분쇄

커피를 추출할 때 분쇄하는 이유는 커피를 잘게 부수어 물과 접촉하는 커피의 표면적을 넓게 함으로써 커피의 유효성분이 쉽게 용해되어 나오게 하기 위함이다. 에스프레소 추출을 위한 커피의 분쇄는 다른 추출 방법과 달리 분쇄입도가 매우 가늘(0.2~0.3mm)어야 하며 일반적으로 '밀가루보다 굵게 설탕보다 가늘게'라는 표현을 많이 사용한다. 에스프레소 커피는 입자의 표면적인 원두(Whole bean)에 비해 30배가량 넓어 쉽게 산패되므로 추출 직전에 분쇄해야 한다. 추출 시간이 길수록 입자를 굵게, 짧을수록 입자를 가늘게 분쇄한다.

1) 커피 추출 방식에 따른 적정 분쇄도

추출 종류	에스프레소	사이펀	핸드드립	프렌치 프레스
굵기	0.3mm	0.5~0.7mm	0.7~1.0mm	1.0mm 이상
분쇄 종류	Very fine grind	Fine grind	Medium grind	Coarse grind
추출 시간	25초±5초	1분	3분	4분

2) 그라인더의 방식과 종류

   Vs

칼날형   코니컬형   평면형

▲ 그라인더의 종류

분쇄 원리		그라인더 날의 형태
충격식(Impact)		**칼날형(Blade)** : 칼날이 회전하며 분쇄, 가격은 저렴하나, 고른 분쇄 어려움(가정용)
간격식 (Gap)	버형 (Burr)	**코니컬형(Conical burr)** : 핸드밀(열 발생률 적음), 날의 수명이 짧고, 잔고장이 있으나, 분쇄입자 균일하며 소음이 심하지 않음. 커피전문점에서 많이 사용
	평면형 (Flat burr)	**그라인딩 방식(Grinding mill)** : 드립용 그라인더(맷돌 방식)
		커팅 방식(Cutting mill) : 에스프레소용 그라인더
	롤형(Roll cutters) : 대량 생산 시 사용, 산업용 그라인더, 고가(高價)	

3) 커피 원두 분쇄 시의 유의점

① 분쇄 입자 크기의 균일성을 유지한다.

② 열 발생을 최소화한다.

③ 그라인더 날의 마모 상태를 점검한다.

④ 추출 도구에 따른 분쇄 정도를 조절한다.

⑤ 추출 직전에 분쇄한다.

⑥ 미분(微粉) 생성을 최소화한다.

❸ 커피의 산패와 보관

1) 커피의 산패

로스팅 후 시간이 지남에 따라 커피의 맛이 변질되고 향이 소멸하는 것을 산패라고 한다. 산패(산화)는 공기 중의 산소와 결합하여 유기물이 산화되어 유리지방산이 발생되기 때문에, 항산화 물질이 감소하고 향이 사라지면서 맛도 떨어진다.

2) 커피의 산패 과정

① 증발(Evaporation) : 로스팅된 커피의 휘발성 물질이 탄산가스와 함께 증발되는 단계를 말한다.
② 반응(Reaction) : 로스팅된 커피 내부의 여러 가지 휘발성분들끼리 서로 반응하면서 원래의 향미를 잃어 가고 유쾌하지 못한 냄새가 발생하기 시작하는 단계를 말한다.
③ 산화(Oxidation) : 본격적인 산화 과정으로서 산소와 결합된 커피 내부 성분이 변질되어 가는 과정을 말한다.

3) 커피의 산패 요인

① 산소

공기 중의 산소는 원두의 산화를 촉진시키는 가장 큰 요인이다. 일정 시간이 지난 후 소량의 산소만 접촉해도 커피는 완전 산화되고 만다.

② 습도

커피를 로스팅하면 원두 내의 조직은 부피가 늘어 다공질화된다. 즉, 속이 스펀지처럼 되어 주위의 습기를 잘 흡수하여 신선도를 떨어뜨리는 동시에 나쁜 냄새까지도 흡수하므로 습기가 많은 곳은 피한다. 상대 습도가 100%일 때 3~4일, 50%일 때 7~8일, 0%일 때 3~4주부터 산화가 진행된다.

③ 햇빛

햇빛은 원두의 온도를 상승시켜 산소의 결합을 가속화시킨다.

④ 온도

보관 온도가 높으면 산화 속도가 더욱 촉진된다. 그러므로 커피는 낮은 온도로 보관하는 것이 유리하다. 하지만 냉장고에 보관할 경우 냉장고의 습도를 원두가 흡수하므로 산패가 빨리 진행된다. 온도가 10℃ 상승 시마다 2~3배씩 향기 성분이 손실된다.

⑤ 로스팅 정도

로스팅 레벨이 강한 원두일수록 원두 내의 수분이 낮고 조직이 더 다공질화되므로 산패가 빨리 진행된다. 또한, 강배전된 원두는 오일이 급격히 배출되면서 세포벽이 파괴되어 산화가 빠르게 진행된다.

⑥ 분쇄도

원두의 분쇄 입자가 작을수록 공기와의 접촉이 많으므로 산화가 촉진된다. 분쇄된 원두는 Whole bean 상태의 원두보다 산패가 5배 이상 빨리 진행된다.

⑦ 발열

원두 분쇄 시 칼날과의 마찰열은 산화 반응을 촉진시킨다.

4) 커피의 보관 방법

① 향기 보존(保香性)

향기는 기체이므로 다른 성분에 비해 빨리 사라진다. 따라서 향이 잘 보존되는 밀폐용기에 보관해야 한다.

② 빛 차단(遮光性)

투명용기나 빛이 잘 드는 봉투에 보관할 경우 산패가 빨리 진행된다. 불투명 용기나 은박 코팅 등이 되어 있는 봉투에 보관하는 것이 좋다.

③ 산소 차단(防氣性)

산소를 완벽히 차단할 수는 없지만 가급적 원두가 산소에 노출되지 않도록 해야 한다. 지퍼백이나 밀폐 기능이 있는 용기에 보관하면 신선도를 오래 유지할 수 있다.

④ 습도 차단(防濕性)

습도가 낮을수록 산패는 늦게 진행된다. 원두는 주변의 습도가 높을수록 습도의 흡수율이 빨라 산패가 빨리 진행된다. 따라서 여름철이나 장마철 원두 보관에 특히 유의해야 한다.

합격생의 비법 ·············· ◉

커피포장 재료가 갖추어야 할 조건은 보향성, 차광성, 방기성, 방습성 네 가지이다.

5) 커피의 포장 방법

① 불활성 가스 포장(Inert Gas Packaging)

포장용기 내에 불활성 기체를 삽입하여 포장하는 방법이다. 질소(Nitrogen) 가스를 용기 내에 삽입하여 공기를 차단하고, 원두의 산패를 방지한다. 다른 포장 방법보다 보관 기간이 3배 이상 길지만 비용이 많이 든다.

② 밸브 포장(One Way Valve Packaging)

1960년대 이탈리아의 기술자가 개발한 포장 방법으로, 용기에 밸브를 부착하여 용기 내의 탄산가스는 배출하고 외부의 산소와 습기는 유입을 막도록 고안된 포장 방법이다.

③ 진공 포장(Vacuum Packaging)

분쇄된 커피 원두에 많이 사용되는 포장 방법이다. 금속캔이나 복합필름 포장용기 안에 잔존산소량을 10% 이하가 되도록 한 다음 밀봉하는 포장법이다.

④ 압축 포장(Compression Packaging)

포장지 내의 가스를 쭉 빨아들여 순간적으로 압축 밀봉하는 방법을 말한다. 원두의 숙성과 산패가 진행되면서 안에 가스가 차면 다시 부풀어 오른다.

CHAPTER 02

다양한 커피 추출 기구와 방법

1 페이퍼 필터드립(핸드드립)

페이퍼 필터드립은 여과 필터에 분쇄된 원두를 넣고 뜨거운 물을 부어 커피를 추출하는 방법이다. 페이퍼 필터드립에 처음 사용된 필터는 융(Flannel)이었다. 융은 커피 성분 중 지방 성분을 흡착하지 않고 그대로 추출하여 커피 맛을 풍부하게하는 장점이 있지만 보관과 관리에 어려움이 있어 종이 필터가 개발되었다. 종이 필터는 1908년 독일의 멜리타 벤츠(Melitta Bentz) 부인이 개발하여 페이퍼 필터드립의 시초가 되었다. 페이퍼 필터드립 방식은 다른 추출 방식에 비해 커피 본연의 맛과 향을 그대로 표현할 수 있다는 장점이 있다.

1) 페이퍼 필터드립(핸드드립) 도구

① 드리퍼

드리퍼는 커피를 여과하는 도구를 말한다. 우리나라에서 사용되는 드리퍼의 종류에는 칼리타, 멜리타, 하리오, 고노, 융(Flannel)이 있다. 같은 원두를 추출하더라도 드리퍼의 형태에 따라 맛이 달라진다. 따라서 사용자의 드립 방식에 맞는 드리퍼를 선택하는 것이 가장 중요하다. 추출 템포가 빠른 사람은 리브(Rib)의 수가 많고, 높이가 높고, 추출구가 큰 드리퍼를 선택하고, 추출 템포가 느린 사람은 반대의 드리퍼를 선택하는 것이 좋다.

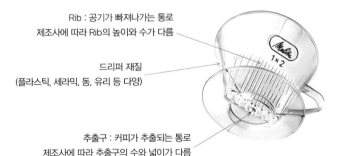

Rib : 공기가 빠져나가는 통로
제조사에 따라 Rib의 높이와 수가 다름

드리퍼 재질
(플라스틱, 세라믹, 동, 유리 등 다양)

추출구 : 커피가 추출되는 통로
제조사에 따라 추출구의 수와 넓이가 다름

▲ 드리퍼의 구조

Kalita

추출구 3개, Rib가 촘촘

Melitta

추출구 1개, 경사도가 있음

▲ 칼리타와 멜리타 드리퍼

ⓐ 칼리타(Kalita)

추출구가 3개이며 리브(Rib)는 드리퍼 끝에서 바닥까지 촘촘히 연결되어 있다. 바닥은 수평으로 되어 있으며 멜리타 드리퍼에 비해 추출 속도가 빠르다. 일정한 추출 속도로 섬세한 맛 표현이 가능하다.

ⓑ 멜리타(Melitta)

추출구가 1개이며, 약간의 경사진 바닥부터 리브(Rib)가 드리퍼의 1/3 지점까지 올라와 있다. 물을 한꺼번에 부어 우려내는 방식을 취하고 있는데 구멍이 1개라 일정 시간 동안 커피를 우려낼 수 있다.

Hario

추출구 1개, Rib가 나선형

Kono

추출구 1개, Rib 수가 적음

▲ 하리오와 고노 드리퍼

ⓒ 하리오(Hario)

지름이 약 1.8cm인 큰 추출구가 1개인 드리퍼다. 드리퍼 중 추출 속도가 가장 빨라 커피 맛이 가장 부드럽게 표현된다.

ⓓ 고노(Kono)

융드리퍼의 모양을 본떠 만든 것으로 추출구가 1개이며 크기가 크고 추출 속도가 빠르다. 다른 드리퍼에 비해 부드러운 맛과 향을 표현할 수 있지만 전체적으로 맛이 싱거워져 조금 더 강한 맛을 표현하기 위해 점드립 방식을 개발했다.

ⓔ 융(Flannel)

융은 플라넬 천으로 만든 드리퍼다. 커피 추출 시 커피의 바디감을 구성하는 오일 성분이나 불용성 고형 성분이 페이퍼 드립에 비해 쉽게 통과되어 진하면서도 부드러운 맛의 커피가 추출된다. 사용 후 끓는 물에 삶은 뒤 찬물에 담가 냉장 보관해야 하는 불편함이 있다.

▲ 융 드리퍼
Image by Hario

ⓕ 재질에 따른 드리퍼의 분류

▲ 플라스틱 드리퍼

▲ 세라믹 드리퍼

▲ 유리 드리퍼   ▲ 동(銅) 드리퍼

• 플라스틱 드리퍼 : 가장 저렴하면서도 보편적으로 사용되는 재질이다. 열전도와 보존성이 낮고 오래 사용할 경우 변형될 수 있다.
• 세라믹 드리퍼 : 도자기로 만든 드리퍼로 열 보존성이 좋지만 무겁고 깨질 위험성이 있다.
• 유리 드리퍼 : 강화유리를 사용한 드리퍼로 웨이브 필터를 사용해 추출한다. 열 보존성이 낮고 파손의 위험이 있다.
• 동 드리퍼 : 열전도와 보존성이 가장 좋은 제품이다. 가격이 비싸다는 단점이 있고 사용하다 보면 변색이 된다.

② 드립 포트(Drip Pot)

물줄기를 세밀하게 주기 위해 만들어진 핸드드립 전용 포트를 말한다. 분쇄된 원두에 물을 일정하고 세밀하게 부어야 가용 성분이 잘 용해되어 균형된 맛을 표현할 수 있다. 물줄기가 굵고 빠르게 주입되면 맛이 약하고 균형감이 상실된다. 핸드드립 포트의 경우 물 배출구의 위치가 바닥 쪽에 가깝게 있고 주입구도 가늘고 긴 특성이 있다. 재질에 따라 스테인리스, 법랑, 구리 등으로 나뉜다. 스테인리스에 비해 법랑이 보온성이 좋지만 비싸고 무겁다는 단점이 있고, 구리는 열전도와 보온성이 가장 뛰어나다.

배출구는 S자형 선택
(흔히 학구(鶴口)라 불림)

손잡이는 잡기 편한 재질 선택

배출 구멍은 하단에 표시

자주 사용하는 용량에 맞게 선택

▲ 드립 포트의 구조

③ 서버(Server)

드리퍼 밑에 받쳐 추출된 커피를 받아 내는 계량 용기이다. 유리, 플라스틱 등 다양한 재질이 있으며, 주로 강화유리로 만든 서버를 많이 사용한다.

드리퍼와 맞는 입구의 형태

용량

재질

▲ 드립 서버의 구조

④ 종이 필터(Paper Filter)

드리퍼의 모양에 따라 종이 필터의 모양도 다르다. 재질은 천연펄프지와 표백지로 나뉘는데, 천연펄프지는 노란색을 띠며 표백지는 흰색이다. 표백지는 형광물질이나 다이옥신 성분이 있다는 오해로 사용이 안 되다가 인체에 무해하다는 결과가 나오고 나서 다시 사용되고 있다. 반면 천연펄프지는 추출 시 종이 맛 또는 펄프 맛이 나오는 단점이 있어 추출 전 미리 뜨거운 물로 씻어 내기도 한다.

▲ 표백 여과지

▲ 천연펄프 여과지

⑤ 온도계

핸드드립은 물 온도에 따라 맛의 차이가 확연하게 달라진다. 같은 원두를 사용하더라도 물 온도가 낮으면 신맛과 풋내가 나고, 물 온도가 너무 높으면 쓴맛과 날카로운 맛이 추출된다. 핸드드립에 가장 적절한 물 온도는 90℃ 전후다. 약배전 원두의 경우 92~95℃ 정도로 물 온도를 조금 더 높게 하고, 강배전의 경우 85~90℃ 정도로 낮게 하여 준다. 핸드드립에 가장 적합한 원두 배전도는 중배전으로 90~92℃ 정도의 물로 추출하면 된다. 추출된 커피의 온도는 투입 물 온도와 15~18℃ 정도의 차이가 난다. 추출 커피의 온도 저하를 막기 위해 서버 밑에 워머를 받쳐 사용하거나 서버를 미리 워밍해서 사용한다.

⑥ 스톱워치

짧은 시간에 추출된 커피는 연한 맛과 균형감이 상실되고, 긴 시간 동안 추출된 커피는 쓰고 떫은맛의 커피가 된다. 핸드드립의 균형 잡힌 맛은 신맛, 단맛, 쓴맛 등이 조화를 이루고 농도가 짙고 바디감이 무거운 커피다. 핸드드립을 하면 향기 성분, 쓴맛, 신맛, 단맛 순으로 추출되는데 물줄기를 굵고 빠르게 해서 단시간 내에 커피를 추출하면 균형감이 상실된다. 추출하려고 하는 원두의 양에 맞게 핸드드립 추출 시간을 잘 조절해야 하는데 2인분을 기준으로 2~3분 정도가 적절하다.

⑦ 계량스푼

핸드드립 1잔에 사용되는 원두는 10g 정도다. 그래서 드리퍼와 함께 제공되는 계량스푼은 정량이 10g이다. 계량스푼은 플라스틱, 스테인리스, 동 등 재질이 다양하다. 손잡이가 길고 튼튼한 스푼이 사용하기 편리하다.

합격생의 비법 .... ◉

커피 추출의 가장 첫 번째 단계는 뜸(Infusion)을 들이는 과정이다. 뜸은 커피 입자가 물을 흡수하면서 수용성 성분이 물에 충분이 녹아나도록 준비시키는 과정이다. 뜸을 들이지 않고 바로 추출에 들어가면, 커피의 수용성 성분이 물에 충분히 녹아 나올 시간이 없어 맛이 옅어지고 밋밋해진다. 또한 뜸은 커피에 함유된 탄산가스를 제거해 주는 역할도 한다. 핸드드립의 경우 드리퍼 안의 원두가 골고루 적셔질 정도의 물을 부어 기구에 따라 30초~1분 정도의 뜸을 들여 준다.

▲ 사이펀
Image by Hario

2) 사이펀(Siphon)

사이펀은 일본에서 개발된 Vacuum Brewer의 기구 중 하나다. 1970년대 후반부터 1980년대 중반까지 우리나라 대학가 주변에서 반짝 유행하다 취급과 유지의 불편함 때문에 유행의 뒤편으로 사라지고 마니아들을 중심으로 사용되고 있다. 사이펀은 증기 압력과 진공 흡입 원리를 이용한 기구로 유리로 만들어진 상부 로트와 하부 플라스크로 구성되어 있다. 상부 로트에는 여과 필터가 장착되어 있는데 플라스틱 필터와 융 필터 모두 사용 가능하다. 하부 플라스크에 있는 물을 끓이기 위해서는 알코올 램프, 할로겐 램프, 가스 등을 활용한다. 원두는 보통 중강배전 이상을 사용하며 핸드드립 분쇄도에 비해 약간 가늘게 한다. 여과 방식이 아니고 우려내기 방식을 사용하기 때문에 핸드드립에 비해 맛과 향이 다양하지 않다.

합격생의 비법 ··· ◉

사이펀 추출 방법
① 플라스크에 물을 담고 알코올 램프에 불을 붙인다.
② 물이 끓어 오르면 커피를 로드에 담는다.
③ 물이 상부로 올라오면 스틱을 이용해 잘 섞어 주고, 30초 정도가 되면 불을 꺼 준다.
④ 불을 끈 후 커피를 한 번 더 저어 주면 하단 플라스크로 커피가 내려온다.

▲ 모카포트
Image by Bialetti

3) 모카포트(Moka pot)

모카포트는 이탈리아의 비알레띠(Bialetti)에 의해 탄생하였으며, '스토브 톱 에스프레소 메이커(Stove Top espresso maker)'라고도 불리는데 증기압의 원리에 의해 커피를 추출하는 기구이다. 하단 포트에 물을 넣고 중간 필터에 분쇄된 원두를 넣은 후 결합하여 가열하면 수증기의 힘에 의해 물이 필터 바스켓 관을 따라 위로 올라오게 된다. 관을 따라 올라간 물이 분쇄된 원두를 통과하면서 커피 성분이 추출되고 상단 포트로 올라와 모이게 된다. 모카포트용 원두는 에스프레소용 원두처럼 강배전한 원두를 주로 사용하는데 한 잔(약 30ml) 추출에 약 7~9g 정도의 원두를 사용한다.

합격생의 비법 ··· ◉

모카포트 추출 방법
① 하부 포트에 압력 밸브의 높이만큼 물을 채운다. 뜨거운 물을 채우면 추출 시간을 줄일 수 있다.
② 바스켓에 커피 가루를 담은 후 스푼이나 손으로 살짝 눌러서 다져 준다.
③ 상하 포트를 결합하고 약불로 끓여 준다.
④ "삑"하는 요란한 소리와 함께 커피가 상부 포트로 밀고 올라오면 불을 꺼 준다.

4) 프렌치 프레스(French Press)

프렌치 프레스는 Tea maker, Plunger, Melior 등 다양한 명칭으로 불린다. 프랑스의 Bodum사가 프렌치 프레스라는 이름으로 유행시켜 지금은 보편적인 명칭이 되었다. 유리로 된 용기 안에 플런저(Plunger)가 달린 뚜껑으로 구성되어 있으며 유리용기에 분쇄한 원두를 넣고 뜨거운 물을 부어 일정 시간 우려낸 후 플런저를 눌러 추출된 커피액을 따라 마신다. 우려내기 방식과 가압추출 방식이 혼합된 것으로 바디감은 좋으나 전체적인 향미는 다소 떨어진다. 또한 피스톤을 세척할 때 커피의 잔찌꺼기들이 깨끗이 제거되지 않는 단점도 있다.

▲ 프렌치 프레스
Image by Bodum

합격생의 비법 ◉

프렌치 프레스 추출 방법
① 피스톤을 잡아당겨 분리해 낸다.
② 전용 스푼(7~10g)을 이용해 원두를 유리 용기에 넣는다.
③ 원두 1스푼당 약 150ml 정도의 물을 붓고 피스톤과 뚜껑을 닫아 준다.
④ 1분 후 뚜껑을 열고 막대로 커피를 저어 준다.
⑤ 2분 후 피스톤을 눌러 커피를 추출한다.

5) 이브릭(Ibrik)/체즈베(Cezve)

터키식 커피 추출 기구 중 가장 널리 사용되는 도구가 이브릭과 체즈베이다. 커피 추출 방법 중 가장 오래된 추출법으로 동이나 철로 만들어진 작은 용기에 물을 넣고 끓이다 곱게 분쇄된 커피 원두를 넣고 저어 주면서 우려낸 다음 커피 가루가 가라앉을 때까지 식혔다가 부어 마시는 추출 도구이다. 강렬한 커피 맛을 낼 수 있지만, 필터가 없어 텁텁한 커피 가루를 함께 마셔야 하는 불편함이 있다. 원두는 보통 에스프레소용 원두보다 더 곱게 가는데, 터키에는 이브릭이나 체즈베 전용 그라인더도 있다.

▲ 이브릭
Image by Kalita

합격생의 비법 ◉

이브릭/체즈베 추출 방법
① 이브릭이나 체즈베에 물을 붓고 끓인다.
② 물이 끓으면 에스프레소보다 더 곱게 갈린 원두를 넣고 불을 약불로 줄여 준다.
③ 도구를 불에서 약간 들어올려 은은한 복사열로 끓이면서 막대로 커피를 살살 저어 준다.
④ 1분 정도 끓인 후 불을 끄고 도구에 커피 가루가 가라 앉을 때까지 기다렸다가 부어 준다.

▲ 핀
Image by Tiamo

▲ 워터 드립
Image by Moika

▲ 퍼컬레이터
Image by Caffemuseo

6) 핀(Phin)

베트남에서 흔히 사용되는 커피 추출 도구다. 모카포트 용이나 더치 용으로 곱게 분쇄된 원두 20g 정도를 용기에 담고 구멍이 뚫린 스트레이너로 평평하게 다진 후 뜨거운 물을 스트레이너가 살짝 잠길 만큼 부은 다음 30초 정도 뜸을 들여 준다. 뜸 들인 후 물을 용기의 2/3 정도가 찰 때까지 부어 천천히 추출되도록 기다린다. 베트남에서는 잔에 미리 연유를 부어 놓고 추출된 커피와 섞어 달콤한 커피로 즐기는데 로부스타가 많은 베트남 커피의 쓴맛을 줄이고 부드럽고 달콤하게 즐기기 위함이다.

7) 워터 드립(Water Drip)

더치커피(Dutch coffee)라고도 불리며 네덜란드 상인들이 인도네시아에서 네덜란드로 커피를 운반하는 과정에서 유래되었다. 장기간 항해를 하다 보면 뜨거운 물로 추출한 커피를 내리는 것이 번거로울 뿐만 아니라 덥고 습한 기후에 커피가 쉽게 변질되기도 하였다. 오랫동안 두고 시원하게 마실 수 있는 방법을 고민하다가 찬물로 커피를 내려 마시게 고안된 것이 워터 드립법이다. 찬물로 아주 천천히 추출하기 때문에 추출 후 일주일 정도 냉장 보관해 놓고 마실 수 있다. 에스프레소보다는 거칠고 핸드드립보다는 고운 분쇄도로 원두를 갈아 살짝 눌러서 다진 후 5~8초 정도에 물이 한 방울 정도 떨어지게 세팅한 후 긴 시간에 걸쳐 추출한다. 이렇게 추출된 커피는 다크초콜릿 맛과 스모키한 향이 일품이다.

8) 퍼컬레이터(Percolator)

미국 서부 개척 시대부터 사용되던 오래된 커피 추출 도구다. 대류를 막는 추출 유닛과 불에 직접 닿는 용기(혹은 전기로 가열되는 포트)로 구성되어 있다. 분쇄된 원두를 담는 통은 유닛의 상단부 혹은 중간에 붙어 있어 커피 가루가 물과 직접 접촉하지는 않는다. 용기에 열을 가해서 물을 끓이다 보면 대류의 힘에 의해 추출 유닛관 사이로 물이 역류해 원두를 통과해 다시 용기 아래로 내려간다. 추출액이 다시 순환하여 계속 원두를 지나쳐 추출을 반복하기 때문에 순환하는 추출의 농도가 용기에 담겨 있는 커피의 농도와 같아지면 더 이상 추출이 진행되지 않는다. 따라서 일정 수준 이상으로 농도를 짙게 할 수 없다는 단점이 있지만, 부드럽고 구수한 커피가 추출된다.

합격생의 비법

퍼컬레이터 추출 유닛관 위에 원두를 채우고 용기에 물을 채워 끓일 때 물 위 수위를 용기의 절반 이상으로 해주어야 한다. 수위가 너무 낮을 경우 물이 유닛관으로 빨려 올라가지 않아 추출되지 않는다.

9) 에어로 프레스(Aero Press)

미국의 스포츠용품 회사인 에어로비사에서 만든 커피 추출 도구다. 공기압 프레스방식과 특수 마이크로필터 드립 방식을 결합한 것으로 깊고 풍부하며 깔끔한 맛의 커피를 빠르고 손쉽게 추출할 수 있는 장점이 있다. 스텐필터를 뚜껑에 담고 채임버에 채운 후 분쇄된 커피를 담고 적정량의 물을 부어 10초 정도 저어 준다. 플린저를 채임버에 끼워 힘을 가해 눌러 주면 커피가 추출된다. 에어로 프레스의 가압추출법에 적합한 원두 분쇄도는 에스프레소용, 핸드드립용, 프렌치 프레스용 등 다양한 적용이 가능하다. 입자가 고운 커피는 빠른 시간에 추출하고, 입자가 굵은 커피는 조금 더 천천히 추출하면 좋은 맛이 난다.

▲ 에어로 프레스
Image by Aerobie

합격생의 비법 ·· ◉

에어로 프레스 추출 방법
① 기구를 분리하고 필터를 필터캡에 장착해 준다.
② 깔때기를 대고 채임버에 원두를 넣고 물을 부어 준다.
③ 스푼으로 저어서 원두의 뜸을 들여 준다.
④ 플랜저를 장착해 상하를 뒤집어 준다.
⑤ 2분 후 채임버가 밑으로 가게 다시 뒤집어서 압력을 가해 추출해 준다.

10) 케멕스(Chemex)

독일 출신의 화학자 쉴럼봄(Schlumbohm)에 의해 탄생하였다. 드리퍼와 서버가 하나로 연결된 일체형으로 리브가 없어 이 역할을 하는 공기 통로를 설치하였다. 물 빠짐이 페이퍼 드립에 비해 좋지 않다는 단점이 있다.

▲ 케멕스

CHAPTER 03

에스프레소

1 에스프레소(Espresso)의 정의

에스프레소는 이탈리아어로 '빠르다'라는 의미를 가지고 있다. 보통 자동 혹은 반 자동 에스프레소 머신으로 추출한 커피를 말하며 추출 메커니즘에 의해 결정된다. 추출 메커니즘은 90~95℃의 물에 7~9g의 원두를 사용하여 9bar의 압력으로 25초(±5초) 동안 30ml 정도를 추출하는 것을 말한다. 커피의 색상은 짙은 갈색 을 띠며 진갈색의 크레마가 3~5mm 정도 표면에 형성되어야 좋은 맛이 난다. 에 스프레소는 밀가루 분말처럼 곱게 간 커피 원두를 뜨거운 물에 높은 기압으로 짧 지만 강하게 추출하는 커피다.

1) 에스프레소의 역사

증기압을 이용한 최초의 에스프레소 머신은 1855년 산타이스(Edourard Loysel de Santais)가 개발하여 파리 만국 박람회에 선을 보였다. 1901년 이탈리아인 루이지 베제라(Luigi Bezzera)는 에스프레소 머신의 특허를 출원했고, 1947년 아킬레 가지아(Gaggia)가 스프링으로 동력이 전달되는 피스톤 방식의 머신을 특허 받아 미세하게 간 원두로 크레마(Crema)가 생기는 에스프레소 추출을 가 능하게 하였다.

합격생의 비법 ⊙

에스프레소 머신의 발전사
① 1855년 : Edourard Loysel de Santais이 증기압을 이용한 커피 기계를 파리 만국 박람회에 선을 보임
② 1901년 : L. Bezzera 수증기로 가입하는 원시적 에스프레소 기계 발명
③ 1938년 : F. Illy 압축공기를 이용하여 추출 압력을 1.5bar로 높임
④ 1946년 : Achille Gaggia 스프링 레버가 달린 압축식 에스프레소 기계 발명
⑤ 1960년 : E.V. Faema 전기 모터펌프를 이용하여 추출을 자동화
⑥ 1970년 : Faema 추출기에 컴퓨터칩과 조절장치를 달아 반자동 에스프레소 머신 개발
⑦ 1980년대 : 프로그램에 의한 전자동 에스프레소 머신 개발

2) 에스프레소의 특성

이탈리아 기준의 에스프레소 추출 특성을 정리해 보면 다음과 같다.

요소	내용	요소	내용
원두량	6.5±1.5g	추출 압력	9±2bar
추출 시간	30±5초	물 온도	90±5℃
추출량	25±5cc	pH	5.2

에스프레소 추출 기준은 지역에 따라 조금씩 다르다. 일반적인 추출 기준을 정리해 보면 다음과 같다.

요소	내용	요소	내용
원두량	7±1.0g	추출 압력	9±1bar
추출 시간	25±5초	물 온도	90~95℃
추출량	25±5cc	pH	5.2

에스프레소는 가용성 고형성분과 불용성 커피 오일이 추출되어 커피 추출액에 함유됨에 따라 순수한 물과 비교했을 때 물리적 특성들이 다른 양상을 보인다.

특성	굴절률	표면장력	pH	전기전도도	점도	밀도
변화	증가	감소	감소	증가	증가	증가

3) 에스프레소의 4M

① Mix(Miscela, 블렌딩)

에스프레소 추출에 사용되는 커피를 말한다. 일반적으로 여러 가지 종류의 커피를 블렌딩해서 사용한다.

② Mill(Macinazione 분쇄)

분쇄 입도는 커피 맛에 많은 영향을 준다. 따라서 추출에 맞는 분쇄가 매우 중요하다.

③ Machine(Macchina, 기계)

에스프레소 머신은 추출을 담당하며 맛에 직접적인 영향을 준다. 추출되는 물의 온도, 압력, 추출 물 양의 세팅 등이 정확하게 되어 있어야 하며 연속 추출에 따른 성능 유지 등이 충족되어야 한다.

④ Man(Mano, 바리스타)

바리스타는 이탈리아어로 '바(Bar) 안에 있는 사람'이라는 뜻으로, 바맨(Bar man)을 의미한다. 바리스타는 단순히 에스프레소를 추출하고 제조하는 능력만을 소유한 사람이 아니라 완벽한 에스프레소의 추출과 좋은 원두의 선택, 커피머신의 완벽한 활용, 고객의 입맛에 최대한 만족을 주기 위한 능력을 겸비해야 한다.

4) 에스프레소 머신의 종류

종류	특성
수동 머신(Manual machine)	피스톤을 사람의 힘으로 작동하여 추출하는 머신
반자동 머신 (Semi-automatic machine)	그라인더로 분쇄된 원두를 포토필터에 받아 탬핑 과정을 거친 후 추출하지만 메모리기능과 플로메터가 없는 머신
자동 머신 (Automatic machine)	탬핑 작업을 통해 추출하지만 메모리 기능이 있어서 추출량을 자동으로 세팅하여 추출 가능한 머신
완전 자동 머신 (Fully automatic machine)	그라인더가 기계 내부에 내장되어 있어 별도의 탬핑 작업 없이 버튼 작동만으로 추출하는 머신

5) 에스프레소 머신의 외부 명칭

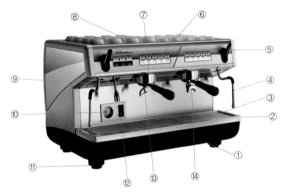

▲ 에스프레소 머신의 명칭
Image by SIMONELLY

① Main switch : 머신의 주전원 스위치이다.

② Drip tray : 물이나 커피 추출액 등을 받아서 흘려보내는 장치다.

③ Drip tray grill : 드립트레이 위에 놓인 커피 추출 시 컵을 놓는 컵 받침대이다.

④ Steam pipe : 스팀 작동 시 스팀이 나오는 관이다.

⑤ Steam lever : 위나 아래로 움직여 스팀이 나오도록 작동시켜 주는 장치다.

⑥ Hot water dispensing buttons : 그룹헤드에서 뜨거운 물이 추출되도록 작동시키는 버튼이다.

⑦ Dispensing group head : 데워진 물과 압력을 이용하여 커피를 추출하는 장치다.

⑧ Cup warmer : 커피머신 내부의 열을 발산시켜 주는 부분으로 컵을 올려 워밍시킨다.

⑨ Hot water dispenser : 머신 내부에서 데워진 온수를 배출해 주는 장치다.

⑩ Boiler pressure manometer/Water pressure manometer : 스팀온수 보일러의 압력을 표시하는 스팀압력 게이지와 커피 추출 시 펌프의 압력을 표시해 주는 펌프압력 게이지이다. 스팀온수 게이지는 0~3 범위 안에 있고, 펌프 압력 게이지는 0~15의 숫자로 표시되어 있다.

⑪ Adjustable foot : 높낮이 조절이 가능한 기계 받침대이다. 기계의 수평을 맞출 때 사용한다.

⑫ Boiler water level indicator : 보일러 안의 수위를 나타내 주는 장치다. 70% 정도로 수위를 유지한다.

⑬ One-cup filter holder : 에스프레소 1잔 추출용 포터필터 홀더이다.

⑭ Two-cup filter holder : 에스프레소 2잔 추출용 포터필터 홀더이다.

6) 에스프레소 머신의 내부 명칭

① 보일러(Boiler)

전기로 열선을 가열해 보일러 내부의 온수와 스팀을 만들어 내는 장치다. 본체는 열전도와 보온성이 좋은 동 재질로 되어 있으며 내부는 부식을 방지하기 위해 니켈로 도금되어 있다. 일체형 보일러는 스팀온수 보일러와 커피 보일러를 하나로 통합한 형태의 보일러다. 70%의 공간에는 온수가 저장되고 나머지 30%의 공간에 스팀이 저장된다. 이때 스팀의 압력은 1~1.5Bar를 유지하며 온도는 120~130℃를 유지하게 된다. 독립형 보일러는 스팀온수 보일러와 커피보일러가 별도로 구성된 보일러다. 일체형과 달리 히터를 부착하여 직접 물을 데우는 방식이다.

▲ 보일러와 열선
Image by www.yesno.kr

▲ 그룹헤드
Image by www.yesno.kr

② 그룹헤드(Group Head)

포터필터를 장착해 물을 공급받아 에스프레소를 추출해 주는 장치다. 그룹의 숫자에 따라 1그룹, 2그룹, 3그룹 등으로 구분된다. 그룹의 크기는 52~58mm 등으로 다양하다. 그룹은 기계마다 형태와 크기가 약간씩 다르지만, 그 구조는 비슷하다. 샤워 스크린, 샤워 홀더, 그룹 가스켓, 고정 나사로 구성되어 있으며 사용 빈도나 기간에 따라 가스켓을 주기적으로 교체해 주어야 한다.

▲ 샤워 스크린
Image by www.yesno.kr

③ 샤워 스크린(Shower Screen)

샤워 홀더를 통과한 물을 미세한 스크린 망으로 여러 갈래로 분사시켜 주는 부품이다. 포터필터에 담긴 원두와 직접 닿는 부분으로 원두를 골고루 적시며 추출되도록 해준다. 에스프레소 추출 후 찌꺼기가 과도하게 끼일 경우 교체해 주면 된다. 1주일에 한 번 이상 세제로 청소해 주어야 커피의 기름때가 끼어 샤워 홀더와 접합되는 고장을 방지한다.

▲ 샤워 홀더
Image by www.yesno.kr

④ 샤워 홀더(Shower Holder)

샤워 스크린을 고정시키는 그룹헤드의 본체에서 나오는 물을 4~6개의 물줄기로 갈라주는 역할을 하며 필터 전체에 압력을 분산시켜 주는 역할도 해 준다. 커피와 직접 접촉하는 부분이기 때문에 커피 오일이 끼이므로 매일 청소해 주고 주 1회 이상 세제로 청소해 주어야 한다.

▲ 포터필터
Image by www.yesno.kr

⑤ 포터필터(Porta Filter)

분쇄한 원두를 담아 그룹헤드에 장착시키는 기구를 말한다. 필터홀더, 필터 고정 스프링, 필터, 추출구 등으로 구분된다. 그룹헤드에 포터필터를 장착할 때에는 특히 그룹에 충격을 주지 않도록 주의해야 한다. 세게 부딪히면 탬핑한 커피에 균열이 생겨 커피 맛이 고르게 추출되지 않는다.

▲ 로터리 펌프
Image by www.yesno.kr

⑥ 로터리 펌프(Rotary Pump)

로터리 펌프는 임펠러가 전기모터에 의해 구동하는 방식이다. 모터의 회전에 의해 작동되며 모터가 회전하면서 물을 빨아들여 압력이 증가하면 로터리 펌프가 압력을 조절하게 되는데, 9bar의 압력을 유지하게 한다. 3bar 정도의 수돗물이 로터리 펌프를 통과하면서 9bar로 승압되는 것이다. 압력 레벨을 조절하는 방법은 펌프에 있는 작은 육각나사 또는 일자(−)나사를 돌리는 것으로, 시계 방향(오른쪽)으로 돌리면 압력이 증가하고, 시계 반대방향(왼쪽)으로 돌리면 압력이 감소한다.

⑦ 솔레노이드 밸브(Solenoid Valve)

물의 흐름을 통제하는 부품으로 보일러로 유입되는 찬물과 보일러에서 데워진 온수의 추출을 조절한다. 스팀온수 보일러에 물이 부족하면 전원이 공급되면서 밸브가 열리고 냉수가 공급된다. 보일러에 물이 차면 전원이 차단되고 밸브가 닫히면서 물 공급이 차단된다. 밸브의 코일이 불량일 경우 계속해서 보일러로 물이 공급되는 현상이 생긴다. 이런 현상이 발생하면 수도관을 잠그고 유동추나 코일을 교체해 주어야 한다.

▲ 솔레노이드 밸브
Image by www.yesno.kr

⑧ 플로우 미터(Flow Meter)

커피 추출 물량을 감지해 주는 부품이다. 물량 감지센서, 물량 감지 유동자석, 본체로 구성되어 있다. 물량 감지 센서는 통과된 물량을 감지해서 컨트롤 보드로 전달해주는 역할을 한다. 유동자석은 물이 공급될 때 회전하며, 윗부분에 있는 자석이 센서에 신호를 보내게 된다. 본체는 냉수가 통과하는 곳이다. 물은 아주 작은 구멍으로 들어와서 물량감지 유동자석을 회전시키면서 다시 큰 관으로 빠져나간다.

▲ 플로우 미터
Image by www.yesno.kr

7) 그라인더(Grinder)

① \
② \
③ \
④ \
⑤ \
⑥ \
⑦ \
⑧ \
⑨

▲ 그라인더의 명칭
Image by Astro 8

① 호퍼

분쇄할 원두를 담는 통으로 2kg 내외의 용량이다.

② 원두 투입 레버

안으로 밀어주면 호퍼 안의 원두가 그라인더로 투입되지 않고, 밖으로 당겨 주면 투입된다.

③ 원두입자 조절 레버

숫자가 큰 방향으로 돌려 주면 원두의 입자가 굵어지고, 작은 쪽으로 돌려 주면 입자가 가늘어진다. 에스프레소용 분쇄입자를 조절할 때에는 0~1 사이의 미세한 눈금으로 조절해 주어야 한다.

④ 원두 투입량 조절 레버

시계 방향으로 돌리면 양이 줄어들고 시계 반대 방향으로 돌리면 양이 늘어난다.

⑤ 도저

분쇄된 원두를 담아주는 통으로 제품에 따라 계량을 위한 칸막이가 설치되어 있기도 하다.

⑥ 도저 레버

앞으로 당겨주면 도저통 안의 원두가 밖으로 배출된다.

⑦ 탬퍼

별도의 탬퍼가 없어도 탬핑이 가능하도록 해 주는 기능을 한다. 밑에 포터필터를 끼우고 밀어 올려 주면 원두가 다져진다.

⑧ 포터필터 받침대

포터필터를 올려놓고 도징을 쉽게 할 수 있도록 해 준다.

⑨ 전원 스위치

버튼식은 한 번 누르면 켜지고 다시 한 번 눌러 주면 전원이 차단된다. 레버식은 스위치를 1로 놓으면 ON, 0으로 위치시키면 OFF이다.

⑩ 그라인더의 종류

㉠ 작동 방식에 따른 분류

수동 그라인더는 원하는 양이 분쇄되어 나오는 동안 스위치를 계속 작동시키는 방식이다. 자동 그라인더는 포터필터를 올려 놓으면 배출 버튼이 작동하여 미리 세팅된 시간만큼 분쇄 커피가 담기는 방식이다.

㉡ 날의 형태에 따른 분류

코니컬 버(Conical burr)와 플랫 버(Flat burr)가 있다. 코니컬 버는 회전수가 적어 열 발생이 적은 반면 플랫 버는 커팅 방식으로 회전수가 많아 열 발생이 많고 그라인더 날의 수명도 짧다.

⑪ 분쇄

에스프레소는 0.3mm 정도로 분쇄 입도가 매우 가늘어야 한다. 분쇄된 입자의 표면적이 홀빈에 비해 30배 이상 되어 쉽게 산패되므로 추출할 때 바로 분쇄하여 사용한다.

8) 연수기

에스프레소 머신에 수도관을 바로 연결할 경우 보일러에 석회질이 쌓여 성능 저하와 고장의 원인이 되기도 한다. 수돗물에 함유된 칼슘은 보일러의 내부 벽뿐만 아니라 히터의 표면에 융착되어 히터 고장의 원인이 되며 각 부위로 연결되는 관을 막히게 하는 주요 원인이 된다. 이를 방지하기 위해 에스프레소 머신 전용 연수기를 설치한다. 연수기는 경수를 연수로 만들어 주는 역할을 하며 염류 함량이 적은 물을 연수라 부른다.

▲ 연수기

9) 에스프레소 추출 방법

포터필터에 에스프레소용으로 곱게 분쇄된 원두를 담아 탬핑한 후 그룹헤드에 결합해 높은 온도와 압력으로 단시간에 추출하는 방법이다. 다져진 커피 케이크(Coffee Cake)에 고온고압의 물이 통과하면서 섬유소와 불용성 커피오일을 유화 상태로 추출해 준다.

순서	방법
1. 분쇄	에스프레소 추출에 맞게 분쇄도를 맞추고 그라인더로 원두를 분쇄
2. 포터필터 분리	포터필터를 그룹헤드에서 분리해 냄. 분리는 포터필터 손잡이를 잡고 5시 방향에서 7시 방향으로 돌리면 됨
3. 포터필터 청소	분리된 포터필터의 물기와 찌꺼기를 린넨천으로 닦아 청소해 줌. 이때 물기를 완전히 닦아 제거해 주어야 미끄럼 사고를 방지 가능
4. 도징(Dosing)	도저레버를 당겨 포터필터에 분쇄된 원두를 채워 주는 작업을 도징이라 함
5. 탬핑(Temping)	1차 탬핑은 살짝 눌러 2차 탬핑을 위한 준비를 해 주고 태핑 후 약 15~20kg의 압력으로 강하게 다져 줌. 이때 수평에 유의하여야 함
6. 태핑(Tapping)	1차 탬핑 후 탬퍼의 뒷면을 사용해 포터필터 가장자리에 묻은 원두 가루를 털어 모아 줌
7. 가장자리 청소	포터필터의 가장자리를 손으로 쓸어내려 잔찌꺼기를 제거
8. 예비 추출	그룹헤드에 포터필터를 결합하기 전에 추출 버튼을 2~5초가량 눌러 물을 흘려 줌. 그룹헤드 샤워스크린에 묻은 커피 찌꺼기를 제거해 줌과 동시에 물의 적절한 추출 온도를 유지해 주는 동작
9. 그룹헤드에 결합	포터필터의 수평을 유지하면서 7시 방향에서 5시 방향으로 채워 줌. 정확하고 신속하게 결합
10. 추출	포터필터 스파웃 밑에 에스프레소잔을 받치고 추출버튼을 누름. 이때 시간과 양을 체크하여 정시에 정량을 추출하도록 해야 함
11. 포터필터 분리	추출이 완료된 포터필터를 분리해 냄. 5시 방향에서 7시 방향으로 돌려 분리
12. 커피 케이크 버리기	추출이 끝난 커피 케이크를 노크박스에 버림
13. 그룹헤드 물 흘리기	추출버튼을 눌러 그룹헤드에 물을 흘려 샤워 스크린의 찌꺼기를 제거해 줌과 동시에 포터필터에 묻은 찌꺼기를 씻어 냄
14. 포터필터 청소	포터필터를 린넨천으로 닦아 청결을 유지
15. 그룹헤드에 결합	포터필터를 그룹헤드에 결합에 놓음

▲ 에스프레소 추출

10) 에스프레소 추출의 4요소

① 분쇄(Grinding)

에스프레소용 원두 분쇄도는 0.2~0.3mm 정도다. 흔히 '밀가루보다 굵게 설탕보다는 가늘게'라는 말로 표현된다. 분쇄도가 가늘수록 공기와 접촉하는 면이 넓기 때문에 산패가 빨리 진행된다. 분쇄한 후 추출 메커니즘에 적절한지 시험 추출을 해보고 분쇄도를 조정해 나간다.

② 담기(Dosing)

그라인더의 도저레버를 잡아당겨 포터필터에 담아 주는 과정이다. 한 잔용 포터필터에는 7~9g 정도의 원두를 담고, 두 잔용에는 14~18g 정도의 원두를 채워 준다. 저울을 사용해 양의 변화에 따른 맛을 체크하면서 최적의 비율을 찾아낸다.

③ 다지기(Tamping)

포터필터에 담긴 원두를 약 15~20kg의 압력으로 다져 준다. 탬핑을 할 때 수평을 유지하면서 다져 줘야 물이 균일하게 원두를 통과해 고른 맛을 추출해 낼 수 있다.

④ 추출(Extraction)

에스프레소 추출 공식은 90~95℃의 물로 7~9g의 원두를 사용하여 9bar의 압력으로 25±5초 동안 30ml 정도를 추출하는 것을 말한다. 추출 시간과 양이 오버하는 것을 과다추출, 부족한 것을 과소추출이라 한다.

11) 크레마(Crema)

크레마는 에스프레소 머신에서 높은 압력으로 순간적으로 밀어낸 갈색 크림을 말한다. 곱게 간 원두에 물이 통과하면서 아교질과 섬세한 오일이 밀려 나오게 되고, 고운 거품 입자들이 커피 액 위에 떠 있게 된다. 크레마는 커피의 로스팅, 신선도, 숙성도, 분쇄도, 원두의 양, 탬핑, 물 온도와 양, 추출 시간, 압력 등에 따라 차이가 난다. 추출된 에스프레소 위에 떠 있는 크레마는 단열층 역할을 해 커피가 빨리 식는 것을 방지해 주며 풍부하고 강한 커피 향을 느낄 수 있도록 해 준다. 대체적으로 크레마의 양이 많은 커피가 신선하며, 추출된 에스프레소에 크레마가 적을 경우 원두가 오래 되었다고 할 수 있다. 일반적으로 크레마의 양이 3~4mm 정도가 되면 잘 추출된 에스프레소라 할 수 있고, 점성이 있으며 부드러운 맛과 단맛이 나는 것이 좋다.

▲ 크레마

에스프레소의 크레마는 진갈색 위에 미세한 지방 성분과 섬유질이 떠서 호피문양을 만들어 내는 것이 좋다. 거품의 색깔이 연하거나 점도가 약하면 원두의 분쇄도가 굵거나 물 온도가 낮아서 과소추출된 것이며, 거품의 색깔이 너무 진하고 흰색의 큰 거품이 생기면 원두의 양이 많거나 탬핑이 과해서 과다추출된 것이다.

12) 에스프레소 추출 결과

① 과소추출의 원인과 대책

원인	현상	개선 방법
굵은 분쇄	물의 통과 시간이 빨라 커피의 고형성분이 제대로 추출되지 않음	그라인더 분쇄도 조절
약한 탬핑	입자 사이의 공간이 넓어 물이 빨리 통과	약 20kg의 압력으로 탬핑
적은 커피량	커피량이 적으면 물의 통과가 빨라짐	2잔 기준 18±2g 커피량 사용
낮은 온도 추출	낮은 온도에서는 커피 고형성분이 적게 추출됨	에스프레소 머신의 물 온도를 95℃ 내외로 유지
높은 압력	압력이 높으면 많은 양의 물이 빨리 통과해 과소추출	머신의 압력을 9bar로 유지
바스켓 팽창	필터를 오래 쓰면 바스켓 구멍이 넓어져 추출이 빨라짐	정기적(6개월~1년 단위) 소모품 교환

과소 혹은 과다추출이 되는 원인은 크게 기계적인 원인과 추출하는 사람에 인한 원인으로 나뉜다. 기계적 원인은 일반적인 에스프레소 추출 기준에 맞게 세팅값을 재설정해 주면 되고, 사람이 원인일 경우 제대로 추출할 수 있을 때까지 연습하는 것이 필요하다.

② 과다추출의 원인과 대책

원인	현상	개선 방법
가는 분쇄	원두입자가 너무 가늘면 물의 통과가 느리고 고형성분이 너무 많이 추출	그라인더 분쇄도 조절
강한 탬핑	강한 탬핑은 입자 사이의 틈을 좁게 만들어 물이 통과하기 어려움	약 20kg의 압력으로 탬핑
많은 커피양	커피양이 너무 많으면 물 통과가 어려움	2잔 기준 18±2g 커피양 사용
높은 온도 추출	물 온도가 너무 높으면 고형성분이 너무 많이 추출	에스프레소 머신의 물 온도를 95℃ 내외로 유지
낮은 압력	압력이 낮으면 물이 천천히 통과해 잡다한 맛이 많이 추출	머신의 압력을 9bar로 유지
바스켓 막힘	필터 바스켓의 구멍이 막혀 있으면 추출이 느리거나 되지 않음	정기적(6개월~1년 단위) 소모품 교환

에스프레소가 과다추출되면 크레마가 검고, 쓴맛과 불쾌한 맛이 난다. 에스프레소 머신에서 과다추출이 되는 증상으로는 추출 버튼을 눌렀는데 추출액이 한참 후에 한 두 방울씩 떨어지거나, 추출 시간이 30초를 넘었는데도 적정 추출량인 30ml의 양에 못 미치는 현상이 있다.

핸드드립 VS 에스프레소

구 분	Han Drip	Espresso
맛	부드럽고 깔끔한 맛	강하고 복합적인 맛
기구	핸드드립 도구 가격이 비교적 저렴	에스프레소 머신 기기와 성능이 다양
원두	Straight 원두 사용	Blend 원두 사용
추출 시간	비교적 긴 시간(3분 이내)	신속한 추출(25±5초)
메뉴	제한적인 메뉴	다양한 메뉴에 base로 사용
기타	추출자의 스킬에 따라 맛이 다름	머신의 성능이 커피 맛에 영향을 많이 줌

13) 에스프레소 추출 변수

① 로스팅 포인트

에스프레소용 원두를 어떻게 로스팅하느냐에 따라 추출 후 맛이 달라진다. 강배전 원두를 사용할 경우 분쇄도를 약간 굵게 해서 추출해야 한다. 생두는 강배전이 될수록 내부의 수분이 많이 증발하고 다공질화되어 질량 또한 가벼워진다. 수분이 없는 이러한 원두는 물을 잘 흡수하기 때문에 가늘게 갈수록 물이 커피 케이크를 통과하는 시간이 길어지고 과다추출이 될 가능성이 크다. 약배전일 경우 입자를 더 가늘게 해서 추출해 준다. 약배전 원두의 경우 강배전 원두보다 원두의 밀도가 높기 때문에 물이 원두에 흡수되지 못하고 바로 통과해 버린다. 이렇게 추출된 커피는 신맛이 많고 농도가 연하다. 추출 시간과 양을 체크하면서 로스팅 강도에 따른 원두의 추출 공식을 설정하도록 해야 한다.

② 원두의 양

그라인더에서 갈려 나온 원두를 포터필터 바스켓에 담는 행위를 Dosing이라고 한다. 일반적으로 에스프레소 1잔을 추출하는 데 필요한 원두는 7~9g, 2잔을 추출하는 데 필요한 원두는 14~18g이다. 원두의 양이 많을 경우보다 더 강한 맛이 나고, 양이 적을 경우 부드러운 맛이 나며 크레마 또한 양이 많을 경우 더 짙게 나오는 경향이 있다. 바리스타는 자신이 사용하는 원두의 양을 항상 체크해서 일정한 맛이 유지가 되는 양을 담아 추출하도록 해야 한다. 원두의 양을 많이 사용한다고 해서 꼭 맛이 더 좋은 것은 아니다.

③ 분쇄도

분쇄도에 따라 포터필터의 바스켓에 담기는 원두의 양도 달라진다. 시험 추출을 해보고 과소추출이나 과다추출 현상이 있을 때 분쇄도를 알맞게 조정한다. 추출 전에 분쇄 입자를 조절할 경우에는 그라인더 호퍼를 분리한 후 조절나사를 입자가 가장 가는 방향으로 완전히 돌린다. 이후 입자가 굵은 방향으로 3~4 눈금 정도를 이동한 후 시범 추출을 해보고 미세하게 원두의 굵기를 조절해 나간다. 추출 중에 원두 분쇄도가 틀어졌을 경우에는 이전에 갈아진 원두를 도저에서 모두 배출한 후 그라인더 조절나사를 굵거나 가는 쪽으로 돌려 맞춘다. 조절나사는 보통 'Fine' 방향으로 돌릴 경우 입자가 가늘어지고, 'Coarse' 방향으로 돌리면 입자가 굵어진다.

④ 물의 온도

에스프레소를 추출할 때 커피머신 내부에서 원두를 통과하는 물 온도를 말한다. 통상 커피머신은 물 온도를 93℃ 정도로 유지한다. 이는 커피 성분이 90~95℃ 정도의 물로 추출할 때 가장 다양한 성분이 추출되기 때문이다. 커피머신의 물 온도를 조정하는 방법은 일체형 보일러의 경우 머신 상판을 분리한 후 마우스만 한 크기의 검정색 플라스틱 박스에 있는 빨간색(노란색) 캡의 나사를 돌려 온도를 조절해 준다. 또한, 개별 보일러가 있는 머신은 각각의 보일러에 장착된 온도조절기를 조절해 주어야 한다.

⑤ 추출압력

에스프레소 추출이 다른 커피의 추출법과 다른 점은 9±1bar의 높은 압력으로 빠른 시간에 커피를 추출해 낸다는 점이다. 9기압은 보통 수심 90m의 물속에서 받는 압력으로 일컬어질 정도의 엄청나게 높은 힘으로 커피를 짜내는 것이다. 커피머신의 압력이 낮아지면 과소추출이 되고, 높아지면 과다추출이 될 수 있기 때문에 항상 일정한 압력을 유지하는지 살펴야 한다. 압력 조절은 모터펌프의 압력조절 나사를 우측으로 돌려 압력을 올리거나 좌측으로 돌려 압력을 낮추는 방식으로 한다.

14) 탬퍼(Temper)

탬퍼는 그라인더에 고정형으로 부착되어 있는 것부터 플라스틱, 알루미늄, 스테인리스 등 다양한 재질로 만들어진다. 스테인리스처럼 탬퍼 자체가 무거운 것은 힘을 적게 들이고도 탬핑을 용이하게 할 수 있고, 플라스틱이나 알루미늄처럼 가벼운 것은 힘을 조절하면서 탬핑을 할 수 있다. 탬퍼는 추출하려는 원두와 직접 접촉하는 도구이기 때문에 항상 청결을 유지하고 깨끗한 곳에 보관해야 한다. 엄지와

▲ 탬퍼

검지로 탬퍼를 잡아 팔의 각도를 직각에 가깝게 유지하고 탬핑을 하면 손목에 무리가 가지 않게 탬핑을 할 수 있다.

① 탬퍼의 종류

탬퍼는 핸들과 베이스의 모양에 따라 종류를 구분할 수 있다. 핸들의 두께와 모양, 재질에 따라 바리스타가 원하는 탬퍼를 고를 수도 있고, 밑면의 둥그런 베이스의 크기와 모양에 따라 탬퍼를 선택할 수도 있다.

㉠ 모양에 따른 분류

탬퍼의 모양에 따라 분류하는 방법은 주로 핸들의 두께와 크기에 의한 방법이다. 핸들의 모양은 브랜드별로 차이가 있다. 크게 2가지로 분류되는데 다음과 같다.

• Tall Temper : 핸들의 길이가 긴 탬퍼를 말한다. 이러한 스타일로 탬핑을 할 때는 핸들의 윗부분을 손바닥으로 누르고 엄지와 검지를 베이스 위에 올려 수평을 유지하며 탬핑을 해 준다. 상대적으로 손이 큰 남자들이 사용하기에 편리하다.

• Short Temper : 핸들의 길이가 짧은 탬퍼를 말한다. 핸들이 짧아서 엄지, 검지, 중지로 베이스를 누를 수 있다는 장점이 있다. 손이 작은 여성들이 사용하기에 편리하다.

② 탬퍼의 재질

탬퍼의 핸들은 나무, 알루미늄, 스테인리스, 플라스틱 등의 재질로 나뉜다. 알루미늄이 상대적으로 가볍고, 스테인리스 재질은 무거워 안정감이 좋다. 나무는 그립감이 좋고 편안한 장점이 있고, 플라스틱은 가벼운 장점은 있으나 많이 이용하지 않는다.

③ 탬퍼의 베이스

탬퍼의 베이스는 포터필터의 사이즈와 동일해야 한다. 포터필터의 사이즈는 주로 58mm를 많이 사용하는데 기계를 만드는 브랜드에 따라 53~58mm로 다양하다. 주요 커피머신 브랜드의 포터필터 사이즈를 살펴보면 다음과 같다.

Brand	Size(mm)	Brand	Size(mm)
Astoria	58	Dalla Corte	53
Aurora	56	Gaggia	58
Bezzera	58	La Marzocco	58
Brasilia	58	Nuova Simonelli	58
Cimbali	58	Reneka	56
Conti	58	Spaziale	53

㉠ Temper Base의 형태

형태	특징
Flat	베이스에 문항이나 별다른 모양이 없이 평평한 형태
Curve	• 베이스의 정중앙이 살짝 둥근 형태로 되어 있음 • 밀착력을 높여 주고 바스켓의 가장자리에 남아 있는 분쇄 원두의 양이 적어 초보자들도 쉽게 탬핑을 할 수 있음
Mixed type	플랫형과 커프형을 결합한 형태로 베이스의 중심부는 평평하고 가장자리는 깎여있어 원두를 모아 주기 쉬움
Ripple	베이스 바닥에 물결무늬가 새겨져 있어 탬핑할 때 수평을 맞추기가 쉽고 물이 잘 스며들어 추출수율을 높여 줌
Z curve	베이스 중앙부는 평평하지만 가장자리가 양각으로 처리되어 있어 바스켓 가장자리의 밀도를 높여 바디감이 좋은 커피를 추출할 수 있음
Wave	베이스의 중심부가 움푹 패어 있는 형태로 바스켓 안쪽의 추출수율을 높여 단맛을 표현하기에 효과적

㉡ Temper Base의 재질

탬퍼 베이스의 재질은 알루미늄, 스테인리스, 구리, 동, 플라스틱 등 여러 가지 재질이 널리 사용된다. 보편적으로 스테인리스가 많이 사용되며 알루미늄은 다른 금속재질에 비해 무게가 가볍다는 장점이 있다. 구리나 동은 무게감이 있어 압력을 쉽게 가할 수 있는 장점이 있다.

15) TDS(Total Dissolved Solids)

TDS는 커피 추출액의 '총 용존 고형물'이라 칭하며, 커피 추출액에 녹아 있는 고형성분의 총량을 뜻한다. 모든 커피 추출액은 분쇄된 원두에 물이 지나면서 커피 성분을 녹여 내는 과정을 거치는데 이 고형 성분으로 인해 커피의 맛이 좌우된다. 이러한 커피의 고형성분을 수치화한 것이 바로 TDS이다. TDS는 커피의 농도를 나타내며 강도로 표현된다.

① 전도식측정기(Conductivity)

전기전도율을 이용해 TDS를 측정하는 기계이다. 커피 추출액에 녹아 있는 커피 성분은 전해질로 전기를 흘려보내면 성분이 많을수록 전기가 더 많이 흐르게 된다. 이러한 원리를 이용해 간단하게 TDS를 측정하도록 만든 기계가 전도식측정기이다. 하지만 커피 추출액에 포함된 모든 성분이 이온화되지 않기 때문에 정확성이 다소 떨어진다.

② 굴절식측정기(Refractance)

물속에 물체를 담그면 공기와 물의 밀도 차이로 인해 빛이 움직이는 속도가 떨어지고 물체의 상이 굴절되어 보이는 현상이 발생하는데 이를 이용한 것이 굴절식측정기이다. 빛의 굴절도를 이용해 TDS를 측정하는 것으로, 굴절률에 고유의 상수 값을 곱해서 커피의 TDS를 수치로 변환해 준다. 전도식측정기에 비해 더 정확한 편이지만 가격이 비싸다.

16) 추출수율(Brewing Ratio)

TDS가 커피의 농도를 의미한다면 추출수율은 커피 추출에 사용한 원두로부터 얼마나 많은 커피 성분을 추출했는지를 표현한 수치다. 같은 양의 원두를 사용해서 A와 B를 추출했는데, A가 B보다 고형성분이 더 많다면 A가 B보다 추출수율이 높다고 할 수 있다. 추출수율은 아래와 같은 공식으로 구한다.

$$\text{추출수율} = (\text{추출된 커피양(g)} / \text{사용한 원두의 양(g)}) \times 100$$
$$\text{추출된 커피양} = (\text{TDS(\%)} \times \text{추출한 커피의 총량(g)}) / 100$$

추출에 사용한 커피의 양은 추출 전에 필터바스켓에 담은 원두의 양을 미리 잰 분쇄원두의 무게를 말한다. 추출된 커피양은 추출된 에스프레소의 양을 g 수로 나타낸 것이다. 예를 들어 사용한 커피의 양이 18g이고, 30g의 에스프레소를 추출했고, TDS의 수치가 12%였다면 추출수율은 아래와 같이 계산된다.

$$\text{추출된 커피양} = (12 \times 30g) / 100 = 3.6g$$
$$\text{추출수율} = (3.6g / 18g) \times 100 = 20\%$$

따라서 이 커피의 추출수율은 20%가 된다.

17) 에스프레소 머신 관리

① 일일 점검 사항

보일러 압력, 추출 압력, 물의 온도는 매일 점검한다.

② 주기적 점검 사항

그라인더의 날, 그룹헤드의 가스킷 상태는 주기적으로 점검하여 마모되었으면 교체한다. 또한 연수기의 필터도 주기적으로 교체해야 한다.

③ 그룹헤드 및 포터필터 청소방법

구분	방법	도구
일일 점검	① 포터필터의 바스켓에 고무패킹을 넣거나 Blinder Filter로 교체한다. ② 블라인트 필터에 청소전용 세제 1g 정도를 넣은 후 그룹에 결합시킨다. ③ 추출 버튼을 몇 초 정도 작동시켜 세제를 용해시킨 후 20~30초 정도 Back flushing을 한다. ④ 백플러싱을 그룹마다 3번 반복한다. ⑤ 백플러싱 후 잔여 세제를 세척하기 위해 추출 버튼을 5~10회 정도 작동시킨다. ⑥ 배수라인으로 세제 잔여물이 없는 깨끗한 물이 나오는지 확인한다.	청소전용 세제 블라인드 필터 고무 패킹 청소용 솔 타이머 전용 행주
주간 점검	① 일자 드라이버로 샤워 스크린 나사를 분해한다(나사에 무리한 힘을 가해 마모되지 않도록 한다). ② 나사, 샤워홀더, 디스퍼전 스크린을 깨끗이 세척한다. ③ 그룹헤드에 묻어 있는 커피 찌꺼기와 오일 등을 세제를 묻힌 청소용 솔로 깨끗이 닦아 준다. ④ 세척된 나사, 샤워홀더, 디스퍼전 스크린을 다시 그룹헤드에 결합시킨다. ⑤ 추출 버튼을 작동시켜 물이 잘 분사되는지 확인한다.	일자 드라이버 청소용 솔 전용 행주

18) 그라인더 관리법

구분	방법	도구
호퍼	① 분리가 가능하면 분리해서 세척 후 완전히 건조시킨다. ② 분리가 안 되면 마른 천으로 내부를 잘 닦아 준다.	마른 행주
칼날	① 분리 후 브러시로 커피 가루를 제거한다. 결합 후 분쇄입도가 달라질 수 있으므로 다시 그라인더를 세팅해야 한다. ② 칼날이 마모되면 교체한다.	전용 브러시
도저	남아 있는 커피 가루를 제거하고 브러시나 마른 행주로 닦아 준다.	전용 브러시 마른 행주
외부	마른 행주로 수시로 닦아 준다.	마른 행주

19) 골든컵(Golden Cup)

커피와 물의 최적의 밸런스를 말한다. 골든컵에 해당되는 커피는 관능평가를 했을 때 향미와 농도가 적절히 밸런스를 이루는 커피다. 골든컵의 기준은 국가별 커피협회마다 다른데 정리해 보면 다음과 같다.

커피협회	추출수율(%)	TDS(%)
스페셜티커피협회(SCA)	18~22	1.15~1.35
노르웨이커피협회(NCA)	18~22	1.3~1.55

CHAPTER 04

에스프레소 메뉴

1 에스프레소 메뉴

1) 에스프레소

보통 에스프레소라고 부르는 것은 정확히 말하면 '에스프레소 솔로(Solo)'이다. 추출 시간이 20~30초 사이, 추출한 커피의 양이 30ml 내외이면서 사용되는 원두의 양은 7~9g 정도이다. 이 솔로는 모든 에스프레소 메뉴의 기본이 된다.

▲ 에스프레소 솔로

합격생의 비법 ⚫

에스프레소의 관능적 특성

① 향기 : 에스프레소 커피는 지방과 섬유질 입자들이 가스와 함께 크레마를 만들어 향기 성분이 증발하고 산화하는 것을 방지한다. 제대로 추출된 에스프레소에서는 과일 향기, 꽃 향기, 견과류 향기, 캐러멜 향기 등 기분 좋은 향기가 나며, 가공이나 저장 중 변질이 된 커피에서는 풀내, 흙냄새, 곰팡이 냄새, 소독내, 발효취 등이 난다.

② 맛 : 에스프레소는 쓴맛, 신맛, 단맛이 강렬하게 왔다가 깔끔하게 끝나는 것이 좋다. 떫은맛, 강한 쓴맛, 금속맛이 나는 것은 좋지 않다.

③ 바디감 : 입안에서 느껴지는 촉감 혹은 밀도감을 말하며, 에스프레소의 미세한 섬유소들로 이루어진 추출 콜로이드 성분이 많을수록 더 풍부하게 느껴진다. Watery, Buttery 등으로 표현한다.

④ 후미 : 에스프레소는 강렬한 만큼 후미도 지속된다. 하지만 탄 쓴맛 혹은 고무 타는 듯한 냄새 등이 아닌 개운하고 기분 좋은 여운으로 끝나야 한다.

2) 도피오

에스프레소 도피오(Doppio)는 솔로와 추출 조건은 같지만, 솔로를 더블샷(Double Shot)의 양으로 맞춘 것을 말한다. 에스프레소의 양을 많이 해서 마실 때나 메뉴에서 커피 맛을 강하게 내고 싶을 때 도피오를 쓴다.

3) 리스트레토

에스프레소 리스트레토(Ristretto)는 솔로와 같은 조건에서 추출하되 농도가 가장 강한 피크 시점, 즉 Restrict 시점에서 추출을 끊는 것을 말한다. 추출량은

20ml 정도 내외이다. 리스트레토는 솔로보다 물의 양의 적기 때문에 진한 맛이 난다. 강하고 진한 커피를 즐기는 사람들이 좋아하는 메뉴다.

▲ 에스프레소 도피오

▲ 에스프레소 리스트레토

▲ 에스프레소 룽고

합격생의 비법 ⦿

Demitasse
데미타세는 에스프레소 잔을 말한다. 용량은 일반컵의 반 정도인 60∼70ml(약 2oz) 정도이고 재질은 도기이며, 일반컵에 비해 두꺼워 커피가 빨리 식지 않는다. 안쪽은 둥근 U자 형태로 에스프레소를 직접 받을 때 튀어 나가지 않도록 설계되었으며 잔 외부의 색깔은 다양하나 내부는 보통 흰색이다.

4) 룽고

에스프레소 룽고(Lungo)는 솔로와 같은 조건에서 추출량을 두 배로 늘린 것을 말한다. 커피를 좀 더 연하게 즐기고 싶은 사람들이 찾는 메뉴인데 에스프레소를 길게 추출하기 때문에 잡맛이 배어 나올 수 있다.

5) 에스프레소 마끼아또(Macchiato)

에스프레소에 고운 우유 거품을 얹어 부드러운 맛을 추가한 메뉴이다. 우유 거품의 부드러움과 고소함이 에스프레소의 강렬함을 희석시켜 준다. 크레마가 사라지기 전에 우유 거품을 얹는 것이 중요하다.

6) 에스프레소 콘파냐(Con panna)

에스프레소 샷에 휘핑크림을 얹어 부드러움과 단맛을 동시에 추가한 메뉴다. 휘핑크림이 부드러울수록 에스프레소 샷과 잘 어울린다. 휘핑크림을 먼저 잔에 넣고 샷을 넣어 주면 크레마가 살아 있어 맛이 좋다.

7) 아메리카노(Americano)

에스프레소 샷에 뜨거운 물을 섞은 가장 대중적이고 잘 알려진 음료이다. 물은 수돗물을 정수한 연수가 가장 적합하다. 대부분의 커피전문점에는 커피머신에 장착된 연수기나 정수기의 물을 쓴다.

▲ 에스프레소 마끼아또   ▲ 에스프레소 콘파냐   ▲ 아메리카노

8) 카페라떼(Cafe Latte)

에스프레소 샷에 스팀우유(약 70℃ 내외)와 거품이 섞인 음료이다. 우유를 넣고 거품을 별도로 넣는 것보다는 적정 비율로 한 번에 넣어야 맛이 좋다. 우유는 지방이 많은 제품보다는 담백한 맛을 내는 우유가 좋다.

9) 카페오레(Café au Lait)

카페라떼와 카페오레의 차이점은 라떼는 이탈리아식, 오레는 프랑스식 음료라는 점이다. 카페오레는 에스프레소 샷보다는 프렌치 프레스나 드립으로 내린 드립커피를 사용한다. 약하게 데운 우유(50℃ 내외)와 커피원액을 5:5 비율로 함께 섞어 주면 된다. 아침에 마셔도 부담 없는 메뉴이다.

10) 카푸치노(Cappuccino)

카페라떼와 카푸치노의 차이는 우유와 거품의 양이 다르다는 것이다. 카푸치노는 우유를 덜 넣는 대신 고운 거품을 많이 얹어 준다. 전체적인 맛은 카페라떼보다 커피(에스프레소)의 맛이 훨씬 강하다. WBC에서는 거품의 양을 50% 정도로 넣어야 한다고 규정하고 있다. 기호에 따라 시나몬파우더나 코코아파우더를 뿌려 마시기도 한다.

▲ 카페라떼   ▲ 카페오레   ▲ 카푸치노

▲ 바닐라 라떼   ▲ 캐러멜 라떼   ▲ 캐러멜 마끼아또   ▲ 카페모카/화이트 모카

11) 바닐라 라떼(Vanilla latte)

카페라떼에 바닐라 시럽을 추가한 음료이다. 바닐라 시럽 대신 바닐라 파우더를 사용해 바닐라 맛을 강하게 내기도 한다.

12) 캐러멜 라떼(Caramel latte)

카페라떼에 캐러멜 시럽을 추가해 캐러멜 향과 단맛을 즐길 수 있는 메뉴이다. 캐러멜 시럽뿐만 아니라 메이플 시럽, 키위 시럽 등을 추가해 각각 다른 라떼 메뉴를 만들 수 있다.

13) 캐러멜 마끼아또(Caramel macchiato)

단맛이 가장 잘 표현된 메뉴이다. 바닐라 시럽을 넣지 않고 캐러멜 시럽만 넣는 메뉴도 있다. 바닐라 시럽을 함께 넣어 주면 단맛과 향이 보완되는 장점이 있다. 아이스 음료로 마시면 더욱 맛있는 메뉴이다.

14) 카페모카/화이트 모카(Cafe Mocha/White Mocha)

초콜릿 소스 혹은 초콜릿 파우더가 들어가 초콜릿의 향과 부드럽고 달콤한 맛을 즐길 수 있는 메뉴다. 초코 시럽을 넣는 경우도 있는데 파우더나 소스에 비해 감칠맛이 떨어진다.

합격생의 비법 .... ◉

바리스타의 역할
① 신선하고 향미가 좋은 커피를 선택하고 품질이 유지되도록 관리한다.
② 에스프레소 머신을 비롯한 기기의 운용 및 유지에 책임을 다한다.
③ 가장 뛰어난 맛을 가진 커피 메뉴를 고객에게 서비스하도록 한다.

② 커피 메뉴 첨가물의 종류

• 감미료 : 백설탕, 갈색 설탕, 커피 슈거, 각설탕, 과립당, 그레뉼당, 시럽
• 유제품 : 우유, 생크림, 휘핑크림, 아이스크림, 버터
• 술 : 위스키, 브랜디, 럼, 리큐르
• 향신료 : 계피, 올스파이스, 넛맥, 초콜릿, 박하, 오렌지, 레몬 껍질
• 그 외 : 젤라틴

1. 물은 수돗물을 연수한 것이 가장 좋으며 추출수의 온도는 추출 방법에 따라 다르지만 90℃ 전후의 뜨거운 물이 좋다. 커피입자가 가늘면 추출 시간이 길어진다.

1. 맛과 향이 좋은 커피를 만들기 위해 필요한 요건으로 적절한 것은?

① 커피 추출에 적당한 물은 지하수가 가장 좋다.
② 추출하는 물의 온도는 낮을수록 좋다.
③ 커피입자가 가늘수록 추출 시간이 짧아진다.
④ 로스팅된 커피는 신선함을 유지하기 위해 밀폐용기에 보관한다.

2. 원두는 추출 직전에 바로 분쇄해야 신선한 맛과 향을 즐길 수 있다.

2. 커피의 맛과 향을 유지하기 위한 요건으로 잘못된 것은?

① 추출 전 추출도구는 깨끗이 청소해 주어야 잡미가 발생하지 않는다.
② 원두는 1시간 전에 미리 분쇄해 두어야 숙성이 잘 되어 맛과 향이 좋다.
③ 커피의 맛과 향에 가장 중요한 영향을 미치는 요인은 원두의 신선도이다.
④ 커피 잔은 미리 뜨거운 물을 부어 예열을 해야 커피의 맛과 향이 오래 유지된다.

3. 분쇄된 커피의 입자가 굵을 경우 추출 시간을 길게, 가늘 경우 추출 시간을 짧게 해 준다. 낮은 로스팅 포인트의 원두는 높은 온도의 물을 사용하고, 높은 로스팅 포인트의 원두는 낮은 온도의 물을 사용해 추출한다.

3. 커피를 추출할 때 유의해야 할 사항 중 바르게 설명된 것은?

① 분쇄된 커피의 입자가 굵을 경우 추출 시간을 짧게 한다.
② 낮은 로스팅 포인트의 원두는 높은 온도의 물을 사용해 추출한다.
③ 높은 로스팅 포인트의 원두는 높은 온도의 물을 사용해 추출한다.
④ 분쇄된 커피의 입자가 가늘면 추출 시간을 길게 한다.

4. 수돗물이나 지하수는 정수 장치를 연결하여 염소나 유기물 등을 제거한 후 사용해야 한다.

4. 커피 추출에 사용하는 물에 대한 설명으로 잘못된 것은?

① 물은 수돗물이나 지하수를 그대로 사용해야 유기물 칼슘이 살아 있어 커피의 맛과 향이 좋아진다.
② 연수기나 정수기를 연결하여 수돗물의 염소를 제거한 후 사용한다.
③ 지하수에 포함되어 있는 철이나 동 같은 금속 성분을 정수 필터로 제거해야 커피 본연의 맛과 향을 즐길 수 있다.
④ 신선하면서 냄새와 불순물이 없는 물이 좋다.

5. 추출 기구에 따른 커피의 분쇄도가 잘못 연결된 것은?

① 드립커피 - 0.5mm 내외의 중간 입자 분쇄
② 에스프레소 - 0.3mm 내외의 미세한 분쇄
③ 모카포트 - 1.0mm 내외의 굵은 분쇄
④ 프렌치 프레스 - 1.0mm 내외의 굵은 분쇄

5. 모카포트는 0.3mm 내외의 미세한 분쇄를 해야 한다.

6. 커피를 분쇄하는 그라인더를 선택할 때 고려해야 할 사항으로 잘못된 것은?

① 분쇄 입도를 자동으로 조절하는 자동기계가 좋다.
② 분쇄 속도가 일정하고 적절한가를 고려한다.
③ 분쇄할 때 열이 많이 발생하지 않아야 한다.
④ 분쇄된 입자가 균일해야 좋다.

6. 자동 그라인더가 꼭 좋은 것만은 아니다. 그라인더는 분쇄된 원두가 균일하고, 적절한 분쇄 속도가 좋다. 또한 분쇄할 때 열이 많이 발생되지 않아야 한다.

7. 다음 그라인더의 칼날 유형 중 입자의 균일성이 가장 떨어지는 것은?

① 평면(Flat)형
② 코니컬(Conical)형
③ 블레이드(Blade)형
④ 롤(Roll)형

7. 양날형인 블레이드형은 입자의 균일성이 떨어지고, 열 발생으로 인해 향미가 저하되는 단점이 있다.

8. 커피의 분쇄도에 다른 커피 추출 시간에 대해 알맞게 설명한 것은?

① 분쇄 입자가 굵을 때는 추출 시간을 짧게 조절한다.
② 커팅 밀(Cutting mill) 방식이 그라인딩 밀(Grinding mill) 방식보다 분쇄열이 더 많이 발생한다.
③ 메뉴 제조시간을 단축하기 위해 원두를 미리 분쇄해 놓는 것이 좋다.
④ 좋은 그라인더는 원두를 분쇄할 때 미분이 많이 발생한다.

8. 분쇄 입자가 굵을 때는 추출 시간을 길게 조절하고, 원두는 추출 직전에 바로 분쇄해야 좋다. 그라인더는 미분이 많이 발생하지 않고 일정하게 분쇄되어야 한다.

9. 커피를 분쇄하는 조건으로 잘못된 것은?

① 그라인더를 사용하면 모터에 열이 발생하는데 고장을 줄이기 위해서는 사용 시간의 두 배 이상 휴식을 취해 주어야 한다.
② 커피 원두의 세포벽이 파편화되어 미분이 발생하는데 미분을 최소화시켜 주어야 안정된 맛이 난다.
③ 로스팅 포인트에 따라 다르게 분쇄도를 조절한다.
④ 추출 도구가 다르더라도 분쇄 크기는 일정하게 해야 맛과 향이 좋다.

9. 추출 도구에 따라 분쇄도를 다르게 해야 도구의 특성에 맞는 맛과 향이 추출된다.

10. 터키의 추출 도구인 이브릭은 필터 방식이 아닌 달임 방식의 커피 추출법이다.

10. 다음 중 필터 방식의 커피 추출 방법에 해당되지 않는 것은?

① 핸드드립 드리퍼
② 자동 커피 메이커
③ 이브릭
④ 융

11. 뜸 들이기 물은 가급적이면 드리퍼 안의 원두가 골고루 적셔질 정도의 양만 부어 준다. 뜸 들이기로 커피가 추출되면 안 된다.

11. 핸드드립 추출 방법 중 가장 처음에 시행하는 뜸 들이기(Infusion)에 대한 설명으로 잘못된 것은?

① 뜸 들이기를 하지 않고 커피를 추출하면 가용성 성분이 충분히 용해되지 않아 싱겁고 맛이 떨어지는 커피가 추출된다.
② 뜸 들이기 물은 가급적 많이 부어 50ml 정도가 추출되게 한다.
③ 뜸 들이기 할 때에도 드리퍼의 벽면에는 물을 부어서는 안 된다.
④ 신선한 커피일수록 뜸 들이기 물에 반응해 많이 부풀어 오른다.

12. 로스팅 포인트가 높으면 물의 온도를 낮게, 낮으면 물의 온도를 높게 해 준다. 커피 원두는 로스팅된 지 얼마 안 된 원두를 사용해야 하며, 추출수의 온도는 추출 도구에 따라 다르게 해 준다.

12. 커피 추출에 대해 바르게 설명하고 있는 것은?

① 커피의 분쇄도는 커피 추출 도구에 따라, 추구하는 맛에 따라 다르게 분쇄해야 한다.
② 로스팅 정도에 상관없이 물의 온도는 일정해야 한다.
③ 커피 원두는 30일 이상 오래 보관할수록 숙성이 잘 되어 맛과 향이 좋다.
④ 추출수의 온도가 높아야 고형성분이 많이 우러나오므로 어떤 추출 도구 든지 추출수의 온도를 최대한 높게 해 준다.

13. 경도는 70~80mg/L, 알칼리도는 50mg/L가 적당하다.

13. 커피 추출에 가장 적합한 물의 경도와 알칼리도가 바르게 짝지어진 것은?

① 40~50mg/L, 20mg/L
② 50~60mg/L, 30mg/L
③ 50~70mg/L, 40mg/L
④ 70~80mg/L, 50mg/L

14. 브릭스(Brix)는 추출된 커피의 수용액 중 가용성 고형분의 농도를 말한다.

14. 브릭스(Brix)는 무엇을 말하는가?

① 추출된 커피에 함유되어 있는 가용성 고형성분의 농도를 말한다.
② 추출된 커피에 함유되어 있는 칼슘의 농도를 말한다.
③ 추출된 커피에 함유되어 있는 철분의 농도를 말한다.
④ 추출된 커피에 함유되어 있는 무기질의 농도를 말한다.

15. 커피 원두의 보관 중 변질에 대해 바르게 설명한 것은?

① 산화 : 공기 중의 질소 성분을 습착하여 향기 성분이 변하는 것을 말한다.
② 흡착 : 공기 중의 산소의 산화작용으로 향기 성분이 변하는 것을 말한다.
③ 반응 : 저장 중 향기 성분끼리 서로 반응하여 향기가 감소하는 것을 말한다.
④ 증발 : 로스팅 중 생성된 유지성분이 증발하여 감소하는 것을 말한다.

15. 산화는 공기 중 산소의 산화작용으로 향기 성분이 변하는 것을 말하며, 반응은 향기 성분끼리 저장 중 화학적으로 반응하여 향기가 감소하는 것을 말한다. 증발은 로스팅 중에 생성되었던 향기 성분이 저장 중 증발하여 감소하는 것을 말한다.

16. 커피의 산패요인에 대해 설명한 것으로 맞는 것은?

① 로스팅 포인트가 높은 원두일수록 산패가 빨리 진행된다.
② 커피 포장 방법 중 하나인 질소 포장은 질소가 커피에 영향을 미쳐 산패가 빨리 진행되는 단점이 있다.
③ 커피를 분쇄해 놓아야 산패가 느리게 진행된다.
④ 보관 온도가 낮을수록 산패가 빠르게 진행된다.

16. 질소를 가압하여 포장하는 질소 포장 방법이 커피의 산패를 늦춰 가장 오래 보관할 수 있다. 커피는 홀빈 상태로 보관해야 오래 보관할 수 있으며, 온도가 10℃ 상승할 때마다 2, 3배씩 향기 성분이 빨리 소실된다.

17. 원두의 저장 방법에 대해 바르게 설명한 것은?

① 산패의 주 원인은 커피 내부에서 발생되는 이산화탄소에 의한 것이다.
② 커피의 저장 온도가 10℃ 낮아질 때마다 산패는 2, 3배씩 빠르게 진행된다.
③ 프렌치(French) 로스팅된 원두는 미디엄(Medium) 로스팅된 원두보다 산패가 빨리 진행된다.
④ 커피는 양지에 보관해야 산패가 늦춰지므로 햇볕이 잘 드는 곳에 보관한다.

17. 산패의 주원인은 커피의 향기 성분 간의 상호작용과 산소에 의한 산화작용이다. 커피의 저장 온도가 10℃ 상승할 때마다 산패는 2, 3배씩 빠르게 진행된다. 커피는 햇볕이 들지 않는 서늘한 곳에 보관해야 한다.

18. 커피의 산패에 대해 설명한 것으로 틀린 것은?

① 강하게 로스팅된 원두일수록 산패가 빠르게 진행된다.
② 냉장고에 커피를 보관했다 빼면 습기가 생겨 산패가 급격히 진행된다.
③ 커피의 산패를 촉진시키는 요인은 산소, 습도, 햇볕이다.
④ 커피 포장 내에 소량의 산소는 커피의 산패에 큰 영향을 미치지 않는다.

18. 포장 내에 소량의 산소만 함유되어 있어도 원두는 완전히 산화된다.

19. 원두는 냉장이나 냉동 보관해서는 안 된다.

19. 원두 보관 방법으로 잘못된 것은?

① 냉동 보관된 원두는 상온과 온도가 같아진 후에 추출한다.
② 원두는 항상 냉동보관해야 한다.
③ 원두를 냉장 또는 냉동 보관하면 산패를 약간 지연시킬 수 있으나 바람직한 보관법은 아니다.
④ 원두는 밀폐용기나 진공 보관해야 산패가 빠르게 진행되지 않는다.

20. 커피 원두는 냉장고 보관을 피해야 하며, 홀빈 상태로 보관하여야 오래간다. 강하게 로스팅된 원두는 조직이 다공질이라 산패가 빨리 진행되므로 먼저 소비해야 한다.

20. 원두 보관에 대해 바르게 설명하고 있는 것은?

① 일반 식품과 함께 냉장고에 보관한다.
② 일반적으로 가장 많이 사용하는 포장방법은 가스가 투과하지 못하는 복합 필름에 밸브를 부착하여 포장하는 방법이다.
③ 홀빈 상태의 원두보다는 분쇄해서 보관해야 공기와의 접촉을 줄일 수 있다.
④ 약하게 로스팅된 원두를 빨리 소비하고, 강하게 로스팅된 원두를 오래 보관하여 나중에 소비한다.

21. 그라인더 호퍼 안에는 사용할 양만큼의 원두만 넣고 사용이 끝난 원두는 다시 밀폐용기에 보관해야 한다.

21. 커피 보관 방법에 대해 틀리게 설명하고 있는 것은?

① 밀폐용기에 담아 햇볕이 들지 않는 서늘한 곳에 보관하여야 한다.
② 공기가 잘 통하지 않게 보관하고 진공포장이나 질소충전 포장을 이용하면 산패가 더디게 진행된다.
③ 습도를 피해야 하며 햇볕이 잘 들지 않는 곳에 보관한다.
④ 그라인더 호퍼 안에 담아 두고 오랫동안 사용한다.

22. 질소가스포장이 보존 기간이 가장 길다.

22. 원두를 보관하는 포장 방법 중 보존 기간이 가장 긴 것은?

① 공기포장
② 진공포장
③ 질소가스포장
④ 밸프포장

23. 이브릭, 체즈베, 퍼컬레이터는 모두 침지식 추출 방법이다.

23. 필터를 사용한 추출 방법에 해당되는 것은?

① 핸드드립
② 이브릭
③ 체즈베
④ 퍼컬레이터

24. 모카포트 사용법에 대해 잘못 설명하고 있는 것은?

① 상부포트와 하부포트는 꼭 잠가서 추출 시 압력이 새지 않도록 해야 한다.

② 바스켓에 커피를 담을 때 약 15~20kg의 힘으로 다져 주어야 균형 잡힌 커피 맛이 추출된다.

③ 하부포트에 물을 채울 때 안전밸브 밑까지 채워 준다.

④ 커피 가루는 바스켓에 골고루 균일하게 채워야 균형 잡힌 맛이 난다.

24. 모카포트의 커피를 15~20kg의 힘으로 다져 주면 커피 추출이 잘 되지 않는다. 아주 살짝 다져 주어야 한다.

25. 사이폰의 추출방식에 대해 바르게 설명하고 있는 것은?

① 1908년 독일의 멜리타 여사가 개발한 증기압 추출 방식이다.

② 진공식 추출이라고도 하며 더치커피(Dutch coffee)라 불리기도 한다.

③ 사용되는 열원은 알코올램프, 할로겐 램프, 가스스토브 등이 있다.

④ 드립 추출보다는 물을 조금 더 적게 사용한다.

25. 사이폰은 증기압추출 방식으로 진공식 추출이라고도 하며 베큠브루어라 불리기도 한다. 드립 추출보다는 물을 조금 더 많이 사용한다.

26. 프렌치프레스 커피 추출에 대해 바르게 설명하고 있는 것은?

① 커피에 물을 붓고 바로 필터망을 눌러 커피를 추출한다.

② 커피는 가급적 가장 잘게 갈아야 한다.

③ 추출에 적합한 물의 온도는 80~85℃이다.

④ 커피 찌꺼기가 함유되어 있으므로 추출된 커피의 70% 정도만 따라서 마신다.

26. 커피에 물을 붓고 2~4분 정도 기다렸다가 필터망을 눌러서 추출한다. 필터망을 고려해 가급적 원두를 굵게 분쇄해야 하며 추출에 적합한 물의 온도는 90~95℃이다.

27. 핸드드립 커피를 추출할 때 커피 가루에 작용하는 힘에 해당되지 않는 것은?

① 이산화탄소에 의한 팽창력

② 중력

③ 스팀의 증기압력

④ 표면장력

27. 스팀의 증기압력은 에스프레소 머신에서 작용하는 힘이다.

28. 추출된 커피의 추출수율이 너무 낮으면 어떤 맛이 나는가?

① 풋내, 풀 냄새

② 견과류, 고소한 냄새

③ 향신료, 매운 냄새

④ 송진, 스모크한 냄새

28. 추출수율이 낮으면 풋콩냄새나 풀 냄새가 난다.

29. 융 필터 관리 요령을 바르게 설명한 것은?

① 장시간 사용하지 않을 경우 건조시킨 후 냉동 보관한다.

② 사용 후 바로 물에 씻어 건조시킨다.

③ 사용 즉시 깨끗한 물에 씻어 물에 담근 후 냉장 보관한다.

④ 사용한 필터는 바로 새 필터로 갈아 주어야 한다.

---

30. 페이퍼 드립보다 장력이 좋기 때문에 맛이 무거운 특성이 있다.

30. 융 드립의 특성을 바르게 설명하고 있는 것은?

① 커피의 지방 성분이 많이 추출되어 매끄럽고 걸쭉한 맛을 낸다.

② 분쇄도는 페이퍼 드립보다 약간 가늘게 한다.

③ 추출수의 온도는 페이퍼 드립보다 높은 것이 좋다.

④ 페이퍼 드립보다 장력이 좋아 맛이 가볍다.

---

31. 더치커피의 로드나 플라스크는 중성세제를 이용해 씻어 주어야 한다.

31. 커피 추출 기구를 사용한 후에 관리하는 방법으로 잘못 설명된 것은?

① 핸드드립 – 사용한 페이퍼 필터를 제거하고 커피의 찌꺼기 성분을 잘 씻은 후 말려 준다.

② 모카포트 – 뜨거운 상태에서 찬물로 식힌 후 깨끗하게 씻어 건조시킨다.

③ 더치커피 – 로드나 플라스크는 뜨거운 물을 부어 씻어 주면 된다.

④ 프렌치 프레스 – 필터망을 분리하여 찌꺼기를 깨끗하게 씻어 준 후 건조시킨다.

---

32. 신선한 커피일수록 이산화탄소를 많이 함유하고 있기 때문에 거품이 많이 생성되며, 거품이 남아 있더라도 적정 추출량이 되면 추출을 멈춰 주어야 잡미가 함유되지 않는다.

32. 핸드드립을 추출할 때 발생하는 거품에 대해 설명한 것으로 맞는 것은?

① 커피 내에 함유되어 있는 산소로 인해 거품이 생성되는 것이다.

② 표면에 떠오르는 커피는 잡미를 함유하고 있다.

③ 거품이 완전히 사라질 때까지 추출을 계속해야 한다.

④ 신선하지 않은 커피일수록 거품의 양이 많이 발생한다.

---

33. 생두의 수입과 유통은 바리스타의 업무와 거리가 멀다.

33. 바리스타의 업무와 상관관계가 가장 멀다고 할 수 있는 것은?

① 맛과 향이 좋은 에스프레소 추출

② 에스프레소 머신의 유지와 관리

③ 에스프레소 메뉴 개발

④ 생두의 수입과 유통

34. 에스프레소 추출에 대해 바르게 설명하고 있는 것은?

① 15kg의 압력으로 커피를 다져준다.

② 3~5g의 커피양으로 에스프레소를 추출한다.

③ 에스프레소 추출에 적합한 물의 온도는 80~85℃이다.

④ 적정 추출량은 35~40ml이다.

34. 6~9g의 미세한 커피 원두로 에스프레소를 추출하며, 물의 적정 온도는 90~95℃이다. 적절 추출량은 25~30ml이다.

35. 에스프레소 추출과 거리가 먼 것은?

① 신속추출

② 가압추출

③ 즉석추출

④ 중력추출

35. 중력추출은 에스프레소 추출 방식에 해당되지 않는다.

36. 에스프레소를 평가하는 기준으로 잘못된 것은?

① 크레마의 두께와 지속성

② 맛의 강렬함

③ 크레마의 색깔

④ 향기의 질

36. 맛의 균형감이 기준이다.

37. 에스프레소 커피와 순수한 물의 특성을 잘못 설명하고 있는 것은?

① pH는 증가한다.

② 굴절률이 증가한다.

③ 표면장력이 감소한다.

④ 점도는 증가한다.

37. pH는 감소하며, 전기전도도와 밀도는 증가한다.

38. 다음 추출 방법 중 원두의 향미 성분이 가장 많이 추출되는 커피 추출 방법은?

가. 모카포트 추출

나. 프렌치 프레스 추출

다. 커피메이커 추출

라. 에스프레소 추출

① 가   ② 나

③ 다   ④ 라

38. 가압추출 방식 중 입력이 센 에스프레소 추출이 원두의 향미 성분을 가장 많이 추출하는 방식이다.

39. 필터홀더는 그룹헤드에 장착해 보관하여야 하며, 물 흘리기는 보일러 내에서 높아진 물의 온도를 낮추기 위함이다. 원두는 6~9g으로 적정량을 담는다.

39. 에스프레소 추출에 대해 바르게 설명하고 있는 것은?

① 필터홀더는 사용 후 씻어서 그룹헤드에서 분리하여 보관한다.
② 추출 직전에 물 흘리기를 하는 것은 보일러 내에서 낮아진 물의 온도를 올리기 위함이다.
③ 추출된 에스프레소는 미리 예열된 데미타세잔에 담아 서빙해야 맛과 향이 오래 보존된다.
④ 필터홀더에 원두를 담을 때에는 가급적이면 최대의 양을 채워 담는다.

40. 추출 시간이 길면 과다추출되어 밋밋한 에스프레소가 된다.

40. 일반적인 에스프레소 추출에 대해 틀리게 설명하고 있는 것은?

① 분쇄 입자의 크기가 작을수록 과다추출이 일어난다.
② 일반적인 에스프레소 추출 과정은 침투 → 용해 → 분리이다.
③ 에스프레소는 가용성 고형성분과 불용성 커피 오일이 추출된다.
④ 추출 시간이 길면 길수록 고형성분이 많이 추출되어 풍부한 맛과 향이 난다.

41. 머신은 수동 머신, 자동 머신, 반자동 머신, 완전 자동 머신으로 분류한다.

41. 에스프레소 머신의 분류와 거리가 먼 것은?

① 자동 머신
② 반자동 머신
③ 완전 수동 머신
④ 수동식 머신

42. 수동 머신은 사람의 힘에 의해 피스톤을 작동시키는 방식이다. 자동 머신에는 메모리칩이 내장되어 있으며, 완전 자동 머신은 그라인더가 내장되어 있다.

42. 에스프레소 머신의 분류에 대해 바르게 설명하고 있는 것은?

① Semi Automatic machine에는 플로우 미터가 장착되어 있지 않다.
② Manual machine은 모터와 펌프를 이용한 머신이다.
③ Automatic machine에는 메모리칩이 내장되어 있지 않다.
④ Fully automatic machine은 그라인더가 별도로 있다.

43. 추출 온도를 일정하게 유지하기 위해서이다.

43. 에스프레소 머신에서 사용하는 필터홀더의 두께를 두껍게 하는 이유는?

① 스파웃의 추출량을 일정하게 유지하기 위해서이다.
② 추출 온도를 유지하기 위해서이다.
③ 바리스타의 일정한 추출 감각을 유지하기 위해서이다.
④ 크레마의 색상을 연하게 만들기 위해서이다.

44. 커피머신의 접지에 대해서 바르게 설명하고 있는 것은?

① 접지선의 색상은 녹색과 노란색의 혼합으로 되어 있다.
② 접지는 특별히 하지 않아도 된다.
③ 접지는 플라스틱 성분에 연결해도 상관없다.
④ 접지는 에너지 절약을 위해서 필요하다.

44. 접지는 감전 위험을 예장하기 위해 필요하며, 건물 접지나 금속 재질에 꼭 연결해야 한다.

45. 에스프레소의 보일러가 데워지지 않는 주 원인은?

① 모터가 작동하지 않을 때
② 전압이 낮을 때
③ 배수가 되지 않을 때
④ 히터나 압력스위치가 불량일 때

45. 히터나 압력스위치가 불량이거나 과열방지 바이메탈이 차단되었을 때 보일러가 데워지지 않는다.

46. 에스프레소 머신 내부의 메인 보일러와 직접적인 관련이 없는 것은?

① 열선
② 플로우 미터
③ 수위 감지기
④ 과열방지 바이메탈

46. 플로우 미터는 커피의 추출량을 감지해 주는 부품이다.

47. 보일러의 압력이 규정 이상으로 넘을 경우 발생하는 현상은?

① 메인 보일러에서 안전벨브가 작동하여 압력이 샌다.
② 보일러에 찌꺼기가 낀다.
③ 보일러에 물이 많이 찬다.
④ 보일러에 공기가 많이 들어찬다.

47. 안전벨브가 작동하여 압력이 새면 보일러에 압력이 기준선 이상으로 넘어간다.

48. 수위감지 센서 이상으로 보일러에 기준 이상의 물이 차면 어떤 증상이 나타나는가?

① 수증기의 양이 적어진다.
② 수증기의 온도가 낮아진다.
③ 스팀레버 작동 시 스팀완드에서 물이 과다하게 섞여 나온다.
④ 수증기가 아예 작동하지 않는다.

48. 물이 많이 차면 스팀완드에서 물이 과다하게 섞여 나온다.

49. 펌프모터가 에스프레소 머신의 압력을 유지해 주며 모터, 콘덴서, 펌프헤드로 구성되어 있다.

49. 에스프레소 머신에서 9bar 정도로 압력을 유지시켜 주는 부품은 무엇인가?

① 그룹헤드
② 포터필터
③ 플로우 미터
④ 펌프모터

50. 전압이 낮거나 콘덴서에서 방전이 이루어지지 않을 때, 펌프 내부의 카본 실린더에 이물질이 많이 끼어 있을 때 압력이 올라가지 않는다.

50. 에스프레소 추출 시 압력이 올라가지 않는 주된 원인은?

① 물 온도가 낮은 상태에서 작동시켰다.
② 펌프 내부에 있는 카본 실린더에 이물질이 많이 끼어 있다.
③ 전압이 높다.
④ 보일러의 온도가 너무 높다.

51. 워터레벨 센서는 보일러의 수위를 나타내는 부품이다.

51. 에스프레소 추출량과 직접적인 연관이 없는 부품은?

① Water level indicator
② Solenoid valve
③ Flower meter
④ Pump moter

52. 보일러 내부는 니켈로 도금되어 있다.

52. 에스프레소 머신에 대해 틀리게 설명하고 있는 것은?

① 에스프레소를 추출할 때 적정한 압력을 만들어 주는 것은 펌프모터이다.
② 보일러 내부의 부식을 막기 위해 망간으로 도금처리한다.
③ 솔레노이드 밸브는 물의 흐름을 통제하는 부품이다.
④ 포터필터는 분쇄된 커피를 담아 그룹헤드에 장착시키는 기구를 말한다.

53. 칼슘이 보일러에 쌓여 치명적인 영향을 준다.

53. 에스프레소 머신에 정수 장치를 거치지 않은 지하수를 사용할 때 가장 치명적인 영향을 주는 성분은?

① 금
② 철
③ 은
④ 칼슘

54. 에스프레소 관리 중 매일 점검해야 할 사항이 아닌 것은?

① 보일러의 압력
② 추출 압력
③ 그룹헤드의 개스킷 상태
④ 추출수의 온도

54. 그룹헤드의 개스킷은 3~6개월 단위로 교체해 준다.

55. 에스프레소 머신의 관리에 대한 설명으로 바른 것은?

① 필터홀더의 스케일을 방지하기 위해 칼슘제거용 용액에 담가 충분히 헹궈 준다.
② 샤워필터는 주 1회 청소한다.
③ 개스킷은 주 1회 교체해 주어야 한다.
④ 보일러 압력은 주 1~2회 점검한다.

55. 보일러 압력은 매일 점검해야 하며, 샤워필터도 매일 청소해야 한다. 개스켓은 단단하게 굳어질 경우 교체한다.

56. 그룹헤드 안에 장착되어 있으면서 추출 시 고온 고압의 물이 새지 않도록 해 주는 부품은?

① 개스킷
② 샤워홀더
③ 고정나사
④ 샤워스크린

56. 개스킷은 포터필터와 그룹헤드 사이의 간격을 차단하여 추출 시 고온 고압의 물이 새지 않도록 해 준다.

57. 커피 그라인더의 요건으로 잘못된 것은?

① 발열이 최소화되어야 한다.
② 분쇄도가 일정해야 한다.
③ 미세 분말이 많이 발생해야 한다.
④ 내구성이 좋아야 한다.

57. 그라인더는 미세 분말이 최소화되어야 한다.

58. 수평형 칼날(Flat cutter)을 사용하는 그라인더에서 적용되는 힘은 어떤 것인가?

① 마찰력
② 원심력
③ 중력
④ 압력

58. 원심력에 의해 분쇄가 이루어진다.

59. 커피 그라인더는 작동 후 2배 이상의 휴식시간이 필요하다. 그 이유는?

① 분쇄도를 가늘게 하기 위해
② 분쇄도를 굵게 하기 위해
③ 에너지 절약을 위해
④ 날에서 발생된 열을 식혀주어 커피 향의 손실을 방지하기 위해

60. 에스프레소 추출 시간과 가장 밀접한 연관성이 있는 것은?

① 추출수의 온도
② 원두의 분쇄도
③ 탬핑 횟수
④ 원두의 로스팅 정도

61. 에스프레소 추출을 가장 잘 설명하고 있는 것은?

① 10초에 추출이 끝났는데 크레마가 풍성하게 나왔다.
② 추출 시간은 25초, 추출량은 30ml 정도가 되었다.
③ 가늘게 오래 추출되어서 35초에 20ml가 추출되었다.
④ 굵게 추출되어서 15초에 30ml가 추출되었다.

62. 에스프레소에 대해 잘못 설명하고 있는 것은?

① 기본 추출 시간은 20~30초가 적당하다.
② 에스프레소 추출에 가장 적합한 추출수 온도는 90~95℃이다.
③ 추출된 에스프레소 크레마의 색상은 적갈색을 띠어야 한다.
④ 포터필터에 분쇄된 원두를 빈틈없이 채운 후 바로 그룹헤드에 결합한다.

63. 에스프레소 추출 방식에 대해 잘못 설명하고 있는 것은?

① 불용해성 물질은 절대 추출되지 않는 방식이다.
② 커피 추출 방식을 규격화해 일관성 있는 추출을 추구한다.
③ 유분과 콜로이드 성분은 불용해성 물질로 에스프레소에 포함되는 성분이다.
④ 가장 가는 분쇄를 사용하는 커피 추출 방식이다.

64. 에스프레소 추출 동작에 대해 바르게 설명하고 있는 것은?

① 필터바스켓은 젖은 행주를 하나 준비해 전용으로 사용한다.
② 필터홀더 장착하기 전 열수를 꼭 빼 준다.
③ 탬핑을 마친 후 바로 그룹헤드에 장착한다.
④ 레벨링은 그라인더의 도저 뚜껑만으로 해야 한다.

64. 젖은 행주는 스팀노즐에 전용으로 사용하고, 탬핑을 마친 후 가장자리를 청소하고 그룹헤드에 장착한다. 레벨링은 그라인더 뚜껑이나 손으로 한다.

65. 에스프레소 패킹(Packing) 작업을 할 때 태핑(Tapping) 작업을 해 주는 이유는?

① 커피 원두를 단단히 다져 주기 위해서이다.
② 필터바스켓 주변에 묻은 커피 가루를 제거해 주기 위해서이다.
③ 패킹 작업을 통해 필터홀더를 뒤집어 보기 위해서이다.
④ 필터바스켓 가장자리에 묻어 있는 커피 가루를 털어 모아 주기 위해서이다.

65. 커피 가루를 모아 주기 위해서 태핑 작업을 한다.

66. 에스프레소 추출 과정에서 필터홀더를 그룹헤드에 결합하기 전에 물흘리기를 해 주는 이유는?

① 물의 온도를 높여 주기 위해서이다.
② 높은 온도의 물로 인해 발생되는 톡 쏘는 맛을 없애 주기 위해서이다.
③ 마일드한 맛의 에스프레소를 추출하기 위해서이다.
④ 크레마의 색상을 옅게 만들어 주기 위해서이다.

66. 열수를 추출해 줌으로써 높은 열수의 온도를 낮춰 주는 효과를 주고 샤워필터 주변의 찌꺼기를 제거한다.

67. 에스프레소 크레마의 컬러가 약할 경우 어떤 사항을 점검해 보아야 하는가?

① 추출 압력이 너무 높지 않은지 점검해 본다.
② 커피 원두의 분쇄도가 너무 작지 않은지 점검해 본다.
③ 강배전된 원두인지 점검해 본다.
④ 태핑을 너무 강하게 하지 않았는지 점검해 본다.

67. 추출 압력이 높거나 분쇄도가 굵을 경우 크레마의 색상이 약하게 나온다.

68. 에스프레소 크레마의 컬러가 너무 진할 경우 그 원인에 해당되는 것은?

① 필터의 구멍이 너무 크다.
② 원두의 분쇄도가 너무 굵다.
③ 물의 온도가 95℃ 이상이다.
④ 펌프의 압력이 기준 압력보다 3기압 정도 높다.

68. 필터의 구멍이 작거나 물의 온도가 95℃보다 높은 경우, 기준 압력보다 낮은 경우에 크레마의 컬러가 너무 진하게 나온다.

69. 원두의 양이 적을 경우, 커피 원두의 분쇄도가 굵을 경우 과소추출이 일어나며 크레마는 연한 노란색을 띤다.

69. 에스프레소의 과소추출에 대해 바르게 설명하고 있는 것은?

① 기분 좋은 신맛을 느낄 수 있다.
② 원두의 양을 필터홀더에 너무 많이 팩킹해 일어나는 현상이다.
③ 과소추출된 에스프레소 크레마의 색상은 진갈색이다.
④ 커피 원두의 분쇄도가 너무 굵을 경우 발생한다.

70. 진갈색 크레마가 오래 지속되어야 한다.

70. 에스프레소 크레마에 대해 바르게 설명하고 있는 것은?

① 추출 직후 바로 사라져야 좋은 크레마이다.
② 연노랑으로 균일하게 추출액 표면을 덮은 것이 좋다.
③ 색상이 짙게 나온 크레마는 탬핑을 너무 강하게 했거나 물의 온도가 높을 때 발생된다.
④ 묽고 색상이 옅어야 지속성이 좋다.

71. 25ml의 추출량, 은은한 붉은빛 황금색 크레마, 1/7의 양으로 덮여 있는 에스프레소가 가장 잘 추출된 것이다.

71. 다음 설명 중 가장 잘 추출된 에스프레소는?

① 20ml의 추출량에 노란빛이 도는 크레마가 1/3 정도로 덮여 있다.
② 25ml의 추출량에 은은한 붉은빛이 도는 황금색 크레마가 1/7 정도로 덮여 있다.
③ 30ml의 추출량에 검은빛이 도는 얇은 크레마가 1/7 정도로 덮여 있다.
④ 25ml의 추출량에 크레마는 없이 검은색 에스프레소만 형성되어 있다.

72. 붉은색 또는 진한 갈색이 섞인 황금색이 좋다.

72. 크레마(Crema)에 대해 설명한 것으로 잘못된 것은?

① 영어로 Cream을 의미한다.
② 원두의 불용성 오일이 유화상태로 함께 추출된 것이다.
③ 에스프레소 평가에서 크레마는 시각적인 요소로 평가된다.
④ 색상은 깨끗한 연노랑 색으로 추출된 것이 좋다.

73. 머신은 매일 세팅값을 새로 잡아 주어야 한다.

73. 에스프레소를 추출하는 과정으로 잘못된 것은?

① 추출 과정은 최대한 신속하고 빠르게 한다.
② 컵과 추출액의 온도 유지에 주의한다.
③ 머신은 한 번 세팅하면 절대 바꾸지 않는다.
④ 연속 추출 시 부드러운 동작으로 작업을 진행한다.

74. 에스프레소 머신의 메모리 기능 사용으로 잘못된 것은?

① 커피 투입 없이 비커를 이용해 추출량을 맞추어 준다.
② 커피의 분쇄도에 추출 시간을 맞추어 메모리시킨다.
③ 메모리 후 새로운 커피를 투입하여 다시 점검한다.
④ 추출량을 맞추기 위해 비커나 계량컵을 사용한다.

74. 커피를 투입하고 비커에 추출량을 맞춘다.

75. 에스프레소 추출에 관한 다음 설명 중 바르게 설명된 것은?

① 태핑은 최대한 세게 해야 커피 가루가 잘 떨어진다.
② 포터필터 장착 전에 열수를 배출해 준다.
③ 바쁠 경우 도징 전에 필터 바스켓의 물기 제거는 생략한다.
④ 탬핑은 가급적 살살 해 준다.

75. 탬핑은 15kg 정도의 압력으로, 태핑은 살살 쳐서 커피 가루를 떨어뜨려야 하며 도징 전 필터 바스켓의 물기와 이물질 제거는 꼭 해 준다.

76. 에스프레소 더블샷(Double Shot)을 부르는 명칭은?

① Doppio
② Solo
③ Lungo
④ Ristretto

76. 에스프레소 더블샷은 도피오라고 부른다.

77. 다음 메뉴 중 음료의 양이 가장 많은 것은?

① 에스프레소 도피오
② 아메리카노
③ 에스프레소 룽고
④ 에스프레소 리스트레토

77. 아메리카노는 에스프레소에 물을 첨가한 음료다.

78. 에스프레소 메뉴를 설명한 것 중 잘못된 것은?

① 룽고는 에스프레소에 우유 거품을 올린 메뉴이다.
② 리스트레토는 짧은 시간 추출한 농축 에스프레소로 양이 적다.
③ 도피오는 더블 에스프레소라고 불리며 양이 많다.
④ 카페라떼는 에스프레소에 우유를 섞어 만든 음료다.

78. 룽고는 긴 시간 동안 추출한 에스프레소를 지칭한다.

79. 에스프레소에 생크림을 첨가한 커피 메뉴는 무엇인가?

① Cafe Corretto
② Cafe Latte
③ Cafe con Panna
④ Cafe Mocha

79. Cafe con Panna의 뜻은 Cream with coffee라는 뜻이다.

80. 계피 가루는 선택사항이다.

80. 카페라떼와 카푸치노에 대해 틀리게 설명하고 있는 것은?

① 카페라떼에 거품을 올릴 경우 1/4이 넘지 않도록 해야 한다.
② 더블라떼는 우유의 양은 그대로 두고 더블샷의 커피를 넣어 만든다.
③ 카푸치노에는 반드시 계피 가루가 포함되어야 한다.
④ 카푸치노는 커피와 데운 우유 그리고 거품 우유를 함께 올려 만든다.

81. 모카치노에는 커피와 우유, 초콜릿이 들어간다.

81. 다음 중 우유가 함유되는 커피 메뉴는?

① Americano
② Mochaccino
③ Cafe shakerato
④ Espresso

82. 카페 로마노는 에스프레소에 레몬즙이나 껍질 등을 넣어 마시는 음료이다.

82. 다음 커피 메뉴 중 에스프레소에 레몬을 넣는 메뉴는?

① 에스프레소 콘파냐
② 에스프레소
③ 카페 코레또
④ 카페 로마노

83. 아이리쉬 커피에 위스키가 포함된다.

83. 커피 메뉴 중 위스키가 포함된 음료는?

① Cafe romano
② Cafe malibu
③ Cafe kahlua
④ Irish coffee

84. 비엔나 커피는 오스트리아 현지어로 아인슈패너로 불린다.

84. 우리나라에서 비엔나 커피로 불리는 오스트리아 커피 메뉴는?

① Einspanner
② Cafe latte
③ Capuccino
④ Brauner

ANSWER

1.④	2.②	3.②	4.①	5.③
6.①	7.③	8.②	9.④	10.③
11.②	12.①	13.④	14.①	15.③
16.①	17.③	18.④	19.②	20.②
21.④	22.③	23.①	24.②	25.④
26.④	27.③	28.①	29.③	30.①
31.③	32.②	33.④	34.①	35.④
36.②	37.①	38.④	39.③	40.④
41.③	42.①	43.②	44.①	45.④
46.②	47.①	48.③	49.④	50.②
51.①	52.②	53.④	54.③	55.①
56.①	57.③	58.②	59.④	60.②
61.②	62.④	63.①	64.②	65.④
66.②	67.①	68.③	69.④	70.③
71.②	72.④	73.③	74.①	75.②
76.①	77.②	78.①	79.③	80.③
81.②	82.④	83.④	84.①	

MEMO

PART 5

카페 재료

COFFEE

ESPRESSO

MOCHA

CHOCOLATE
MILK

MACCHIATO

AMERICANO

IRISH
COFFEE

FLAT WHITE

CAPPUCCINO

DOPPIO

GLACE

FREDDO

LATTE

FRAPPUCCINO

CARAMEL
MACCHIATO

FRAPPE

CHAPTER 01

우유

① 우유의 가공

우유는 커피를 좀 더 부드럽게 하고 고소함을 더해 주는 찰떡궁합 재료이다. 어떤 우유를 사용하느냐에 따라 커피의 맛이 크게 달라지기도 한다. 시중에서 파는 대부분의 우유는 열처리 살균 과정을 통해 우유 속에 함유되어 있는 해로운 세균을 제거했다. 또한 상품 가치를 떨어뜨리는 미생물이나 효소를 멸균하여 위생과 안전을 확보한 후 유통한다.

1) 우유의 살균법

① Ultra High Temperature(UHT)

초고온 순간 살균법이다. 130~135℃에서 2초간 살균하는 방법으로 대량 생산과 살균 효과를 극대화시킨 방법으로 현재 국내에서 가장 많이 이용하고 있다. 가열에 의해 단백질이 타서 고소한 맛이 나는 점이 특징이다.

▲ UHT 살균법으로 만든 우유

② High Temperature Short Time(HTST)

고온 순간 살균법이다. 85℃ 정도에서는 1분 30초, 121℃에서는 15초간 살균한 우유로, 저온 살균법보다 능률적이고 효율적인 방법이다. 이 방식으로 살균하면 유산균과 단백질이 일부 파괴되지만 유통기한이 길고 제조 비용이 적게 들며, 원유의 변화를 최소화하고 좋은 품질의 우유를 대량 생산할 수 있다.

③ Low Temperature Long Time(LTLT)

저온 장시간 살균법이다. 우유의 풍미와 색, 영양가에 변화를 주지 않고 살균만 하는 방법으로 63~65℃에서 30분간 가열하는 것이 일반적이다. 프랑스의 세균학자인 파스퇴르가 포도주의 풍미를 손상시키지 않고 유해균만을 줄이기 위해 개발하였으며, 일명 '파스퇴르 살균법'이라고 불린다. 유산균, 단백질, 비타민이 살아 있어 영양 성분이 가장 뛰어나지만 제조 비용이 많이 들어 고가라는 단점이 있다.

현재 시중에서 파는 대부분의 우유는 UHT(초고온 순간 살균법)와 LTLT(저온 장시간 살균법) 방법으로 제조되고 있다. UHT 살균법으로 만든 우유팩 뒷면에는 아래 사진처럼 '130℃ 이상에서 2초간 살균'이라는 문구가 있다. 또한, LTLT 살균법으로 만든 우유에는 '저온살균공법'으로 만들었다는 별도의 표시가 있다.

커피에 사용하기 가장 좋은 우유는 UHT 공법으로 만든 우유다. 우유를 데웠을 때고소한 맛과 단맛이 강하기 때문이다.

▲ LTLT 살균법으로 만든 우유

④ 멸균우유

지방의 소도시나 휴게소 카페에서 유통기한이 긴 멸균우유를 사용하는 경우가 종종 있는데 멸균우유는 살균우유에 비해 맛이 떨어지기 때문에 일반적인 커피전문점에서는 회피해야 한다.

▲ 멸균우유

멸균우유는 모든 세균의 포자까지 완전 사멸시켜 놓은 것으로서 상온보관이 가능하고, 6~7주간 유통이 가능하다. 커피에 넣을 우유는 70℃ 내외로 데우는 것이좋다. 이 온도에서 고소하고 달콤한 맛이 정점이 되기 때문이다. 겨울철에는 75℃정도로 약간 뜨겁게 데우고, 여름철에는 68℃ 정도로 약간 덜 뜨겁게 데우는 것이음료를 마시기에 적당하다. 우유 단백질의 약 80%는 카세인이라는 단백질로 구성되어 있으며 나머지는 유청단백질로 되어 있다.

우유의 종류
① 살균우유 : 순간적인 살균으로 해로운 유산균과 지방분해효소를 완전히 사멸시킨 우유를 말한다.
② 멸균우유 : 세균의 포자까지 완전 사멸시킨 것으로 상온에서 7주 이상 유통이 가능하다.
③ 무균질우유 : 우유 속 지방을 인위적으로 분해하지 않고 우유 성분 그대로 상품화시킨 것이다.
④ 균질우유 : 우유 속 지방이 위로 떠 엉기지 않도록 균질공정을 거친 것이다.
⑤ 탈지우유 : 우유에서 지방을 떼 지방 함유량을 0.1% 이내로 줄인 것을 말한다.
⑥ 저지방우유 : 지방 함유량을 2% 이내로 줄인 것을 말한다.

2) 우유 성분

우유 100ml를 건조시켜 수분을 제거하면 약 12g 내외(수분은 88%)의 고형분(固形分)이 남게 되며, 우유 100ml를 기준으로 볼 때 단백질 3.0~3.4g, 지방 3.5~4.0g, 탄수화물인 유당(乳糖) 4.5~5.0g, 칼슘, 철분, 나트륨 등을 함유한 총 미네랄은 0.7g 정도가 함유되어 있다.

① 단백질

우유 단백질의 약 80%는 카세인이라는 단백질로 구성되어 있으며 나머지는 유청단백질로 되어 있다.

㉠ 카세인(Casein)

카세인은 칼슘, 인, 구연산 등과 결합한 형태로 존재하고 있는데 치즈를 만들 때 두부처럼 응고되는 성질을 지니고 있다.

㉡ 유청단백질

카세인을 제외한 단백질이 유청단백질이며 알파 락트알부민, 베타 락토글로불린, 혈청알부민, 면역단백질 등 여러 가지 수용성 단백질로 구성되어 있다. 물론, 모든 영양소가 각각의 영양적인 특성이 있지만 단백질은 우리 몸에서 생명 활동의 촉매인 효소나 호르몬으로, 근육 또는 신경체로, 또는 우리 몸에 산소를 공급해 주는 적혈구 등을 구성하는 매우 중요한 성분이다. 단백질의 영양적인 가치는 구성하고 있는 아미노산이 우리 인체가 필요로 하는 아미노산들을 얼마나 잘 충족시키는가에 따라 달라지는데 우유 단백질은 각종 아미노산 외에도 인체 내에서 합성되지 않는 필수 아미노산을 많이 함유하고 있어 더욱 영양적인 기능이 높다고 할 수 있다.

ⓒ 리포단백질(Lipoprotein)
단백질과 인지질의 혼합물로서 우유 지방구 표면에 흡착되어 지방구 주위에 안정한 박막을 형성하고 있다. 우유의 유화제 같은 역할을 담당하고 있으며 유탁질을 안정화시킨다.

ⓔ 비단백태질소화합물
우유에 포함되어 있는 단백질 이외의 아미드, 암모니아, 퓨린 염기, 크레아틴, 크레아티닌, 요소, 아미노산, 펩티드 등의 화합물을 말한다. 우유 전체 질소량의 약 5%를 차지한다.

② 지방
우유의 지방은 우유 맛을 좌우하며 영양학적으로는 에너지 및 기타 지용성 비타민 및 필수 지방산을 포함하는 중요한 성분이다. 우유의 지방 성분으로 글리세라이드, 인지질 및 스테롤과 미량의 지용성 비타민, 유리지방산 등이 있다. 이 성분은 거의 우유지방구(脂肪球)에 존재하며 지방구의 크기는 직경이 $0.1{\sim}10\mu\mathrm{m}$이며, 대부분은 $2{\sim}5\mu\mathrm{m}$이다.
우유의 지방구는 균질 처리하면 미세하게 작아져 소화율이 높아지게 되며 흰색에 가까운 우윳빛을 나타낸다. 우유 속에 들어 있는 지방 성분 중의 하나인 콜레스테롤은 부정적인 면이 지나치게 강조되어 있지만, 콜레스테롤은 우리가 생명 활동을 하는 데 없어서는 안 될 중요한 영양소로 우리 몸의 간에서 매일 약 1,000~1,200mg의 많은 양이 생합성되고 있다. 정상적인 사람이 우유 한 컵의 콜레스테롤 함유량(약 25mg) 정도로 문제가 된다고는 보기 어려우며 다른 식품들과 비교해도(예를 들면, 달걀 1개에는 250mg 수준의 콜레스테롤 함유) 결코 많다고 할 수 없다. 그러나 혈중 콜레스테롤 수치가 높아 우려되는 사람의 경우에는 적은 양이라도 문제가 될 수 있기 때문에, 우유를 마실 경우 지방을 제거한 탈지유나 저지방 우유를 섭취하는 것도 한 가지 방법이 될 수 있다.

③ 당질
우유에 포함되어 있는 당질은 대부분이 유당이다. 유당은 우유에 감미를 부여하지만, 자당의 감미에 약 16% 정도로 단맛이 훨씬 약하다. 유당은 95% 이상의 알코올, 에테르에 녹지 않으며 냉수에도 용해되지 않는다. 우리나라 사람들에게 많은 유당불내증은 소장의 점막상피세포의 외측막에 락타제가 결손되면서 유당의 분해와 흡수가 되지 않아 장을 자극하여 통증을 유발하는 증상이다.

④ 무기질

무기질은 칼슘과 나트륨, 인과 철분과 구리 등의 미량원소를 말한다. 우유에는 칼슘이 많아서 칼슘과 인의 함량 비율이 1:1로, 칼슘과 인의 좋은 공급원이다. 또한, 우유에는 40여 종이나 되는 효소가 함유되어 있다. 이러한 효소는 소화와 흡수율을 높여준다.

구분	주요 성분	구성 요소	생리 효과
단백질	카세인	알파 카세인	칼슘 흡수 촉진
		베타 카세인	칼슘 흡수 촉진
		카파 카세인	위산 분비 억제
	유청	알파 락트알부민	칼슘 흡수 촉진
		베타 락토글로블린	비타민 A 공급 가능
		프로테오스펩톤	비피도박테리아 증식
		면역글로불린	질병 예방
		락토페린	철분 흡수 촉진, 유해균 생육 억제
탄수화물	유당	알파유당	칼슘 흡수 촉진, 비피도박테리아 증식 촉진
		베타유당	에너지원, 뇌세포 구성 성분
지방	지방산	지방산	에너지원
	인지질	레시틴(PS, PE 등)	두뇌 및 세포막 구성 성분
미네랄	칼슘, 인		뼈 성장, 발육
	칼륨, 나트륨		체액 성분
비타민	수용성	비타민 B 외	각기병 예방 등
	지용성	비타민 A, D, E	피부 및 장관 점막 형성

〈우유의 구성 성분과 인체에 미치는 영향. 출처 : 우유 한잔의 과학〉

3) 우유 데우기

① 우유 스티밍(Milk Steaming)

에스프레소 머신의 보일러에서 만들어진 수증기를 이용해서 우유를 데우고 거품을 만드는 것을 말한다. 커피 메뉴 중 대부분을 차지하는 Variation 음료에는 우유가 대부분 들어가기 때문에 적절한 온도로 데우는 것과 Velvet Foam으로 만들어 주는 기술이 중요하다. 이렇게 만들어진 우유는 메뉴 제조나 라떼아트에 사용된다.

② 스티밍에 필요한 재료

㉠ 스팀피처

▲ 스팀피처

밀크저그, 밀크 컵 등으로 불리기도 한다. 스팀피처는 제조사마다 용량이 다양한데 카페에서 많이 사용되는 스팀피처는 1인 350ml, 2인 600ml, 3인 750ml, 4인 1,000ml 정도다. 재질은 대부분 스테인리스로 되어 있으며, 테프론 코팅이 된 피처도 있다. 테프론 코팅을 하면 내열성이 강해 스티밍을 할 때 열 손실을 막아 짧은 시간에 스티밍이 가능하며, 스티밍 후 온도를 유지시켜 오랫동안 우유 거품을 유지한다. 또한, 코팅력이 강해 우유 스티밍 후 우유 찌꺼기가 달라붙지 않고, 냄새 또한 흡착되지 않아 우유 비린내를 방지하며 세척이 간편하다.

㉡ 우유

스티밍에 사용되는 우유는 크게 일반 우유, 저지방 우유, 무지방 우유 등이 있다. 일반 우유는 시중에서 흔히 구입할 수 있는 우유로 UHT(초고온 순간 살균법)와 LTLT(저온 장시간 살균법) 법으로 가공된 우유를 말한다. LTLT법 우유는 비싸기 때문에 주로 UHT법으로 살균된 우유를 사용한다. 저지방과 무지방 우유는 우유의 지방 성분을 크게 줄이거나 제거해 주는 공법으로 만들어진 우유로, 열량이 낮은 메뉴를 즐기는 사람들이 찾는다. 우유의 지방이 적을수록 폼을 만들기 어렵기 때문에 저지방이나 무지방 우유를 스팅밍할 때는 더 세심한 주의를 기울여야 한다.

㉢ 두유

두유는 콩 우유라고도 하는 액상 콩 가공 제품으로, 불용성 성분인 비지를 제거한 콩의 물추출액이다. 또한 두부, 유부, 콩 치즈 등을 제조하는 중간 과정에서 생산되는 여과처리한 대두 추출물 그 자체를 두유라 부르기도 한다. 두유의 일반성분 조성은 수분 88~89%, 단백질 3.0~3.5%, 지방질 3.0~3.5%, 당 4.5~5.4%로서 성분조성이 우유와 유사하므로 우유에 알레르기가 있는 유아나 젖당(Lactose) 소화에 어려움이 있는 성인에게는 훌륭한 우유 대체 음료이기도 하다. 두유는 대두의 성분을 물로 추출한 것이므로 두유에 함유되어 있는 단백질은 수용성 단백질이고, 그중 85% 정도가 글리시닌(Glycinin)과 콘글리시닌(Conglycinin)이다. 카페에서 우유의 대체품으로 두유를 사용하거나 두유의 고소하고 단맛을 활용한 메뉴를 만드는 데 사용된다. 하지만 우유만큼 거품이 풍부하지 않고 커피와 조화를 이루는 맛이 우유보다 떨어지기 때문에 많이 사용하지는 않는다.

ⓔ 온도계

맛있는 우유 온도는 70℃ 정도다. 온도가 너무 높으면 비린 맛이 강해지고 너무 낮으면 밋밋한 맛이 된다. 온도계는 최적의 우유 스티밍 온도를 측정하기 위해 필요하다. 아날로그 방식과 디지털 방식, 적외선 방식의 온도계가 있는데 가장 정확히 온도를 측정하는 방식은 디지털이다. 아날로그의 경우 반응 속도가 느려 바리스타가 생각했던 온도보다 과다 스티밍되는 경우가 많고, 적외선 온도계의 경우 우유 표면의 온도를 측정하기 때문에 온도의 편차가 큰 편이다.

ⓜ 젖은 행주

스팀완드에 사용할 젖은 행주를 준비한다. 항상 에스프레소 머신의 스팀 완드에 놓고 전용으로만 사용해야 한다. 스팀 완드에 사용할 때는 사용 전/후에 스팀 완드를 닦아 주고 30분 단위로 행주를 세척하거나 교환해 준다.

③ 스티밍 방법

ⓖ 스팀노즐 확인

스티밍을 하기 위해서는 스팀노즐을 먼저 확인한다. 기계를 만드는 메이커마다 스팀노즐의 모양이나 스팀이 분사되는 구멍의 개수가 다르기 때문에 노즐의 구조를 먼저 숙지하고 스티밍 작업에 임해야 한다.

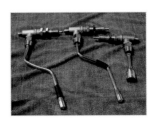

▲ 스팀노즐의 구조

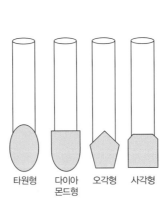

타원형　다이아몬드형　오각형　사각형

▲ 스팀노즐의 모양

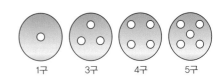

1구　3구　4구　5구

▲ 스팀노즐 구멍

ⓛ 예비 스팀 분사

스티밍 전 젖은 행주를 대고 스팀노즐을 기계 방향으로 향하게 한 뒤 스팀을 미리 분사해 준다. 스티머의 작동 여부와 노즐 안의 스팀 온도 조절, 노즐 구멍의 이물질 제거가 목적이다.

ⓒ 스티밍하기

▶ 공기주입

스팀노즐의 끝 부분을 우유 표면에 살짝 닿을 정도로만 담가서 우유 안에 공기를 넣어 주는 작업이다. 5℃ 정도 되는 우유를 40℃ 정도가 될 때까지 "치직" 소리가 나도록 계속적으로 공기를 주입해 준다. 이때 우유에 거품이 생기면서 피처 내 우유의 수위가 올라가므로 천천히 지속적으로 스팀피처를 아래로 내려 준다.

▲ 공기주입 방법

▶ 혼합하기

40℃까지 충분히 거품을 만들어 준 후 피처를 이동시켜 스팀노즐이 가장자리로 향하게 해 우유에 회전력을 준다. 이때 노즐은 피처의 반 정도의 깊이까지 들어가 있어야 하며 회전력이 생기면서 우유의 큰 거품을 제거해 주고 거품과 우유가 잘 섞여 점성이 생기도록 해 준다.

▶ 스티밍 완성

완성된 스티밍 우유는 표면이 매끄럽고 큰 거품이 보이지 않아야 한다. 표면에 큰 거품이 보일 경우 스팀피처를 바닥에 쳐서 거품을 깨 준다.

▲ 혼합하기 방법

ⓔ 스팀노즐 청소

스팀노즐을 젖은 행주로 깨끗이 닦아 우유 찌꺼기를 제거해 준다. 또한 예비 스팀 추출과 마찬가지로 젖은 행주를 대고 노즐은 기계 쪽을 향하게 한 뒤 마무리 추출을 해 준다. 스팀 구멍에 막혀 있을지도 모르는 우유 찌꺼기를 제거해 주는 동작이다.

ⓜ 우유 거품 따르기

스팀피처를 들어 7cm 높이에서 잔의 중앙에 서서히 우유를 따른다. 크레마를 안정화시켜 주는 동작으로 크레마 밑으로 우유 거품이 형성되어야 원하는 모양을 만들기 쉽다. 잔에 반 이상 우유가 차오르면 피처를 내려 잔의 가운데서 흔들면서 양을 늘려간다. 이렇게 우유 거품을 따르는 방법이 라떼아트의 기초다.

좋은 Milk Foam의 조건
① 지방이 없는 탈지우유(No Fat Milk)보다 지방이 많은 전지우유(Whole Milk)가 좋다.
② 초고온 순간 살균법(UHT)으로 만든 우유가 저온 장시간 살균법(LTLT)으로 만든 우유보다 더 안정된 거품을 만든다.
③ 우유는 저장 기간이 짧고 신선해야 좋은 밀크폼을 생성한다.
④ 우유 온도가 낮을수록 밀크폼 만드는 시간이 충분하므로 밀도가 높고 안정된 품질의 거품을 만들 수 있다.
⑤ 우유의 보관 온도가 5℃ 오를 때마다 유통기한은 반으로 줄어든다. 따라서 낮은 온도에 보관해야 한다.

④ 라떼아트

라떼아트는 에스프레소와 우유로 만드는 잔 안의 예술을 말한다. 라떼아트는 꽃과 나뭇잎을 만드는 것에서부터 시작되어 로제타, 동물, 캐릭터 등의 예술 작품으로 발전하였다. 라떼아트는 에스프레소 크레마, 고운 우유 거품, 바리스타의 숙련된 솜씨가 중요한 요소다.

▲ 로제타 라떼아트

ⓒ 로제타 만들기

▶ 크레마 안정시키기

에스프레소가 담긴 잔 가운데 스팀 밀크를 7cm 정도의 높이에서 서서히 부어 준다. 같은 위치에서 계속 부어 주면 크레마가 깨질 수 있으므로 서서히 움직여 준다. 잔에 절반 이상 우유가 찰 때까지 이 작업을 계속해 준다. 스팀피처의 높이를 낮춰 버리면 크레마가 깨지고 하얀 우유 거품이 올라오므로 주의하여야 한다.

▶ 띠 만들기

크레마가 안정되면 재빨리 스팀피처를 내려 잔에 밀착하고 좌우로 흔들어 준다. 흔드는 간격은 1cm 정도로 하고 잔의 중앙에서부터 뒤로 서서히 끌고 나간다. 천천히 뒤로 빠질수록 잎의 숫자가 많아지고, 잔에 붓는 스팀 밀크의 양과 좌우로 흔들어 주는 크기에 따라 나뭇잎의 크기와 모양이 달라진다.

▶ 마무리

띠를 만들면서 뒤로 뺀 스팀피처를 약간 들어 올리면서 밀고 나온다. 이때 양을 많이 부으면서 끝 부분에 오래 머물러 있으면 나뭇가지의 상단 부분이 커지므로 신속히 마무리한다.

ⓛ 하트 만들기

▶ 크레마 안정시키기

에스프레소가 담긴 잔 가운데 스팀 밀크를 7cm 정도의 높이에서 서서히 부어 준다. 같은 위치에서 계속 부어 주면 크레마가 깨질 수 있으므로 서서히 움직여 준다. 하트를 만들 때는 로제타와는 달리 우유가 잔의 가장자리에 닿지 않도록 해야 한다.

▲ 하트 라떼아트

▶ 원 만들기

우유가 잔의 절반 정도 차오르면 잔 중앙에서부터 하얀 원을 만든다. 스팀피처와 잔의 높이는 그대로 유지하면서 약간 앞으로 밀면서 계속 흔들어 주면 하얀 원이 생긴다. 스팀피처의 각도를 너무 급격하게 기울이면 하얀 원이 퍼져버리기 때문에 일정함을 유지한다.

▶ 마무리

로제타와 마찬가지로 스팀피처를 서서히 위로 올리면서 밀어 준다. 스팀피처를 밀어 올리는 각도와 우유 양에 따라 하트의 모양이 달라진다.

합격생의 비법 ......

라떼아트 순서

① 얼지 않는 선(약 2℃)에서 보관된 우유와 냉각된 피처를 사용한다.
② 음료의 주문량에 맞춰 우유를 피처에 담는다.
③ 스팀레버를 작동해 스팀 압력(1~1.5bar)을 확인한다.
④ 우유 표면 약 1cm 밑에 스팀노즐 분출구를 담그고 스팀레버를 작동시킨다. 노즐을 깊게 넣으면 우유의 온도만 오르고 거품이 생성되지 않는다. 노즐을 너무 얕게 넣으면 큰 거품이 만들어진다. "치직"하는 소리와 함께 거품이 서서히 차오르면 피처를 천천히 아래로 내려 준다.
⑤ 우유 온도가 40℃가 될 때까지 고운 거품을 충분히 내 주고 노즐을 담가 우유를 회전시키면서 큰 거품을 만듦과 동시에 점성을 높여 준다.
⑥ 우유 온도가 70℃가 넘지 않게 스팀레버를 닫아 종료해 준다.
⑦ 젖은 행주로 스팀노즐을 잘 닦아 준 후 스팀레버를 작동시켜 마무리 추출을 한다.
⑧ 스티밍이 된 우유 피처를 바닥에 "탕 탕" 소리가 날 정도로 두 번 쳐서 큰 거품을 깬 후 흔들어 위아래 거품을 섞는다.
⑨ 에스프레소가 들어간 잔의 약 7cm 높이에서 스팀밀크를 부어 크레마를 안정화시킨다.
⑩ 우유가 잔의 절반 이상이 차오르면 스팀피처를 아래로 내려 좌우로 흔들며 원하는 문양을 만들어 준다.

CHAPTER 02

물과 설탕

❶ 물

커피 추출액의 구성 성분 중 고형성분은 단 1~2%이고, 나머지 98~99%는 물이 차지한다. 따라서 커피의 맛은 물이 결정한다고 해도 무방하다. 같은 원두를 가지고 다른 물로 커피를 추출해 보면 맛과 향이 상당히 다르다. 따라서 물의 종류와 특징을 알고 커피 추출에 활용하면 많은 도움이 된다. 물은 인체의 60~70%를 차지하며 체온유지, 산소운반 및 노폐물의 배설, 영양분 흡수 등의 생리적 작용을 하는 데 있어 매우 중요한 역할을 한다. 몸에서 수분이 10% 이상 상실되면 이상이 나타나며, 30% 이상 상실이 되면 사망에 이른다. 성인은 하루 2~3리터 이상의 수분을 섭취해야 한다.

1) 물의 종류

화학적으로는 산소와 수소의 결합물이며, 천연으로는 도처에 바닷물 · 강물 · 지하수 · 우물물 · 빗물 · 온천수 · 수증기 · 눈 · 얼음 등으로 존재한다. 지구의 지각이 형성된 이래 물은 고체 · 액체 · 기체의 세 상태로 지구 표면에서 매우 중요한 구실을 해 왔다. 대기, 지표, 지하의 물은 계속 이동하기 때문에 사용하는 물은 계속 보충될 수 있다. 대기 중의 물은 주로 증발산에 의해 기체 상태로 존재하며, 대류에 의해 이동한다. 대기 중의 수증기는 대기온도의 변화에 의해서 응결되어 비, 눈, 우박 등의 형태로 내리게 되며 이를 강수라 한다. 이를 통해 지상에서 물이 다시 재분배된다. 이와 같은 물의 지표와 대기, 해양 사이의 자연적 이동을 물의 순환이라 하며 그 원동력은 태양에너지이다.

① 경수(Hard water, 硬水)

물에는 흔히 포함된 이온은 칼슘과 마그네슘 이온이다. 물에 녹아 있는 칼슘과 마그네슘 이온의 농도를 측정하여 270ppm(mg/l)을 초과하면 경수(Hard water) 또는 센물이라 한다. 경수에 비누를 가하면 칼슘염, 마그네슘염의 침전이 생기므로 세탁에는 적합하지 않다. 수돗물의 수질 기준에서는 경도를 300mg/ℓ 이하로 하고 있다.

② 연수(Soft water, 軟水)

칼슘 이온이나 마그네슘 이온의 함유량이 적은 물을 말하며 단물이라고도 한다. 물에 녹아 있는 칼슘과 마그네슘 이온의 농도가 60ppm 이하가 되는 물이다. 마시는 물의 기준은 약 300ppm 이하이다. 시판되는 생수병에 부착된 물 분석표에는 연수 기준보다 더 작은 농도의 칼슘과 마그네슘 이온을 포함하고 있다. 유럽과 같이 석회암 지대에서 생산되는 물은 이온 농도가 높은 것이 일반적이다.

2) 수원지에 따른 물의 분류

순수한 물 자체는 원래 pH 7로 정확히 중성이다. 물의 pH가 7보다 높으면 알칼리성이고, 낮으면 산성이다. 실생활에서 pH 7의 물은 증류수밖에 없는데 증류수는 마실 수 없다. 그 외의 다른 물에는 이온과 미네랄 등 여러 가지 물질이 녹아 있다. 먹는 물에 대한 환경부의 중성 기준은 pH 5.8~8.5이고, 세계보건기구의 기준은 pH 6.5~8.5이다.

좋은 식수가 되기 위해서는 ❶ 중성으로서, ❷ 적정한 양과 종류의 이로운 금속 이온을 함유하며, ❸ 해로운 중금속 양이온(크롬, 납, 비소, 카드뮴, 구리 등), ❹ 음이온(불소, 염소, 질산, 황산, 청산, 인산 등), ❺ 세균(대장균 등)이나 곰팡이, ❻ 고체 부유물(흙, 먼지, 모래, 유리섬유 등) 및 ❼ 일체의 유기물을 함유하지 않아야 한다. 요즘에는 지하수건 강물이건, 이런 모든 조건을 갖춘 천연수를 찾기는 쉽지 않다. 그래서 나름대로 처리해서 식수로 만든다.

물의 분류	특성
천수 (Rain Water)	• 비, 눈, 우박 등으로 주로 우수에 속함. 우수 자체로는 순수한 물에 해당되지만 강하하는 도중에 대기에 존재하는 먼지, 세균, 가스 등을 흡수하여 불순함 • 도시나 공업 지역의 우수는 아황산가스나 이산화탄소 등의 영향으로 pH가 저하되며, 일반적으로 천수의 pH는 5.6 정도임
지표수 (Surface Water)	• 하천, 호소수 및 저수지 등에 저장된 물 • 지하수에 비하여 탁도가 높고 유기물의 함량이 많아 세균 등 미생물이 번식하기 쉬움
정수물 (Purified Water)	• 가정용 정수기는 수돗물을 원수로 씀. 먼저 모래, 먼지 등의 고체 물질을 나일론 여과포를 이용해서 여과, 제거 • 더 많은 이온을 제거하기 위해서는 역삼투막(이온 여과막)을 통과시킴 • 물에 분산된 여러 가지 유기물을 제거하기 위해서는 활성탄 또는 중공사막(가운데가 빈 섬유로 만든 막)을 써서 여과 • 이온 제거에 중점을 둔 정수기에서는 이온교환수지 충전탑을 설치해 두기도 함 • 필터 내부에 세균이 쉽게 번식할 수 있으므로 주기적으로 교환해 주어야 함

수돗물 (Tap Water)	• 수돗물은 수도사업소에서 강물을 위와 유사하게 대량으로 처리한 다음, 소독을 위해서 염소를 약 4mg/ℓ 정도 가한 물 • 수도관을 통해서 각 가정으로 공급되는데 수도관은 폴리에틸렌 코팅을 입혀 사용 • 염소가 함유된 수돗물에 대해서는 불신이 가득한데, 이것은 쉽게 이해되지 않는 현상. 인간의 위 속에는 pH 1.0 농도 정도의 염산이 들어 있으므로 사실 4mg/ℓ 정도의 염소는 걱정할 필요가 전혀 없음. 그래도 마시는 것이 꺼려진다면 끓여 마시거나 1시간 정도 실온에서 방치한 뒤 마시면 걱정하지 않아도 됨
지하수 (Underground Water)	• 지하수는 강수와 강수의 일부가 침투 및 침루해서 생기는 물 • 땅속의 지층이나 암석 사이의 빈틈을 채우고 있거나 흐르는 물 • 지하수의 수질은 지질에 의해서 크게 영향을 받지만, 일반적으로 무기질이 풍부하여 경도가 높으며 철간이나 망간이 포함되는 경우가 많음 • 지하에 있는 물을 모두 지하수라고 하지는 않으며, 지하 깊은 곳의 마그마에서 유래된 처녀수(處女水)나 암석 중에 있는 결정수(結晶水)와는 구별됨 • 물속에 무기염류가 녹아 들어 있기 때문에 미네랄이 풍부 • 암반수, 광천수, 용천수 등이 이에 해당 • 지하수는 지하에 용존될 수 있는 무기물질을 많이 함유하고 있어 경도와 알칼리도가 높음
빙하수 (Glacial Water)	• 빙하가 녹은 물로, 활성 수소가 풍부하고 불순물이 거의 없으며 천연 육각수 구조를 유지하고 있음 • 동의보감에서는 빙하수를 납설수(臘雪水)라 칭함. 성질은 차며 맛은 달고 독이 없음 • 돌림열병, 온역, 술을 마신 뒤에 갑자기 열이 나는 것, 황달을 치료하는 데 여러 가지 독을 풀어 줌. 이 물로 눈을 씻으면 열기로 눈에 피가 진 것(熱赤)이 없어짐 • 약알칼리성이며 소량의 천연원소가 포함되어 있어 성인병 예방에 좋음
해양 심층수 (Deep Ocean Water)	• 태양광이 거의 미치지 못하는 깊이가 200m 이상인 바다의 물 • 광합성에 의한 유기물 생산보다도 유기물의 분해가 쉽게 진행되며, 인이나 질소 등의 영양분이 풍부한 반면 지상에서 들어오는 병원균이나 유해물질이 적음 • 청정상과 저수습성, 수질 안정성의 특징이 있어 무기이온수나 맥주, 간장, 화장품 등 여러 가지 상품에 이용됨 • 미네랄류가 풍부하다고 하지만, 분석 결과 미네랄 성분의 함유량은 해면 근처의 해수와는 거의 변화가 없음 • 혈행 개선 등 여러 가지 건강 기능이 기대되지만 뒷받침되는 과학 자료는 부족

3) 상수처리

① 상수원

상수원은 수질이 좋고 수량이 풍부해야 하며, 급수지역과 가급적 가까워야 한다. 또한 급수지역보다 높은 곳에 위치해야 급수가 용이하다. 상수도 체계는 취수 → 도수 → 정수 → 송수 → 배수지 → 배수 → 급수로 구성된다.

ⓐ 취수 : 수원에서 필요한 양만큼의 물을 모으는 것

ⓑ 도수 : 수원에서 정수장까지 도수로를 통해 공급되는 것

ⓒ 정수 : 정수장까지 도수로를 통해 공급되는 것

ⓓ 송수 : 정수 처리된 물을 배수지로 송수하는 것

ⓔ 배수 : 급수될 물이 있는 배수장

ⓕ 급수 : 배수관에서 수도관으로 보내는 것

② 여과법

여과법에는 완속사여과법과 급속사여과법이 있다. 급속사여과법의 여과 속도는 완속사여과법의 10~50배에 달한다.

③ 소독법

㉠ 염소소독법

잔류효과가 크고 가격이 저렴해서 취급이 용이한 액체염소가 널리 사용된다. 염소는 활성이 강해서 부식성이 있고, 낮은 농도에서도 살균력을 가지고 있다. 염소 주입량은 염소요구량과 잔류염소량을 합한 것을 말한다. 여과 시 수생식물 번식 방지로 정수효과를 높이기 위해서 산전염소처리를 하거나, 안전 살균을 목적으로 사후염소처리를 하기도 한다.

㉡ 염소화합물에 의한 소독

표백분 $CaOCl_2$, Ca_2 등을 사용하거나 치아염소산나트륨, 크로르칼키 등을 사용해 소독하는 방법을 말한다. 우물 소독에는 크로르칼키가 많이 사용되고 있다.

㉢ 염소의 성질

염소는 살균, 철/망간 등의 산화, 이상한 맛과 냄새를 억제하는 효과가 있다. 또한 페놀과 화합해서 불쾌한 냄새를 발생시키고, 휴박물질과 반응하여 발암성 물질인 트리할로메탄을 생성하고, 기타 유해 염소 화합물을 생성시키는 2차적인 피해를 낳기도 한다.

㉣ 자외선법

파장이 200~300nm인 자외선의 살균력을 활용하여 소독하는 방법을 말한다.

ⓜ 오존법

강한 산화력에 의한 소독으로 침전물이나 이취를 발생시키지 않는 장점이 있지만, 전력 비용이 많이 들어 경제성이 떨어지는 단점이 있다. 공기에 전기를 통해서 O_2를 발생시켜 이를 처리수에 혼합시키는 방법이다.

4) 커피 추출에 적합한 물은?

일반적으로 커피 추출에 적합한 물은 냄새가 없고 맑아야 하며 염소 성분이 완전히 제거되어 있어야 한다. 미네랄 함량이 많은 물이 커피의 본연의 맛과 향을 살려 주지만, 해양심층수처럼 특수한 물을 사용하려면 비용이 많이 들기 때문에 대부분 수돗물을 정화한 연수물이나 정수물을 사용한다. 카페에서 사용하는 정수기나 연수기는 사용량에 따라 다르지만 3~6개월에 한 번씩 주기적으로 필터를 교환해 커피 향에 영향을 주는 잡내나 성분을 미리 방지하는 것이 좋다.

❷ 얼음

물이 고체 상태로 된 것을 말한다. 액체 상태의 물의 동결, 수증기의 승화, 적설의 압축, 눈덩이 속에의 물의 침입이나 동결 등의 과정에 의하여 형성된다. 대기 중에서는 빙정 · 눈송이 · 우박 · 싸라기 등, 지상에서는 서리 · 상고대 · 비얼음 · 바다얼음 · 빙하 · 육빙 등의 형태가 포함된다.

카페에서는 일반적으로 정육면체 또는 직육면체 얼음을 많이 사용한다. 정육면체 얼음이 직육면체에 비해서 금방 녹지 않아서 음료를 시원하게 오랫동안 즐길 수 있는 장점이 있다. 이외에도 사각얼음, 반달얼음, 조각얼음, 가루얼음 등이 있다.

1) 얼음의 종류

종류	특징
블록 아이스(Block of Ice)	큰 덩어리 얼음
럼프 아이스(Lump of Ice)	작은 덩어리 얼음
크랙트 아이스(Cracked Ice)	큐브드 아이스(Cubed Ice) 정도로 깬 얼음
큐브드 아이스(Cubed Ice)	정육면체 또는 직육면체로 된 얼음
크러시드 아이스(Crushed Ice)	잘게 갈아 낸 얼음
셰이브드 아이스(Shaved Ice)	빙수용 얼음처럼 깎아 낸 얼음

2) 제빙기(Ice Maker)

얼음통에서 대형의 얼음을 만드는 각빙 제조장치(Block Ice Machine)와 소형의 얼음(Small Ice)을 제조하는 자동제빙기로 구별된다. 카페에서 흔히 사용하는 자동제빙기는 결빙면에 물을 흘리거나 물을 뿌리고 결빙면을 냉매로 직접 냉각하는 방식으로 얼음의 형상은 플레이크(Flake), 플레이트(Plate), 원통형(Shell), 튜브(Tube) 등 다양하다. 제빙기는 타이머에 설정된 속도에 맞추어 얼음을 만들어 내는데 그 주기를 짧게 조정하면 두께가 얇은 얼음을 많이 만들 수 있고, 길게 조정하면 양은 적지만 두께가 두꺼운 얼음을 만들어 낸다. 제빙기에는 두 종류가 있다.

① 수냉식(Water-cooling) 제빙기

고압가스를 물로 액화시키는 방식이다. 제빙기에서 발생한 열을 기계 내부를 도는 물로 식힌다. 물 소비량이 많지만, 소음과 전기 사용량이 적어 효율적이다.

② 공냉식(Air-cooling) 제빙기

고압가스를 공기로 액화시키는 방식이다. 제빙기에서 발생한 열을 외부와 연결된 팬을 이용해 공기로 식힌다. 팬이 작동하기 때문에 열이 발생하고 전기 사용량도 많다.

③ 제빙기의 용량

카페에서 일반적으로 사용하는 제빙기의 용량은 50~270kg까지 다양하다. 보통 카페의 규모에 맞게 사용하는데 10평 이내는 50kg, 20평 내외는 70kg, 40평 이상의 카페에는 80kg 정도의 제빙기를 사용한다. 아이스 음료가 많이 팔리는 여름철에는 얼음의 사용량이 많으므로 큰 제빙기가 있으면 도움이 되지만 제빙기가 클수록 더 많은 공간을 차지하기 때문에 적정 용량을 선택하는 것이 좋다.

④ 제빙기 관리법

제빙기를 설치할 때에는 연수기를 같이 설치하는 것이 좋다. 보통 커피머신기의 연수기와 함께 물려 많이 사용하기도 한다. 얼음 사용량이 많은 여름철에는 영업 마감 시간에 안에 있는 얼음을 모두 비우고 구석구석 깨끗이 닦아 세균을 제거해야 한다. 제빙기를 처음 사용하거나 청소 후 사용할 때 처음 나온 얼음은 버리고 두 번째 얼음부터 쓰는 것이 좋다. 또한, 얼음 스쿱은 제빙기 안에 두지 말고 따로 보관해야 위생상 문제가 없다.

③ 설탕

커피에 설탕을 넣어 마시기 시작한 것은 1715년경부터이다. 프랑스의 국왕 루이 15세(혹은 14세라는 주장도 있음)가 커피의 맛을 높이기 위해 설탕을 첨가해서 마셨다는 설이 커피 역사가들 사이에 전해 오는 정설이다. 그 당시에는 정제된 설탕이 없어서 원당(Raw Sugar)을 사용했는데, 원당을 에스프레소에 넣어 마시는 이 음료를 '에스프레소 쿠바노(Cubano)'라 불렀다.

설탕은 최초의 천연 감미료로 열대 지방에서 자라는 사탕수수(Sugar Cane)와 온대지방에서 자라는 사탕무(Sugar Beet)에서 '당즙'을 추출한 후 불순물을 걸러내고 가공한 것이다. 설탕은 인체에 꼭 필요한 3대 영양소 중의 하나인 탄수화물의 원천이며, 1g 정도를 섭취하면 4kcal의 열량이 나오는 고열량 식품이기도 하다.

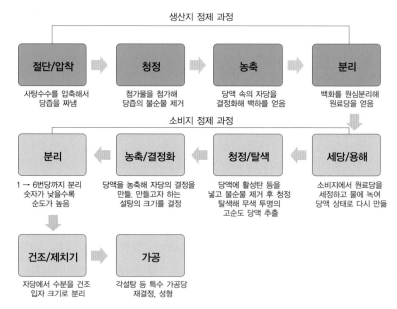

▲ 설탕의 제조 과정

합격생의 비법 ◉

설탕 시럽 만들기
① 설탕 500g을 재서 볼이나 냄비에 담는다.
② 뜨거운 물 500㎖를 계량해 볼이나 냄비에 부어 준다.
③ 볼에서 시럽을 만들 경우 설탕이 완전히 녹을 때까지 저어 주고, 냄비에서 만들 경우 약불로 설탕이 완전이 녹을 때까지 가열해 준다.
④ 설탕은 백설탕을 사용하고, 물과 설탕의 비율은 1:1 혹은 1:2로 원하는 농도에 따라 조절한다.

커피에 있어서 설탕은 커피의 쓴맛을 줄여 주어 커피의 식감을 더해준다. 커피에 가장 적합한 설탕은 순수하게 정제된 백설탕이다. 백설탕은 당 성분 외에 다른 성분이 거의 들어 있지 않은 순수 정제당이기 때문이다. 흑설탕은 당밀의 냄새가 강해 커피의 향을 방해할 수 있고, 각설탕은 양 조절이 힘들며 단가가 비싸다.

요즘은 Coffee Sugar를 많이 사용하는데 결정이 다 녹기 전에는 쓴맛을 내다가 다 녹고 난 후 단맛이 점차 강해져 설탕을 녹이면서 다양한 맛을 연출할 수 있다. 극한 단맛을 추구하는 사람 중 더러는 설탕 대신 아스파탐(Aspartame)이나 사카린(Saccharin)을 넣는 경우도 있다. 아스파탐이나 사카린은 합성 감미료로 설탕의 200~500배 가까운 단맛을 낸다. 또한, 칼로리가 Zero이긴 하지만 일정량 이상을 지속적으로 섭취하면 신장에 이상이 생길 수 있다는 연구 결과도 있고 오히려 당뇨병에 좋다는 연구 결과도 있다.

4️⃣ 커피에 어울리는 기타 재료

① **초콜릿** : 설탕 대신 초콜릿을 넣어 마시면 달콤한 초콜릿 향과 쌉쌀한 뒷맛이 일품이다.

② **레몬류** : 레몬, 오렌지, 귤 등 Citrus한 향미가 있는 과일은 커피와 잘 어울린다. 커피에 즙을 직접 넣어 마시거나 커피를 마실 때 섭취하면 좋다.

③ **허브** : 민들레, 치커리, 둥굴레 등 허브 잎이나 차를 넣어 주면 커피 향과 잘 어울린다.

④ **계란** : 흰자만 받아서 거품기에 넣은 후 거품을 낸다. 이를 커피에 섞어 마시면 색다른 맛이 난다.

⑤ **버터** : 우유의 지방을 굳게 한 것이 버터다. 강배전된 커피에 버터를 한 조각 넣어 마시면 고소하고 부드러운 맛이 연출된다.

⑥ **술** : 위스키, 맥주, 와인, 럼, 보드카 등을 이용해 커피 칵테일을 만들면 색다른 메뉴가 탄생한다.

⑦ **향신료** : 다양한 향신료를 커피에 분쇄할 때 소량 넣어 같이 분쇄하면 다양한 향을 낼 수 있다. 다만 커피 본연의 향을 해치지 않을 정도의 양만 사용한다.

⑧ **크림** : 액상 크림은 동물성 크림으로 칼로리가 높지만 커피 위에 올려 주면 달콤함과 부드러운 식감을 선사한다. 분말 크림은 식물성이지만 인스턴트 커피와 잘 어울리고 원두 커피에는 잘 어울리지 않는다.

⑨ **소스** : 소스는 묽은 시럽과는 달리 걸쭉한 죽 형태로 만든 재료다. 따라서 음료의 맛을 더 풍부하게 해 주는 효과가 있다. 주로 초콜릿, 화이트초콜릿, 캐러멜 소스 등이 카페에서 많이 사용하는 소스다.

⑩ **시럽** : 음료에 맛과 향, 단맛을 더해 주는 재료로 다양한 종류의 시럽이 존재한다. 시럽을 넣는 목적은 메뉴에 향을 더해 주기 위한 것으로 각각의 메뉴에 맞게 선택해 사용한다.

합격을 다지는 **예상문제**

1. 우유를 교반시켜 거품을 일으키는 현상에 대해 틀리게 설명하고 있는 것은?

① 카세인은 우유 단백질의 일종으로 거품을 풍부하게 만들어 준다.
② 우유를 30℃ 이상으로 가열해 주면 표면장력이 감소한다.
③ 우유는 순수한 물보다 표면장력이 높다.
④ 기포 주변의 단백질 입자 농도는 거품 형성을 용이하게 해 준다.

1. 우유는 물보다 표면장력이 낮다.

2. 우유가 흰색을 띠게 하는 주된 성분은 무엇인가?

① 카세인 미셀
② 당질
③ 무기질
④ 단백질

2. 카세인 미셀 및 우유 지방구가 빛을 난반사함으로써 우유가 희고 불투명하게 보인다.

3. 유당불내증은 우유를 마시고 소화가 잘 되지 않는 증상을 말한다. 이에 대해 바르게 설명하고 있는 것은?

① 백인이 황인종이나 흑인종보다 유당불내증이 심하다.
② 유당불내증은 유전적인 요인보다는 후천적으로 많이 발생한다.
③ 한국인은 유당불내증이 많지 않은 편이다.
④ 한국인은 대부분 중학교 고학년이 되면 유당불내증이 나타나는 후천적 유당불내증 증상을 보인다.

3. 유당불내증은 백인보다 황인종이나 흑인종이 많고, 유전적으로 물려 받는 경우가 많다. 우리나라는 특히 유당불내증을 가진 사람이 많다.

4. 우유를 40℃ 이상으로 가열할 때 표면에 형성되는 피막의 주성분은 무엇인가?

① 비타민
② 베타-락토글로불린
③ 당질
④ 카세인

4. 베타-락토글로불린은 가열에 의해 변형되기 쉬운 단백질이다.

5. 우유에서 발생되는 이상취의 원인이 되는 것은?

   ① 유당
   ② 자당
   ③ 카세인
   ④ 부티르산

5. 락트 알부민과 부티르산에 의해 이상취가 생긴다.

6. 다음 중 가열에 의한 우유성분의 변화에 대해 바르게 설명한 것은?

   ① 유청단백질의 대부분은 열 변성으로 인해 용해성이 감소한다.
   ② 탄산가스를 비롯한 가스가 많아진다.
   ③ 마이야르 반응은 온도가 높을수록 느리게 진행된다.
   ④ 비타민은 부분적으로 고온에서 생성된다.

6. 탄산가스 등의 가스는 제거되고, 비타민은 고온에서 제거된다.

7. 우유의 영양소에 대해 바르게 설명하고 있는 것은?

   ① 가열 온도가 높을수록 가용성 칼슘이 감소한다.
   ② 비타민 C는 우유의 살균 과정에서 손실이 없다.
   ③ 가열 처리에 의하여 영향을 받는 무기질은 칼슘, 마그네슘 등이다.
   ④ 가열 처리의 영향을 받지 않는 무기질은 나트륨, 칼륨, 염소 등이다.

7. 가열 온도가 높으면 가용성 칼슘은 증가하고, 비타민 C는 살균 과정에서 많이 손실된다. 칼슘, 마그네슘은 가열 처리의 영향을 받지 않는다.

8. 우유 스티밍 시 공기주입은 몇 ℃ 안에서 이루어져야 하는가?

   ① 약 15℃
   ② 약 25℃
   ③ 약 35℃
   ④ 약 45℃

8. 40℃ 이내인 약 35℃ 안에서 이루어져야 한다.

9. 물의 냄새를 제거하는 데 가장 좋은 것은?

   ① 이산화탄소
   ② 활성탄
   ③ 아황산가스
   ④ 염소

9. 물의 탈취, 탈색은 침전 및 여과지에 활성탄을 첨가하여 제거한다.

10. $Ca(OH)_2$, $NaCo_3$를 이용해 제거한다.

10. 물의 경도 제거에 사용되는 약품은 무엇인가?

① $Ca(OH)_2$

② CO_2

③ Mn

④ O_2

11. 수중생물 번식방지로 여과막이 막히지 않도록 하는 데 목적이 있다.

11. 물을 정수 처리할 때 사전 염소 처리를 하는 목적은?

① 수중생물 번식 방지

② 냄새 제거

③ 무기질 제거

④ 유기물질 제거

12. 물의 경도를 발생시키는 대표적인 물질은 칼슘과 마그네슘이다.

12. 물의 경도를 발생시키는 대표적인 물질은?

① 산소이온

② 황동이온

③ 마그네슘 이온

④ 망간이온

13. 페놀류는 염소와 결합하여 불쾌한 냄새를 유발한다.

13. 물속에 아주 적은 양만 존재해도 악취를 발생시키는 성분은?

① 망간

② 동

③ 은

④ 페놀

14. 조류는 극히 작은 엽록소를 가진 수중식물을 총칭한다.

14. 수돗물에서 비린내나 풀 냄새 등의 원인이 되는 것은?

① 마그네슘

② 조류

③ 후생동물

④ 칼슘

15. 엔테로 바이러스는 해당 사항이 없다.

15. 먹는 샘물 기준에 포함되지 않는 성분은?

① 살모넬라균

② 엔테로 바이러스

③ 노로바이러스

④ 분원성 연쇄상구균

16. 물을 끓였을 때 제거되는 물질은?

① 클로로포롬
② 황화수소
③ 벤젠, 톨루엔
④ 아황산가스

17. 수인성 전염병의 특징이 아닌 것은?

① 유행지역이 한정된다.
② 다수 집단적 폭발적으로 발생한다.
③ 발병률은 높으나 치명률은 낮다.
④ 2차 감염이 많다.

18. 활성탄 처리로도 제거되지 않는 성분은?

① 시안
② 크셀린
③ 벤젠
④ 트리클로로메탄

19. 공기, 물, 무균실 등의 소독에 사용되는 것은?

① 베타선
② 알파선
③ 자외선
④ X선

20. 배수관에서 각 가정의 수도관으로 수돗물을 보내는 과정은?

① 정수
② 급수
③ 배수
④ 송수

ANSWER

1. ③	2. ①	3. ④	4. ②	5. ④
6. ①	7. ④	8. ③	9. ②	10. ①
11. ①	12. ③	13. ④	14. ②	15. ②
16. ③	17. ④	18. ①	19. ③	20. ②

PART 6

위생과 서비스

COFFEE

ESPRESSO

MOCHA

CHOCOLATE
MILK

MACCHIATO

AMERICANO

IRISH
COFFEE

FLAT WHITE

CAPPUCCINO

DOPPIO

GLACE

FREDDO

LATTE

FRAPPUCCINO

CARAMEL
MACCHIATO

FRAPPE

CHAPTER 01

식품위생

1 식품위생의 정의

세계보건기구(WHO)의 환경위생전문위원회에서 정의한 식품위생이란 '식품의 재배, 생산, 제조로부터 최종적으로 사람에 섭취되기까지의 모든 단계에 걸친 식품의 안전성, 건전성 및 완전무결성을 확보하기 위해 필요한 모든 수단'을 말한다. 이는 식품위생의 범위를 원료의 생산으로부터 소비까지를 포괄하고 있으며 소비자의 입장에서는 완전무결한 식품을 얻을 수 있는 조건을 제시했다는 점에서 의의가 있다.

2 식재료 검수 방법

1) 검수 시 제품 온도 조건

① **냉장제품** : 5℃ 이하에서 검수한다.
② **냉동제품** : 언 상태 유지, 녹은 흔적이 없어야 한다.
③ **일반채소** : 상온에서 신선도를 확인한다.
④ **전처리된 채소** : 10℃ 이하에서 검수한다.

2) 저장 방법

① **저장 온도**
㉠ 상온 저장 : 15~25℃에서 보관한다.
㉡ 냉장 저장 : 5℃ 이하(상하기 쉬운 재료 3℃ 전후 유지)에서 보관한다.
㉢ 냉동 저장 : −18℃ 이하에서 보관한다.
㉣ 건조 저장 : 온도 15~21℃, 습도 50~60% 상태를 유지한다.

3) 안전한 위생관리를 위한 키포인트

① 냉장, 냉동 온도를 유지하고 지속적으로 확인 관리한다.

② 식자재 보관리스트를 활용해 보관 기한을 관리한다.

③ 선입선출 관리(Data Mark)법에 의거 관리한다.

④ 식재료 종류별 구분 보관한다.

⑤ 개봉한 식재는 밀봉 후 표시사항 표기 후 보관한다.

⑥ 손상 방지를 위한 적절한 포장 상태로 관리한다.

⑦ 주기적인 청소 관리를 시행한다.

합격생의 비법 ⦿

선입선출법(First In First Out)이란?
먼저 구입한 물건을 항상 선반 앞쪽에 진열해 먼저 사용할 수 있도록 하는 방법을 말하며, 부패 또는 변질이 우려되는 식품을 먼저 구입해서 사용하도록 하는 방법이다.

4) 저장 방법

① 식재 · 비식재를 구분해서 보관한다.

② 식자재 바닥 방치 금지 : 15cm 이상 높이에 보관해야 한다.

③ 적정 온 · 습도를 유지하고 1일 1회 확인(곰팡이 발생 방지)한다.

④ 선입선출이 가능하도록 배치한다.

⑤ 소분 보관 시 제품명, 유통기한 반드시 표기한다.

⑥ 방충 · 방서 확인 후 오염 제품 발견 시 즉시 폐기한다.

5) 식재료 전처리

① 식재료 전처리 기본 사항

㉠ 25℃ 이하에서 2시간 이내 수행한다.

㉡ 깨끗한 손으로 작업해야 한다.

㉢ 식품 내부 온도가 15℃를 넘지 않도록 해야 한다.

㉣ 식품용수에 적합한 물과 식품용 재질의 적합한 용기를 사용한다.

㉤ 사용할 기구 및 용기는 세척, 소독한 것 사용(70% 알코올 분무)한다.

㉥ 조리대는 항상 정리정돈해야 한다.

㉦ 작업과 작업 사이에 알코올 소독을 실시한다.

㉧ 세제는 용도별로 올바르게 사용한다.

㉨ 용도별 세제 종류(보건복지부'위생용품의 규격 및 기준')

1종	2종	3종
야채 또는 과실용 세척제	식기류용 세척제(자동식기세척기용 또는 산업용 식기류 포함)	식품의 가공 기구, 조리기구용 세척제

② 식재료의 세척 및 소독

㉠ 세척

- 용도별 구분 사용 : 어류 · 육류 · 채소류용으로 구분해서 사용한다.
- 용도별 구분 사용 불가한 경우 : 일반적 위해도에 따라 처리한다(채소류 〉 육류 〉 어류 〉 가금류).

6) 재료별 보관 및 저장

① 식약청 권고기준 재료별 보관 조건 및 저장 방법

분류	품명	보관 온도(℃)			최적 보관 기간(최장 보관 기간)			비고
		상온	냉장	냉동	상온	냉장	냉동	
주식류	쌀	15~25℃			3개월			곰팡이 발생 전까지 사용 가능
	보리쌀	15~25℃			3개월			
	밀가루	15~25℃			3개월 (9~12개월)			
	식빵	15~25℃			48시간			
	건면	15~25℃			4개월			
	라면	15~25℃			3개월			
	시리얼	15~25℃			(6개월)			
	마카로니, 스파게티	15~25℃			(2~4개월)			
채소류	엽채류	4~6℃			1일			채소를 씻은 상태
		15~26℃			3일			채소를 씻지 않은 상태
	근채류	4~6℃			2일			
		15~25℃			3개월			무 : 보관일 7일
	과채류	7~10℃			5일			
		15~25℃			3일			무 : 보관일 7일
	감자류, 뿌리채소류	20℃			(7~30일)			씻지 않은 상태
조미료류	간장	25			6개월(1년)			
	된장	25			1개월 (6개월)			
	고추장	25			1개월 (6개월)			
	고춧가루	25			3개월 (6개월)			서늘하고 통풍이 양호한 곳에 보관

분류	품목	실온(℃)	냉장(℃)	냉동(℃)	저장기간	냉장기간	냉동기간	비고
양념류	식초	25			1년(2년)			서늘하고 직사광선 피해서 보관
	향신료	25			(6개월)			건조저장 : 습도 50~60%
	겨자	25			(2~6개월)			
	소금	25			(무기한)			
	소스류	25			(2년)			
감미료	설탕	25			(1년)			건조저장 : 습도 50~60%
	흑설탕	25			(1년)			
	시럽, 꿀	25			(1년)			
유지류	참기름	15~25			1년(6개월)			
	들기름	15~25			15일(3개월)			
	미강유	15~25			8개월(1년)			
	옥수수 기름	15~25			8개월(1년)			
	콩기름	15~25			8개월(1년)			
	마요네즈	15~25			(2개월)			건조저장 : 습도 50~60%
	샐러드 드레싱	15~25			(2개월)			
	샐러드 오일	15~25			(6~9개월)			
	쇼트닝	15~25			(2~4개월)			
육류	쇠고기		4	-12~-18		3일~5일	1개월~3개월	냉장 또는 냉동 상태로 보관
	돼지고기		4	-12~-18		2일~3일	15일~1개월	
가금류	닭고기		4	-12~-18		2일~3일	15일~1개월	냉장 또는 냉동 상태로 보관
기타 어육류	두부류		4	-12~-18		1일~2일	15일~1개월	찬물에 담갔다가 냉장시키거나 찬물에 담가 보관
	달걀		4	-12~-18		7일~2주	15일~1개월	씻지 않고 냉장 상태로 보관
우유 및 유제품류	우유		10			(약 7일)		미개봉
	버터		10			(6개월)		(가염품) 미개봉
	치즈		5			(6~12개월)		가공치즈, 미개봉

		15~21	−18 이하			건조저장 : (습도 50~60%)
통조림류	과일	15~21		(1년)		건조저장 : (습도 50~60%)
	과일주스	15~21		(6~9개월)		
	해산물	15~21		(1년)		
	수프	15~21		(1년)		
	채소	15~21		(1년)		
기타	아이스크림		−18 이하		(3개월)	
	과일주스		−18 이하		(8~12개월)	
	감자튀김		−18 이하		(2~6개월)	
	케이크		−18 이하		(3~4개월)	
	과일파이		−18 이하		(3~4개월)	
	베이킹 파우더, 베이킹소다	15~21		(8~12개월)		건조저장 : (습도 50~60%)
	건조된 콩	15~21		(1~2년)		
	과자, 크래커	15~21		(1~6개월)		
	건조한 과일	15~21		(6~8개월)		
	잼, 젤리	15~21		(1년)		
	피클	15~21		(1년)		

7) 소독의 종류 및 활용법

① 살균 · 소독

식품위생에서 살균 · 소독이란 물리화학적인 방법으로 유해 미생물을 사멸, 또는 불활성화하거나 오염을 방지하는 것을 의미한다.

② 물리적 살균 · 소독

㉠ 자외선 살균법 : 살균력이 강한 2537 A° 자외선(UV)의 조사(照射)를 통하여 세균 등의 세포내 핵산(DNA)을 변화시켜 신진대사에 장해와 증식 능력을 잃게 하여 세균을 사멸시킨다. 거의 모든 균종에 효용이 있으며, 자외선은 공기와 물만 투과하므로 피조사물의 표면 살균에 효과적이다. 살균력은 균 종류에 따라 다르며, 같은 세균이라도 조도, 습도, 거리에 따라 효과가 다르다.

ⓒ 방사선 살균법 : Co-60이나 Cs-137 같은 방사선 동위원소로부터 방사되는 투과력이 강한 γ선이 세균 등의 핵산(DNA)을 손상시켜 사멸시킨다.

ⓒ 열탕 소독법 : 끓는 물을 이용하여 소독하는 방법으로 식기나 행주 소독에 사용된다.

③ 화학적 살균 · 소독

조리기구(도마, 칼, 가열조리기구 등), 시설(작업대, 싱크대 등), 기타 수세미 등의 살균 · 소독에는 화학물질을 이용한 살균 · 소독 방법이 가장 많이 사용되며 그 구분은 다음과 같다.

구분	유효 성분
염소계	차아염소산나트륨, 이염화이소시아눌산나트륨 등
알코올계	에탄올
4급 암모늄계	염화디-n-알킬(C_8-C_{10})디메틸암모늄, 염화알킬(C_{12}-C_{18})벤질디메틸암모늄 등
과산화물계	과산화수소, 과산화초산 등
요오드계	요오드, 요오드칼륨 등
기타	타구연산, 젖산 등

④ 살균 · 소독 작용기작

살균 · 소독제가 세포막을 통과하여 세포 내 효소를 파괴하고, 세포벽 파괴 및 산화작용으로 세균을 사멸시킨다.

⑤ 효과적인 살균 · 소독 방법

살균 · 소독에 있어 가장 우선적으로 해야 할 사항은 세척이다. 표면에서 오염물을 제거하지 않고는 오염물이 살균 · 소독에 방해되기 때문이다. 따라서 올바른 살균 · 소독법은 세척 → 헹굼 → 살균 · 소독의 순서로 해야 한다.

⑥ 사용 목적에 따른 살균 · 소독제 사용 농도

ⓒ 과일 채소 등 신선섭취 음식 예 염소계 소독제 100ppm 이하로 한다.

ⓒ 식기류 및 조리기구 예 염소계 소독제 200ppm 이하로 한다.

⑦ 노로바이러스 식중독 예방을 위한 살균 · 소독 요령

노로바이러스는 오염된 지하수 및 사람을 통해 빠르게 전파되기 때문에 평상시, 발생 우려 시, 사고 발생 후 등 3단계로 나누어 살균/소독을 하여야 한다.

합격생의 비법 ·················· ●

식중독 예방 3대 원칙

ⓒ 청결의 원칙 : 식품은 위생적으로 취급하여 세균오염을 방지, 손을 자주 씻어 청결유지

ⓒ 신속의 원칙 : 세균증식 방지를 위하여 식품은 오랫동안 보관하지 않는다. 조리된 음식은 가능한 한 바로 섭취한다.

ⓒ 냉각 또는 가열의 원칙 : 조리된 음식은 5℃ 이하 또는 60℃ 이상에서 보관, 가열조리가 필요한 식품은 중심부 온도가 75℃ 이상 되도록 조리

- 평상시 : 200ppm
- 발생 우려 시 : 1,000ppm
- 사고 발생 후 : 5,000ppm

특히, 노로바이러스 의심 식중독 발생 시 구토물과 분비물, 오염된 부위 및 시설 등은 1,000ppm 이상의 높은 농도로 살균·소독을 하여 2차 감염을 방지하여야 한다.

⑧ 소각

오염이 의심되거나 오염된 물품은 불에 완전히 태워야 한다.

⑨ 증기소독

유증기를 활용하여 소독기 안의 공기를 빼고 1시간 이상 100℃ 이상의 습열소독을 해야 한다. 증기소독으로 더럽혀지거나 손상될 우려가 있는 물품은 다른 방법으로 소독한다.

⑩ 끓는 물 소독

100℃ 이상의 물속에 넣어 30분 이상 살균한다.

⑪ 약물 소독

석탄산 3% 수용액의 석탄산수, 크레졸액 3% 수용액의 크레졸수, 승홍 0.1%/식염수 0.1%/물 99.8% 혼압액으로 이루어진 승홍수, 생석회, 크로칼키 5% 수용액의 크로칼키수, 포르말린, 기타 석탄산 3% 수용액에 해당하는 소독력이 있는 약제를 소독 대상 물건에 뿌려 소독한다.

CHAPTER 02

커피와 건강

1 카페인이 인체에 미치는 효과

카페인(Caffeine)은 알칼로이드의 일종이다. 커피나무, 차, 구아바 열매 등에 존재하며, 코코아와 콜라 열매에도 약간 존재한다. 콜라, 초콜릿 등에도 포함되어 있으며 승화하는 특성이 있다. 이들 식물은 해충으로부터 자신을 보호하기 위해 카페인 성분을 함유한다.

한 잔의 커피에는 약 100mg 안팎의 카페인이 함유되어 있다. 청량음료에는 25~50mg, 진통제나 감기약에는 1정에 25~100mg, 체중감량 약에는 75~200mg이 함유되어 있다.

1) 각성작용과 긴장감 유지

카페인은 각성작용, 심장박동을 증가시키는 작용, 혈관 수축 작용, 이뇨작용, 때로는 아스피린과 같은 진통제의 진통 효과를 증강시키는 작용을 한다. 이는 뇌의 신경전달물질을 생성하고 분비를 촉진시키기 때문이다.

2) 신체 에너지 생성 효과

카페인은 몸의 글리코겐보다 먼저 피하지방을 분해하여 에너지로 변환하는 작용을 한다. 이로 인해 신체 전반의 대사를 촉진시켜 신체 에너지 소비량을 10% 이상 증강시켜 주고 체중 감량에 도움을 준다.

3) 이뇨 효과

신장에 있는 아데노신수용체와 카페인이 반응하면 아데노신이 혈행과 배뇨 사이의 미묘한 균형을 조절을 못 하게 되고, 또한 혈관이 확장하게 되는데 이러면 여과율이 높아져서 더 많은 소변이 생산되어 이뇨 효과를 일으킨다. 대체로 이런 이뇨 효과는 우리 몸에 무해하나 땀을 많이 흘리는 사람들은 간혹 탈수 현상이 일어날 수도 있다.

4) 심장 작용

카페인은 심장 근육에 대한 직접적인 수축력을 증가시키고 부교감신경을 자극하여 심장박동을 느리게 하여 부정맥에 대한 위험성을 높인다. 개인차에 따라 다르지만 하루 5잔 이상의 커피를 섭취할 경우 심장 수축력과 심장 박동수가 증가하므로 적당한 커피 섭취가 중요하다.

5) 부작용

카페인이 위산 분비를 촉진시키기 때문에 위궤양 환자는 커피 섭취를 제한해야 한다. 또한, 폐경기 여성의 경우 카페인이 소변에서 칼슘의 배설을 촉진시키기 때문에 지나치게 많이 섭취하면 골다공증의 위험성이 증가한다. 커피 180g을 섭취하면 약 5mg의 칼슘이 소변에서 배출된다고 알려져 있다. 그러나 일상적으로 마시는 하루 2~3잔의 커피는 골다공증에 큰 영향이 없다. 또한, 임산부의 지나친 카페인 섭취는 태아의 혈중 카페인 농도를 높여 기형아 출산에 영향을 주는 것으로 밝혀져 있으며, 임부의 모유를 통해서도 배설되므로 주의하여야 한다.

커피를 마시던 사람이 갑자기 끊는다면 두통, 피로, 졸림 등의 금단현상이 생길 수 있으므로, 커피를 끊으려면 점차적으로 줄여 가야 금단현상을 완화할 수 있다.

② 커피의 영양학적 효능

1) 커피 성분의 변화

커피는 생두 상태에서 로스팅하면 중량이 줄어드는 대신, 성분 함량의 백분율이 증가한다. 로스팅 후 맛과 향이 증가하지만, 영양소는 다소 줄어든다.

성 분	Arabica종		Robusta종	
	커피 생원두	배전두(가공원두)	커피 생원두	배전두(가공원두)
전다당류	50.0~55.0	24.0~39.0	37.0~47.0	n/a
소당류	6.0~8.0	0~3.5	5.0~7.0	0~3.5
지질	12.0~18.0	14.5~20.0	9.0~13.0	11.0~16.0
지방산	2.0	0	2.0	0
유기아미노산	11.0~13.0	13.0~15.0	11.0~13.0	13.5~15.0
단백질	5.5~8.0	1.2~2.3	7.0~10.0	3.9~4.6
카페인	0.9~1.2	0~1.0	1.6~2.4	0~2.0

전클로로겐산	1.0~1.2	0.5~1.0	0.6~0.75	0.3~0.6
트리고넬린	1.5~2.0	1.0~1.5	1.5~2.0	1.0~1.5
무기성분	3.0~4.2	3.5~4.5	4.0~4.5	4.6~5.6
부식산	n/a	16.0~17.0	n/a	16.0~17.0

2) 탄수화물(당질)

① 자당

이당류에 속하는 자당(Sucrose)은 비환원당이며 배전 시 갈변화를 일으킨다.

② 홀로셀룰로오스(Holocellulose)

목재 중의 셀룰로즈와 헤미셀룰로즈의 혼합물, 리그닌 또는 회분형성물질을 추출 후 제거한 나머지 섬유물질을 말한다. 커피 생두를 볶는 과정에서 생성된다.

③ 헤미셀룰로오스(Hemicellulose)

넓은 의미로는 식물세포벽에 존재하는 Cellulose 이외의 모든 다당류를 가리 킨다. 좁은 의미로는 육상식물 세포벽다당류 중 Cellulose와 펙틴질을 제외 한다. 알칼리에 녹는 다당류를 가리킨다. 최근 자이로비오스(Xylobiose) 등 Hemicellulose의 효소분해로 얻어지는 올리고당이 비피더스균 증식 촉진활성이 나 여러 가지 생리기능을 나타내어 기능성 식품소재로 주목되고 있다.

④ 셀룰로오스(Cellulose)

식물체의 세포벽 골격을 형성하는 주성분으로 식물체의 거의 절반을 차지하며, 모 든 유기물 내에 가장 많이 존재한다. 다당류에 속하며 분자량 중합도가 크며 섬유 상(Fibrous)이다. 알칼리에 잘 녹지 않으며, 묽은 산에 가수분해도 되지 않고, 인 체 내에서도 소화되지 않는다.

⑤ 기타

Dietary Fiber(식이섬유), 펜토산(Pentosan), 전분(Starch), 펙틴(Pectin) 등 이 소량 함유되어 있다.

3) 지질

커피의 지질성분에는 리놀레산(Linoleic acid)이 포함되어 있다. 이 리놀레산은 체내에서 생성되지 않기 때문에 음식물로부터 섭취해야 하는 중요한 필수지방산이다. 그래서 리놀레산을 비타민 F라고도 한다. 리놀레산은 이중결합 사이에 있는 활성 메틸렌기를 갖기 때문에 산화되기 쉽다.

4) 단백질

유리 아미노산은 당과 반응해서 멜라노이딘(Melanoidine) 및 향기 성분으로 변화한다. 원두의 향기 형성에 중요한 성분이며, 일부 성분은 쓴맛 성분과 결합해서 갈색색소 성분으로 변화한다.

5) 무기질

무기질은 다량무기질과 미량무기질이 있다. 커피에는 다량무기질이 많이 함유가 되어 있는데 이중 칼륨 성분이 많다. 칼륨은 나트륨과 균형을 이루어 정상 혈압 유지하고 몸속 노폐물 처리, 에너지 대사 및 뇌 기능을 활성화시키는 물질이다.

6) 비타민

① 수용성 비타민

Niacin은 생두에 함유한 함량에 비해 로스팅 과정 중에 그 함량이 생성되어 원두에 2배 이상 월등히 많이 생긴다. 반면 Thiamin(비타민 B_1), Riboflavin(비타민 B), Panthothenic acid는 생두에는 약간 있으나 로스팅 이후에 대부분이 소실되고, Ascorblc acid(비타민 C)는 모두 파괴된다.

② 지용성 비타민

Tocopherol(비타민 E)은 항산화성 비타민으로 세포 내에서 산화하기 쉬운 물질의 산화(산패)를 억제하고 조직의 손상을 막아 노화 지연, 식품의 저장성을 향상시킨다.

CHAPTER 03

서비스

1 고객의 정의

카페에서 고객이란 '나'와 접촉하는 모든 사람을 말한다. 크게 내부고객과 외부고객으로 나눌 수 있다. 내부고객은 조직 내의 모든 조직원을 말하며, 업무에 대한 동기를 잘 부여하고 만족도를 높여 외부고객에게 최상의 서비스를 제공하도록 해야 한다. 외부고객은 주변의 모든 사람을 의미하며 기존고객, 신규고객, 잠재고객, 휴면고객으로 나뉜다.

2 서비스 직원의 자세

① 머리는 단정하고 깔끔하게 하며 긴 머리는 묶는다.
② 매니큐어, 반지, 시계, 팔찌 등 장식물은 착용하지 않고 손 상처 등을 확인한다.
③ 복장은 깨끗하고 정해진 것을 착용하고 정해진 위치에 명찰을 패용하며, 상의나 바지의 포켓에 불필요한 것을 넣지 않는다.
④ 검정색 구두를 착용하고 항상 깨끗하게 광택을 유지한다. 양말은 검정 혹은 곤색을 착용하고 스타킹은 살색을 착용한다.
⑤ 와이셔츠는 흰색의 다림질이 잘 된 것을 착용한다.

3 고객영접 및 안내

① 밝은 얼굴과 미소로 단정하고 바른 자세로 고객을 반갑게 맞이한다.
② "어서 오십시오"라고 말한 후 단골고객의 경우 직함이나 이름을 불러 친근감을 표시한다.
③ 고객이 입장하면 예약 여부와 인원수를 확인하고 예약 손님의 경우 예약된 테이블로 안내한다.
④ 예약하지 못한 고객의 경우 고객이 원하는 장소 및 테이블 가능 여부를 확인하여 고객이 원하는 장소를 이용할 수 있도록 한다.

⑤ 테이블이 없을 경우 정중히 웨이팅 룸에서 대기하도록 말씀드리고 기다리는 예상 시간을 공지하고 순서에 따라 차례로 좌석을 배정한다.

⑥ 젊은 남녀 고객은 벽 쪽의 조용한 테이블로 안내하고, 멋있고 호화로운 고객은 카페의 중앙으로 안내하며, 혼자 온 고객은 전망이 좋은 테이블로 안내한다.

⑦ 연로한 고객이나 지체장애가 있는 고객은 카페의 입구에서 가까운 테이블로 안내한다.

⑧ 어린이 동반고객은 다른 고객에 방해가 안 되도록 구석진 곳으로 안내한다.

⑨ 영업장 분위기를 흐리는 고객은 주변 고객과 본인에게 기분이 상하지 않도록 적절한 조치를 한다.

⑩ 외국인의 경우 적절한 언어로 응대한다.

4 주문받는 요령

① 개인위생 및 준비사항을 점검하고 고객의 좌측에서 주문을 받는다.

② 메뉴판을 먼저 제공하고 고객 옆에서 대기하다가 고객이 준비되면 다가가서 펜과 주문지를 이용해 주문을 받는다.

③ 메뉴는 고객의 좌측/우측에서 제공하며 시계 방향으로 제공한다.

④ 메뉴 설명은 간단하고 정확하게 한다.

⑤ 주문을 받는 순서는 여성, 연장자, 남자 순으로 하며, 직책이 있을 경우 높은 순으로 한다.

⑥ 주최자가 있을 경우 주최자부터 시계 방향으로 주문을 받는다.

⑦ 주문을 받은 후에는 "감사합니다"라고 고마움을 표시한다.

5 서빙 자세

① 음료는 쟁반으로 운반하고 고객의 오른편에서 서비스한다.

② 음료를 서비스할 때는 여성 우선의 원칙을 지키고, 연장자, 남성 순으로 서빙한다.

③ 음료 잔의 손잡이와 스푼의 손잡이는 고객의 오른쪽으로 향하도록 한다.

④ 음료 잔은 항상 컵 받침대와 함께 서비스한다.

⑥ 돌발상황 대처요령

1) 예약 접수 시 오류가 발생했을 경우

고객이 식음료 업장에 도착하여 예약 확인을 해서 예약 장부에 고객의 이름이 빠져 있을 경우, 고객에게 정중히 사과하고 사용 가능한 좌석과 테이블이 있을 경우에는 신속하게 테이블로 안내한다. 하지만 즉시 사용할 테이블과 좌석이 없을 경우에는 대기 장소로 친절히 고객을 모시고 음료를 서비스한다. 그러나 이러한 서비스에 고객이 만족하지 않고 불평을 제기할 경우 즉시 대표자에게 알려 대처하도록 한다.

2) 음료에서 머리카락, 벌레 등의 이물질이 나왔을 경우

고객이 주문한 식음료에서 머리카락, 벌레 등의 이물질이 발견되었을 경우, 고객이 음용 초반부이면 즉시 정중하게 사과하고 양해를 구하며 다른 음료로 교체해준다. 하지만 고객의 음용이 거의 끝날 무렵에 이러한 문제가 접수될 경우에는 대표자에게 즉시 통보하고 대표자가 동행하여 고객에게 사과하며 보상한다.

3) 음용 후 고객의 건강 상태에 대한 불평이 발생할 경우

고객이 음용 후(귀가하여) 배탈 혹은 유사한 증상이 발생하여 불평(Complaint)을 제기하였을 경우, 먼저 고객에게 정중히 사과하고 고객에게 진단서를 요청하여 불평이 합당하다고 판단될 경우에는 치료비 전액 및 무료 식음권 등 대표자의 재량에 따라 보상을 하도록 한다.

4) 서비스 도중 음료를 엎질렀을 경우

서비스 담당자는 즉시 "대단히 죄송합니다."라고 사과를 드린 후 옆 테이블(Side Table)에 놓인 냅킨(Napkin)으로 테이블을 닦고 나오며 당사자는 잠시 한적한 곳(Back Side)으로 가서 마음을 진정시키도록 한다. 대신 주위에 있는 동료들이 뒷 마무리를 담당한다. 대표자는 고객에게 정중하게 사과드리고 젖은 양복은 드라이클리닝(Dry-cleaning)해 드리고 고객이 최상의 서비스를 받고 있다는 느낌이 들 수 있도록 신경 써 드린다.

5) 식음료 주문 시 오류가 발생한 경우

고객의 주문 내역을 확인했음에도 불구하고 주방과의 접수 오류로 잘못된 음료가
제공될 경우, 고객에게 정중히 사과를 드린 후 신속히 음료를 준비한다.

6) 고객이 메뉴에 없는 음료를 원하는 경우

서비스 담당자는 고객이 주문한 음료가 메뉴에 없을 경우 고객에게 "잠시만 기다
려 주십시오. 제가 주방에 가서 준비가 가능한지 확인하겠습니다"라고 고객에게
양해를 구하고 주방에 신속하게 물어 고객에게 가능 여부를 전한다. 또한 대표자
에게 즉시 보고한다.

만일 주방에서 고객이 주문한 음료가 제공되지 못할 경우, 대표자는 "지금 고객님
께서 주문하신 메뉴는 최상품의 식자재가 품절되어 제공해 드리지 못해 진심으로
사과 드립니다. 불편하시겠지만 다른 메뉴로 정성을 다해 모시겠습니다"라고 사과
의 말씀을 드린다.

만일 가능하다면 "메뉴에는 없지만, 고객님께서 좋아하시는 것을 주방에 특별히
부탁하여 제가 정성껏 준비해 올리겠습니다"라고 말씀드린다.

7) 계산할 때 테이블이 바뀐 경우

실수에 대해 대표자가 정중하게 사과 드린 후 즉시 계산서 정정을 통하여 고객의 불
편을 덜어드린다. 철저한 교육을 통하여 재차 실수가 일어나지 않도록 조치를 한다.

8) 계산을 잘못하였을 경우

고객에게 실수한 것에 대하여 정중하게 사과 드린 후 계산서 내용을 수정하고 대표
자에게 보고한다. 발생한 문제는 사후 서비스(After Service)를 통해 고객의 마음
을 풀어줄 수 있도록 조치한다(차액 발생 시 반드시 찾아뵙고 직접 전해 드린다).
주문받은 종사원과 캐셔(Cashier), 계산서를 가져다 주는 사람 등 모두가 확인할
수 있도록 교육하여 재차 같은 실수가 일어나지 않도록 조치한다.

9) 정전되었을 경우

우왕좌왕하지 말고 차분하게 행동하여 고객이 불안한 마음을 갖지 않도록 주의하며
고객에게 "죄송합니다"라고 사과 드린다. 정전 이유를 알아보고 고객에게 정전 이유
와 몇 분간 정전될 것이라고 신속하게 알린 후 각 코너 담당자는 고객을 안심시킨다.

10) 영업시간이 끝난 후 고객이 음료를 달라고 큰소리칠 경우

폐장시간(Close Time) 시 업장을 방문해 음식을 달라고 하는 고객이 있으면 기분 나쁘지 않게 상황을 설명하며 "내일 몇 시에 다시 영업을 시작하니 내일 다시 방문해 주십시오"라고 말씀드린다.

☑ 서비스 기본 매너

1) 종사원의 마음가짐

① 항상 미소(Smile) 띤 얼굴로 명랑하게 대답하고 행동한다.

종사원은 고객과 눈을 마주쳐서 고객의 마음을 정확하게 읽어야 하며 고객을 대할 때는 명랑하게 "Yes"라고 대답하고 적극적으로 행동하는 자세를 익혀야 한다.

② 고객의 이름을 기억하고 불러 준다.

고객은 작은 것에서 감동한다는 것을 잊지 말아야 한다.

③ 한발 앞서 가는 서비스를 한다(One Step Ahead Service).

종사원은 고객을 먼저 알아보아야 하고 고객보다 한걸음 앞서 생각하고 행동하며 고객들이 원하는 서비스를 먼저 제공해야 한다.

④ 서비스는 신속하고 정확해야 한다.

신속하고 정확한 서비스를 위해서는 동료 간 또는 부서 간의 팀워크를 강화하고 수준 높은 서비스를 위해 서로 협력해야 한다.

④ 풍성한 업무지식을 갖도록 노력한다.

풍부한 업무지식은 고객의 질문이나 도움 요청에 자신감 있게 대처할 수 있게 해 준다.

⑤ 긍정적이고 적극적인 사고를 함양한다.

긍정적인 생각을 하고 열정적이며 일을 사랑하는 마음으로 업무에 임하는 종사원의 서비스를 고객들은 더 즐거워하게 된다.

⑥ 고객이 감동하도록 모든 고객을 나의 고객으로 접대한다.

특별한 사람으로 대접받은 고객은 감사해 하고 호텔의 영원한 고객이 될 것이다.

2) 종사원이 해야 할 것

① 고객은 언제나 옳다.

② 고객의 이름(또는 직함)을 기억하여 호칭할 때는 반드시 사용한다.

③ 항상 밝고 웃는 표정을 연출한다.

④ 고객이 필요로 하는 것을 찾아 고객을 관찰하고 고객의 의견을 경청한다.

⑤ 고객의 요청사항을 잘못 이해하는 일이 없도록 반드시 확인한다.

⑥ 고객의 요청사항은 모든 방법을 다하여 처리되도록 한다.

⑦ 고객에게 항상 "감사합니다"라고 말한다.

⑧ 고객이 떠날 때는 반드시 배웅한다.

3) 종사원이 하지 말아야 할 것

① 어떤 경우에도 고객과 논쟁하지 않는다.

② 단순히 "없습니다"라고 말하지 않는다.

③ 단순히 "모릅니다"라고 말하지 않는다.

④ 손가락으로 위치나 방향을 가리키지 않는다.

⑤ 고객 앞에서 종사원 개인의 사생활이나 회사의 문제점에 대해 이야기하지 않는다.

⑥ 고객의 사생활에 관해 묻지 않는다.

⑦ 고객들이 다니는 장소에서는 절대로 뛰지 않는다.

4) 용모 및 복장

① 명찰

㉠ 명찰은 복장 규정의 일부이다.

㉡ 항상 부착해야 하며, 명찰을 부착하지 않으면 근무할 수 없다.

㉢ 명찰은 본인을 대표하는 것이므로 고의적인 훼손이나 분실을 해서는 안 된다.

㉣ 닳거나 깨어진 명찰은 이름을 알 수가 없으므로 즉시 교환해서 착용해야 한다.

② 두발

㉠ 머리는 항상 단정하고 깨끗하게 유지한다.

㉡ 여성의 경우 뒷머리 길이는 목깃에 닿지 않는 길이를 유지하며 남성의 경우 옆머리가 귀를 덮지 않도록 유지한다.

㉢ 앞머리는 눈을 가리지 않으며 옆머리는 흘러내리지 않도록 한다.

ⓔ 크고 화려하거나 칼라가 있는 핀은 사용을 피한다.

ⓜ 유행에 민감한 머리형은 삼간다.

ⓗ 긴 머리는 반드시 묶어 옷깃에 닿지 않는 위치에 고정시킨다.

③ 얼굴 및 화장

ⓖ 턱수염과 콧수염은 기를 수 없다.

ⓛ 화장은 밝고 자연스러워야 하며 너무 진한 화장은 피한다.

ⓒ 눈 화장(Eye shadow, Eyeliner)은 자연스러운 색상이어야 하며 인조 속눈썹은 금한다.

ⓔ 윤이 나는 립스틱과 짙은 색의 루즈는 피하며 엷고 자연스러운 색상을 사용한다.

ⓜ 향이 강한 향수나 화장품은 피한다.

④ 액세서리

ⓖ 반지, 팔찌, 체인 등의 액세서리는 착용을 금한다.

ⓛ 목걸이도 유니폼에 어울리지 않는다고 생각되면 금한다.

ⓒ 시계는 작고 단정한 것은 허용하나 주방 종사원은 착용을 금한다.

⑤ 구강 및 손 관리

ⓖ 근무 전 반드시 입 냄새 제거 등을 하고 구강 상태를 점검한다.

ⓛ 식사 후에는 반드시 양치질을 한다.

ⓒ 손과 손톱은 항상 청결하게 하며 손톱은 짧게 유지한다.

ⓔ 손은 자주 닦고, 닦은 후에는 스킨로션을 사용하도록 한다.

ⓜ 손톱은 깨끗한 상태를 유지해야 하며 매니큐어의 색상은 투명해야 한다.

⑥ 구두

ⓖ 구두는 매일 손질하여 깨끗하고 빛이 나게 한다.

ⓛ 근무 시 사용하는 구두는 출·퇴근 시 사용하지 않아야 하며, 근무 이외의 용도로는 착용하지 않는다.

ⓒ 근무시간 내에 신발을 벗어서는 안 된다.

ⓔ 오랫동안 서서 근무를 해야 하므로 발이 편하고 굽이 지나치게 높지 않은 것을 신는다.

ⓜ 뒷굽이 닳거나 벗겨진 것은 수선하여 신도록 하며 구겨 신지 않는다.

⑦ 복장

㉠ 모든 종사원의 복장은 단정하고 깨끗이 한다.

㉡ 복장 상태는 구김이나 얼룩이 없고 깨끗이 세탁한 후 반드시 다림질하여 착용한다.

㉢ 스커트 및 블라우스는 솔기에 실밥이 나오지 않도록 주의한다.

㉣ 단추가 떨어진 경우 즉시 교체하며 공공장소에서는 항상 상의 단추를 채운다.

㉤ 스타킹은 커피색, 살색 정도만을 착용하며 여분의 스타킹을 반드시 준비한다.

㉥ 여성의 경우 양말은 백색 양말을 착용하되, 무늬나 레이스가 없는 것으로 한다.

5) 악수할 때

① 악수는 윗사람이 먼저 청하며 아랫사람이 손을 먼저 내밀어서는 안 된다(한국인의 경우).

② 상대의 얼굴을 주시하면서 웃는 얼굴로 손을 내민다.

③ 손은 알맞고 힘있게 잡으며 손을 너무 세게 쥐거나 손끝만 내밀고 해서는 안 된다.

④ 인사가 끝나면 곧 손을 놓는다.

※ 주의 : 장갑을 낀 손으로 악수를 해서는 안 된다.

6) 소개할 때

① 소개할 사람들 사이에 선다.

② 친소관계를 따져 자기와 가까운 사람을 먼저 소개한다.

③ 손아랫사람을 손윗사람에게 먼저 소개한다.

④ 남성을 여성에게 먼저 소개한다.

※ 주의 : 소개하는 순서를 혼동하지 않는다.

구분	상황	먼저 소개해야 할 사람	나중에 소개해야 할 사람
고객 응대	외부 고객에게 사내 임·종사원 개인을 소개할 때	사내 종사원	외부 고객
	외부 고객에게 사내 임·종사원 여러 명을 소개할 때	사내의 지위가 높은 종사원부터 낮은 종사원의 순(順)	외부 고객
사원 간	상하 종사원 간	아랫사람	상사
	한 사람을 여러 사람에게 소개할 때	한 사람	여러 사람

7) 명함을 교환할 때

① 명함은 명함지갑에 항상 깨끗이 충분하게 보관한다(최소한 10장 이상).
② 방문한 곳에서는 상대방보다 먼저 건넨다.
③ 소개의 경우 먼저 소개받은 사람부터 건넨다.
④ 아랫사람이 먼저 건넨다.
⑤ 명함교환은 일어서서 한다.
⑥ 오른손으로 상대방이 읽기 쉬운 방향으로 전한다.
⑦ 오른손에 왼손을 받쳐 정중히 전한다.
⑧ 명함을 전하면서 이름을 말한다(○○호텔 ○○○입니다).
⑨ 고개를 숙여 인사하며 "잘 부탁드립니다"라고 말한다.
⑩ 상대의 명함은 두 손으로 받는다.
⑪ 상대방의 명함을 정확히 읽고 회사명, 직함 및 이름을 확인한다.
⑫ 정확히 읽지 못할 때는 분명히 확인하여야 한다.

※ 주의

상대방이 보는 앞에서 방금 받은 상대의 명함에 메모를 하면 안 된다.
(명함은 그 사람의 분신이므로 정중히 다루어 상대방과 상대방 회사에 경의를 표한다는 마음이 나타나도록 한다.)

합격생의 비법 ·····················○

비즈니스 거리(상대방과 말할 때 위압감을 주지 않는 거리)
: 70cm~1m

8) 용건을 물을 때

① 상대방을 똑바로 본다.
② 정성을 다하여 상냥한 모습으로 묻는다.
③ 등줄기를 꼿꼿이 하고 가슴을 편다.
④ 10° 각도로 상반신을 숙인다.
⑤ '묻고 있다'고 하는 기분을 충분히 적극적으로 표현한다.
⑥ 정중하게 용건을 묻는다.

9) 필기구를 건넬 때

① 펜 끝이 자신을 향하게 하고 건넨다.
② 왼손을 위쪽으로 하고 오른손을 아래쪽으로 받치면서 건넨다.
③ 15° 각도로 건넨다.
④ 필기구는 항상 충분히 준비한다.

8 대화 예절

1) 기본

① 상황에 맞추어 존칭어와 겸양어를 사용한다.

② 서술형은 "~입니다(습니다)"를 사용한다.

※ **주의** : ~어요, 예요 등은 낮춤말은 아니지만, 격식을 갖춘 언어는 아니다.

③ 의문형은 "~입니까? / 습니까?"를 사용한다.

④ 명령형은 의뢰형으로 바꾸어 사용한다(~해 주시겠습니까?).

※ **주의** : 적합하지 않은 화제는 피한다.

⑤ 개인의 프라이버시에 관계된 질문은 하지 않는다(나이, 결혼 여부 등).

⑥ 정치, 종교, 스포츠 등 편에 서게 되는 내용은 바람직하지 않다.

⑦ 월급이나 봉사료에 대해 고객 앞에서 이야기하지 않는다.

2) 듣기

① 호의적인 태도로 듣는다.

② 상대방 외에는 다른 사람에게 관심을 두지 않는다.

③ 의미를 정확히 이해하기 위해 자신의 말로 고쳐 가며 듣는다.

④ 이미 알고 있는 내용이더라도 때에 따라서 모른 체 들어 준다.

※ **주의** : 말을 중간에 끊지 않는다.

구분	듣기의 기본자세
눈	• 상대를 정면으로 보고 경청한다. • 시선을 자주 마주친다.
몸	• 정면을 향해 조금 앞으로 내밀 듯이 앉는다. • 손이나 다리를 꼬지 않는다. • 끄덕끄덕하거나 메모하는 적극적인 경청태도를 보인다.
입	• 맞장구를 친다. • 질문을 섞어 가면서 모르면 물어본다. • 복창해 준다.
마음	• 흥미와 성의를 가진다. • 말하고자 하는 의도가 느껴질 때까지 인내한다. • 상대의 마음을 편안하게 해 준다.

3) 말하기

① 무엇을 어떻게 말할 것인지 생각(계획)한다.

② 상대방에게 좋은 느낌을 가지고 말한다.

③ 자신감을 가지고 말한다.

④ 분명한 발음으로 말한다.

⑤ 맑은 목소리로 말한다.

⑥ 필요한 말만 간결하고 정확하게 말한다.

구분	말하기의 기본자세
눈	• 듣는 사람을 정면으로 보면서 말한다. • 상대의 눈을 부드럽게 주시한다.
몸	• 표정 : 밝은 눈과 표정으로 말한다. • 자세 : 등을 펴고 똑바른 자세를 보인다. • 동작 : 몸짓을 사용한다.
입	• 어조 : 입은 똑바로, 정확한 발음, 자연스럽게 그리고 상냥하게 말한다. • 말씨 : 알기 쉽게 친절한 말씨와 높임말을 사용한다. • 목소리 : 한 톤을 올려서, 적당한 속도, 맑은 목소리, 적당한 크기로 한다.
마음	• 성의와 신의를 가진다.

4) 끼어들기

① 분위기와 상황 파악을 잘한 후 주문 의뢰한다.

② 당사의 종사원 및 관계사 임원을 대할 때는 고객에게 방해되지 않는 범위 내에서 곁에 서서(Stand by) 주문 의뢰를 기다린다.

③ 고객 응대 시 너무 가까이 밀착하여 대화하는 것은 삼간다(상대방에게 불쾌감, 어색함을 느끼게 하는 것은 지양).

※ 주의

• 전문 용어나 외래어를 남발하지 않는다.

• 외국인 앞에서 한국 사람끼리 한국어로만 이야기하지 않는다.
  (외국인에게 양해를 구한 후 한국어로 이야기한다.)

9 인사예절

인사는 마음의 문을 여는 열쇠다.

1) 기본
① 인사는 누구에게나 한다.
② 인사는 먼저 보는 사람이 먼저 한다.
③ 인사는 진실한 마음으로 한다.
④ 윗사람은 반드시 답례를 한다.

2) 자세
① 차렷 자세로 바로 서서 바지 재봉선 상의 중앙에 살며시 손을 댄다(남자).
② 차렷 자세에서 오른손의 엄지를 왼손의 엄지와 인지 사이에 끼어 하복부에 가볍게 댄다(여자).

3) 방법

구분	준비사항
표정	가벼운 미소를 짓는다.
눈	상대의 눈을 본다.
머리	머리를 숙일 때는 조금 빨리, 들 때는 천천히 한다.
허리	등을 펴서 머리, 허리, 엉덩이를 일직선으로 유지한다.
다리	곧게 펴서 무릎을 붙인다.

- "안녕하십니까?" 인사말을 먼저하여 상대방과 눈을 마주친 후 몸을 숙인다.
- 가벼운 인사는 14°, 보통인사는 30°, 정중한 인사는 45°가 적절하다.

- 내국인의 경우 예의 바르고 따뜻한 인사로 편안함을 느끼게 하고 다시 오기를 바라는 마음으로 인사한다.
- 외국인의 경우 밝게 웃으며 눈을 맞추며(Eye contact) 인삿말을 한다.
- ※ 주의 : 계단에서는 고객(또는 윗사람)에게 인사하지 않는다.
  (이런 경우에는 같은 계단에 도착했을 때 멈추어 서서 고개를 숙여 인사한다.)

🔟 전화예절

1) 전화 받기

① 고객을 맞이하는 마음으로 전화기를 든다.

② 벨이 3번 이상 울리기 전에 수화기를 든다.

③ 발음은 정확하고 밝게 한다.

④ 부서와 이름을 밝힌다.

⑤ 메모 준비를 하고 용건을 경청한다.

⑥ 용건이 끝났음을 확인하고 통화내용을 복창한다.

⑦ 내용은 간단하고 명료하게 한다.

⑧ 마무리 인삿말을 잊지 않는다(전화 주셔서 감사합니다).

⑨ 수화기는 상대방이 전화를 끊은 후 조용히 놓는다.

2) 전화 걸기

① 용건을 육하원칙으로 정리하여 메모한다.

② 다이얼을 돌리기 전에 전화번호를 확인한다.

③ 발음은 정확하고 밝게 한다.

④ 상대방이 나오면 자신을 밝힌 후 상대방을 확인한다.

⑤ 간단한 인사말을 하고 용건을 말한다.

⑥ 대화에 집중한다.

⑦ 요점을 반드시 복창한다.

⑧ 용건이 끝났음을 확인한 후 마무리 인사를 한다(감사합니다 등).

⑨ 상대방이 수화기를 내려놓은 다음 수화기를 조심스럽게 내려놓는다.

　(보통은 전화를 끊지만, 고객이나 손윗사람의 경우에는 상대방이 끊은 뒤에 자신이 끊는 배려가 필요하다.)

※ 주의

• 손가락이 아닌 다른 도구로 버튼을 누르지 않는다.

• 통화 중 타인과 대화하지 않는다.

• 전문용어를 사용하지 않는다.

• 개인적인 일로 전화를 길게 하지 않는다.

3) 전화응대 용어 사용 예

구분	바람직하지 않은 표현	바람직한 표현
1	안녕하세요	안녕하십니까?
2	우리 회사	저희 회사
3	데리고 온 사람	모시고 온 분
4	누구십니까?	어느 분이십니까?
5	○○ 씨 입니까?	○○ 고객님 되십니까?
6	잠깐만 기다려 주십시오.	(죄송합니다만) 잠시만 기다려 주시겠습니까?
7	잠깐 자리에 없습니다.	죄송합니다. 잠시 자리를 비웠습니다.
8	전화 주십시오.	전화를 주시겠습니까?
9	다시 한 번 말해 주십시오.	다시 한 번 말씀해 주시겠습니까?
10	알았습니다.	잘 알겠습니다.
11	모르겠습니다.	죄송합니다만. 제가 알아봐 드리겠습니다.
12	알아봐 주십시오.	확인해 주시겠습니까?
13	다른 전화를 받고 있으니 기다리세요.	다른 전화를 받고 있습니다. 잠시만 기다려 주시겠습니까?
14	나중에 전화 드릴게요.	잠시 후에 전화 드리겠습니다.
15	그런 사람 없습니다.	죄송합니다. 찾으시는 분은 저희 회사의 종사원이 아닙니다.
16	들리지 않아요. 뭐라고요?	죄송합니다. 전화상태가 좋지 않으니 다시 한 번 말씀해 주시겠습니까?
17	고마워요.	감사합니다.
18	전화 돌려 드릴게요.	전화를 연결해 드리겠습니다.

※ 주의
- 서술형은 "–입니다(습니다)"를 사용한다.
  (– 어요, – 예요 등은 낮춤말은 아니나 격식을 갖춘 언어가 아니다.)
- 의문형은 "–입니까?(습니까?)"를 사용한다. 명령형은 의뢰형으로 바꾸어 사용한다.

11 커피 매장 안전 관리

1) 전기안전 관리

① 전기화재
화재 진압 시 물을 뿌리면 감전의 위험이 있으므로 분말 소화기를 사용한다.

② 감전(전격)
사고자를 안전 장소로 구출하고 의식/화상/출혈 상태 등을 확인한다. 인공호흡 등의 응급처치를 한 후 119에 신고한다.

2) 일반적인 전기사고 예방

① 전기기기와 배선에 절연처리가 되어 있지 않은 부분은 노출시키지 않는다.

② 전기기기는 땅이나 수도관과 전선으로 연결해서 접지해야 한다.

③ 누전차단기를 설치하여 감전, 화재 등의 사고를 방지해야 한다.

④ 전기기기의 스위치 조작은 아무나 함부로 하지 않도록 해야 한다.

⑤ 젖은 손으로 전기기기를 만지지 말아야 한다.

⑥ 수동 개폐기의 퓨즈로 동선이나 철사를 사용하면 매우 위험하므로 반드시 정격 퓨즈를 사용한다.

⑦ 자동 개폐기는 정상적으로 작동하는지 정기적으로 테스트 버튼을 눌러서 확인한다.

⑧ 불량제품이나 부분적으로 고장이 나 있는 제품을 무리하게 사용하지 않는다.

⑨ 배선용 전선은 중간에 연결, 접속하여 사용하지 않는다.

3) 소방안전 관리

① 화재발생 시 조치 사항

최초 발견 시 비상벨을 눌러 알리고 화재 초기에는 소화기를 사용하여 신속하게 불을 끈다. 화재가 진행 중일 때는 직원이나 소방관의 안내에 따라 질서 있게 신속하게 대피한다. 유독가스가 발생한 경우 옷이나 수건 등을 이용하여 가급적 낮은 자세로 피하며 벽면에 부착된 피난유도등을 따라 대피한다. 화재 발생지의 반대 방향으로 대피하는 것이 좋다.

② 화상조치 요령

㉠ 옷을 입은 상태로 차가운 물에 상처 부위를 충분히 식힌 다음 옷을 가위로 잘라서 벗긴다.

㉡ 상처 부위나 물집은 되도록 건드리지 않고 2차 감염 예방을 위해 상처 부위를 거즈로 덮어 준다.

㉢ 아무 약품이나 바르지 말고 상처를 깨끗한 거즈로 덮은 뒤 즉시 의사의 치료를 받을 수 있도록 한다.

4) 지진 발생 시 행동요령

① 건물

지진이 발생하면 벽면 혹은 책상 아래로 몸을 숙여서 대피하고 충격에 대비해 기둥 및 손잡이 등의 고정물을 꽉 잡는다. 그리고 휴대폰이나 사무실 전화로 침착하게 본인의 위치를 119에 알린다. 정전 발생 시 당황하지 말고 위험한 행동은 삼가며 상황이 진정되면 밖으로 탈출한다.

② 엘리베이터

지진 발생 시 엘리베이터에 갇힐 수 있고 더 큰 사고를 초래할 수 있으므로 사용하지 않는다. 만약 엘리베이터 내에 있을 경우, 정지 후 안전하고 신속하게 내려 대피해야 한다. 만약 엘리베이터에 갇혔을 경우 엘리베이터 내 인터폰으로 상황을 전파하며 구조요청을 하고, 안에 있는 손잡이를 잡고 구조될 때까지 기다린다.

5) 가스안전 사고

① 가스사용 전 주의사항

가스가 누출되지 않았는지 냄새로 우선 확인한다. LPG는 바닥으로부터, LNG는 천정으로부터 냄새를 맡아야 하며 불쾌한 냄새가 나면 가스가 새고 있는 것이다. 가스기구를 사용할 때는 창문을 열어 실내를 환기시켜야 한다. 가스레인지 주위에는 가연성 물질을 가까이 두지 않는다.

② 가스사용 중 주의사항

가스 불을 켤 때에는 파란 불꽃이 되도록 공기조절기를 조절한다. 불완전 연소 시 유독성 가스와 일산화탄소가 나오며 연료 소비량도 증가한다. 국물이 넘치거나 바람으로 인해 불이 꺼지지 않았는지 옆에서 지켜보도록 하고 가능한 떠나지 않는다. 불이 꺼지면 자동으로 가스가 차단되는 제품을 사용하고 자동차단 장치가 제대로 작동하는지 자주 확인한다.

③ 가스를 사용한 후의 주의사항

연소기 코크와 중간밸브를 꼭 잠근다. 장시간 외출 시에는 용기밸브도 잠그는 것이 안전하다. 도시가스의 경우에는 메인밸브를 잠가야 한다. 가스레인지는 자주 이동하지 말고 한곳에 고정하여 사용한다.

④ 가스안전을 위한 일상적인 점검

비누나 세제로 거품을 내어 배관, 호스 등의 연결 부분을 수시로 점검하여 누출 여부를 살펴야 한다. 가스레인지는 항상 깨끗이 청소하여 버너의 불구멍이 막히지 않도록 한다. 취침 전에는 반드시 점화 코크와 중간밸브가 꼭 잠겨 있는지 확인한다. 아이들이 사용하지 못하도록 반드시 주의를 준다.

⑤ 가스의 종류에 맞는 가스기구 사용하기

각종 가스기구는 LPG용과 LNG용으로 구분되므로 현재 사용 중인 가스에 맞는 제품을 구입해야 하며 반드시 가스기구의 취급설명서를 읽어 보고 사용해야 한다. 가스기구를 구입할 때에는 '한국가스안전공사 합격표시품'이나 'KS 표시품'만을 사용해야 한다.

⑫ 중동호흡기증후군(Middle East Respiratory Syndrome Coronavirus : MERS-CoV) 예방

1) 정의

중동호흡기증후군 코로나바이러스에 의한 호흡기 감염증을 말한다.

2) 임상적 특성

중증급성하기도질환(폐렴)이나 일부는 무증상을 나타내기도 하고 경한 급성상기도질환을 나타내는 경우도 있다. 주 증상으로는 발열, 기침, 호흡곤란, 그 외에도 두통, 오한, 인후통, 콧물, 근육통뿐만 아니라 식욕부진, 오심, 구토, 복통, 설사 등이다. 잠복기는 5일(최소 2일~최대 14일)이다.

3) 예방

현재 이 병에 대한 백신은 없으며 일반적인 감염병 예방 수칙을 준수하는 것이 좋다.
① 손 씻기 등 개인위생 수칙을 준수한다.
② 기침, 재채기 시 휴지로 입과 코를 가리고 휴지는 반드시 쓰레기통에 버린다.
③ 씻지 않은 손으로 눈, 코, 입을 만지지 않는다.
④ 발열이나 호흡기 증상이 있는 사람과 접촉을 피한다.
⑤ 발열 및 기침, 호흡곤란 등 호흡기 증상이 있을 경우는 즉시 병원을 방문한다.

1. 유지방은 설탕의 3배 이상의 열량을 가진다.

1. 커피에 첨가되는 설탕과 유지방의 열량 비율에 대해 설명한 것으로 틀린 것은?

① 유지방 1g의 열량이 설탕 1g보다 크다.
② 지방 1g의 열량은 9kcal에 해당된다.
③ 탄수화물 1g의 열량은 4kcal에 해당된다.
④ 유지방 1g은 설탕 1g과 같은 열량을 가진다.

2. 리놀레산은 이중결합의 불포화지방산으로 산패가 아주 빠르다.

2. 산패가 가장 빠른 지방산은?

① 리놀레산
② 올레산
③ 엽산
④ 초산

3. 폴리페놀 성분은 노화를 방지하며 정신을 맑게 해 준다.

3. 커피에 많이 함유되어 있는 폴리페놀 성분에 대해 바르게 설명하고 있는 것은?

① 헬리코박터균을 박멸하며 충치 억제에도 효과가 있다.
② 중추신경을 자극하여 정신을 몽롱하게 한다.
③ 콜레스테롤이 소화관으로 흡수되는 것을 막아 주기 때문에 혈중 콜레스테롤 수치를 낮춰 준다.
④ 항산화 작용으로 노화를 촉진시켜 준다.

4. 로스팅이 강하면 항산화 성분이 감소하며, 로스팅에 의해 생성된 신 물질들이 세포 산화를 예방한다.

4. 커피의 항산화 효능에 대해 잘못 설명하고 있는 것은?

① 활성산소를 제거하여 산화적 손상을 예방한다.
② 로스팅 정도가 강할수록 항산화 성분이 최대가 된다.
③ 커피의 하이드록시나믹산 계열이 항산화 효능이 있다.
④ 로스팅이 강할수록 항산화 성분이 감소한다.

5. HACCP 제도에 대해 맞게 설명하고 있는 것은?

① 유해 미생물의 전파 경로를 분석하는 제도이다.
② 특정 바이러스의 생성과 유입에 대해 조사하는 제도이다.
③ 식품의 위해 요소를 미리 확인하고 예방해 식품 안정성을 확보하는 제도다.
④ 우리나라에는 아직 도입이 되지 않은 제도이다.

5. HACCP 제도는 식품 안정성을 관리하는 위생 제도이다.

6. 다음 중 경구전염병에 해당되지 않는 것은?

① 세균성 이질
② O157
③ 파라티푸스
④ 디프테리아

6. O157은 병원성 대장균으로 세균성 식중독을 유발하는 균이다.

7. 카페에서 사용하는 행주를 소독하는 방법으로 가장 좋은 것은?

① 중성세제로 빤 후 100℃에서 5분 이상 열탕소독한다.
② 중성세제에 2시간 담근다.
③ 비누로 빨아서 건조한다.
④ 뜨거운 물에 담가 둔다.

7. 중성세제로 세척 후 끓는 물에 5분 이상 소독한다.

8. Ochartoxin A에 대한 설명으로 맞는 것은?

① 단백질 주요 구성 성분에 해당된다.
② 세균성 이질에 해당된다.
③ 대장균의 일종이다.
④ 곰팡이 독소 종류에 해당된다.

8. 오크라톡신 A는 곰팡이 독소의 일종이다.

9. 건조식품을 위생보관할 때 가장 문제가 되는 요소는?

① 자외선
② 바이러스
③ 곰팡이
④ 이물질

9. 건조식품은 습도에 의한 곰팡이가 가장 문제이다.

10. 먼저 구입한 물건을 먼저 사용하는 방법을 무엇이라 부르는가?

① 후입후출법
② 선입후출법
③ 선입선출법
④ 후입선출법

10. 선입선출법은 먼저 구입한 물건을 항상 선반 앞쪽에 배치에 먼저 사용하는 것을 말한다.

 ANSWER

1.④	2.①	3.③	4.②	5.③
6.②	7.①	8.④	9.③	10.③

PART 7

모의고사

COFFEE

ESPRESSO

MOCHA

CHOCOLATE
MILK

MACCHIATO

AMERICANO

IRISH
COFFEE

FLAT WHITE

CAPPUCCINO

DOPPIO

GLACE

FREDDO

LATTE

FRAPPUCCINO

CARAMEL
MACCHIATO

FRAPPE

모의고사 1회

1. 다음에서 설명하는 커피종은 무엇인가?

   주로 저지대에서 대량 재배되며 기후 조건의 영
   향을 많이 받지 않아 재배가 쉬운 편이다. 쓴맛이
   강하고 맛과 향이 복합적이지 않아 주로 인스턴
   트 커피용으로 사용된다. 세계 커피 생산량의 약
   40% 정도를 차지하고 있으며 주요 재배국은 브라
   질과 베트남 등이다.

   ① 아라비카
   ② 로부스타
   ③ 리베리카
   ④ 하이브리드

2. 아라비카의 특징에 대해 바르게 설명한 것은?

   ① 카페인 함량은 평균 1.4% 내외이다.
   ② 주로 해발고도 700m 이하의 저지대에서
     생산된다.
   ③ 아프리카의 콩고에서 처음 발견되었다.
   ④ 병충해에 비교적 강하다.

3. 다음 중 커피체리가 성숙하면 녹색에서 노란색
   으로 익어 가는 품종은?

   ① 카네포라
   ② 티피카
   ③ 문도노보
   ④ 카투아이 아마렐로

4. 환경적응력이 좋고 생산량은 버번종보다 30%
   이상 많으나 성숙 기간이 오래 걸리는 단점이 있
   고 재배 밀도가 낮은 커피종은?

   ① 카투아이
   ② 카투라
   ③ 문도노보
   ④ 티피카

5. 다음 중 로부스타에 해당되지 않는 것은?

   ① 인도 카피로얄
   ② 코트디부아르 Superior II
   ③ 과테말라 SHB
   ④ 베트남 사이공

6. 다음 중 커피나무의 생육 조건으로 잘못된 것은?

   ① 알칼리성이고 단단한 흙이 커피나무 생육에
     적합하다.
   ② 커피존은 적도를 중심으로 남/북위 25°이다.
   ③ 저지대에서 생산되는 커피 품종일수록 생산
     량이 많다.
   ④ 일교차가 높을수록 커피체리의 밀도가 높다.

7. 아라비카종의 생육 조건으로 잘못된 것은?

① 연간 평균 기온이 15~24℃ 정도로 유지되어야 재배가 무난하다.
② 적절한 서리는 커피체리의 밀도를 높여 향미가 강한 커피로 만들어 준다.
③ 열해 약해 지나치게 강한 햇볕을 가려 주기 위한 다른 나무를 심는다.
④ 강한 바람이 불지 않아야 하고 우기와 건기의 구분이 뚜렷해야 한다.

8. 커피에 대해 틀리게 설명하고 있는 것은?

① 나뭇잎은 두꺼운 편이며 앞면에 윤기가 있다.
② 파종한 후 3년 이상이 지나야 수확이 가능하다.
③ 찬바람과 습기 없는 뜨거운 바람은 커피생육에 안 좋은 영향을 미친다.
④ 커피는 대부분 곤충에 의해 수분이 이루어지는 타가수분을 한다.

9. 썬커피(Sun coffee) 재배방식에 대해 바르게 설명하고 있는 것은?

① 썬커피 재배방식은 고지대가 많은 중미 지역에서 주로 사용된다.
② 수분공급과 농약, 비료 주기 등 많은 노동력을 필요로 한다.
③ 썬커피 재배는 기계 수확과 같은 대량재배에 유리하다.
④ 그늘재배 방식보다 높은 품질의 커피를 생산할 수 있다.

10. 커피의 파종 방법으로 가장 널리 쓰이는 방식은?

① 파치먼트 파종
② 직접파종
③ 가지이식
④ 자연번식

11. 커피를 수확한 후 과육을 제거하는 펄핑 과정에서 사용하는 펄퍼의 종류에 해당하는 것은?

① Drive Pulper
② Screen Pulper
③ Rotary Pulper
④ Circle Pulper

12. 다음 중 커피체리 가공 방식에 대해 틀리게 설명하고 있는 것은?

① 습식법은 커피체리의 과육을 제거하고 물에 담가 발효시킨 후 건조한다.
② 건식법은 커피체리를 통째로 햇볕에 말리는 방식이다.
③ 커피 가공방식에는 습식법, 건식법, 펄프드 네추럴, 세미 워시드 방법 등이 있다.
④ 습식법 가공 방식이 건식법 가공 방식에 비해 결점두가 많다.

13. 커피 가공 과정에 대해 바르게 설명하고 있는 것은?

① 물로 씻어 낸 커피는 꼭 햇볕에만 건조시켜야 한다.
② 습식가공 순서는 과육 제거 → 세척 → 건조 → 탈곡 순이다.
③ 발효 과정은 커피의 점액질을 파치먼트로부터 제거하기 위함이다.
④ 건조는 함수량이 20%가 될 때까지 진행한다.

14. 다음 중 세미 워시드 방식의 가공 순서로 맞는 것은?

① 수확 → 분리 → 펄핑 → 점액질 제거 → 세척 → 건조
② 수확 → 분리 → 펄핑 → 발효 → 세척 → 건조
③ 수확 → 분리 → 점액질 제거 → 펄핑 → 세척 → 건조
④ 수확 → 점액질 제거 → 분리 → 펄핑 → 세척 → 건조

15. 습식 가공에서 발효가 끝난 후 세척수로를 거치는 이유는?

① 파치먼트에 수분을 공급해 건조과정을 쉽게 하기 위해서이다.
② 세척수로를 통과시키면서 파치먼트를 밀도에 따라 분류한다.
③ 파치먼트를 물에 불려 생두를 부드럽게 만들기 위해서이다.
④ 차가운 물에 담가 발효를 촉진시키기 위함이다.

16. 다음 중 스크린 사이즈 18번과 가장 거리가 먼 것은?

① Large bean
② 1st Flats
③ SHG
④ Supremo

17. 결점두에 대해 바르게 설명하고 있는 것은?

① 결점두 비율이 높을수록 좋은 등급의 생두로 취급된다.
② 로스팅에는 좋지 않은 영향을 주지만 맛과 향에는 큰 결함이 없다.
③ 결점두의 분류는 국제적으로 통일된 기준이 있다.
④ 결점두는 수확에서 보관까지 전 과정에서 발생할 수 있다.

18. SCA 기준에 따른 결점두의 종류와 그에 대한 설명으로 맞는 것은?

① Hull, Husk – 잘못된 탈곡이나 선별 과정에서 발생한다.
② Foreign matter – 로스팅 후 색깔이 다른 콩과 구별되는 콩을 말한다.
③ Floater – 생두에 포함된 이물질을 말한다.
④ Shell – 유전적인 원인으로 콩이 둥근 형태를 띤 것을 말한다.

19. SCA 분류에 의한 스페셜티 등급의 기준과 거리가 먼 것은?

① Cupping 점수가 80점 이상인 커피를 말한다.
② Quaker는 샘플원두 100g 중 5개까지 허용된다.
③ 샘플 350g 안에 Full Defect가 5개 이내이다.
④ Primary Defect는 허용되지 않는다.

20. Quaker에 대해 바르게 설명하고 있는 것은?

① 퀘이커는 생두 가공 과정에서 발견하기 쉽다.
② 퀘이커는 브라질·뉴욕 분류법의 결점두에 해당되지 않는다.
③ 퀘이커는 로스팅 했을 때 가열이 쉽지 않으며 옅은 색을 띠게 되어 구별된다.
④ 퀘이커는 잘 익은 체리에서 주로 발생한다.

21. 브라질 생두의 맛 분류 중 가장 낮은 등급에 속하는 것은?

① Soft
② Rioy
③ Hardish
④ Rio

22. 만델링, 토라자, WIB 등이 대표적인 커피이며, 로부스타종 커피도 많이 생산하는 국가는?

① 브라질
② 인도네시아
③ 인도
④ 베트남

23. 영화 〈아웃 오브 아프리카〉의 무대로 유명하며 생두의 크기가 크고 향기가 풍부하며 과일 향과 꽃향기가 좋은 커피를 생산하는 국가는?

① 에티오피아
② 케냐
③ 탄자니아
④ 말라위

24. 브라질 커피에 대해 바르게 설명하고 있는 것은?

① 생두는 등급에 따라 SHB-HB-PW로 구분한다.
② 워시드 가공방식만을 사용한다.
③ 주요 생산 지역은 예가체프, 시다모, 하라 등이다.
④ 세계 커피생산량 1위 국가로 총 생산량의 30% 이상이며, 커피소비량은 2위에 해당되는 나라이다.

25. 커피 생산 지역과 국가가 바르게 연결된 것은?

① 중미 지역 : 콜롬비아, 과테말라, 온두라스
② 남미 지역 : 브라질, 페루, 파나마
③ 카리브해 지역 : 자메이카, 쿠바, 도미니카
④ 아시아 지역 : 뉴질랜드, 태국, 인도네시아

26. 추출 속도가 빨라 회수 카페인의 순도가 높고, 용매가 생두에 직접 닿지 않아 안전하고 경제적이어서 가장 많이 사용되는 디카페인 커피 제조 과정은?

① 용매 추출법
② 초임계 추출법
③ 물 추출법
④ 가스 추출법

27. 디카페인 커피에 대해 바르게 설명하고 있는 것은?

① 독일의 화학자 룽게가 최초로 카페인 제거법을 개발하였다.
② 용매 추출법은 카페인 이외의 성분은 추출되지 않는다.
③ 가공 과정에서 생두 조직에 손상이 발생하지만 향은 손실되지 않는다.
④ 초임계 추출법은 낮은 비등점과 용매 제거의 문제가 있다.

28. 국제커피기구(ICO)에 대해 바르게 설명하고 있는 것은?

① 커피 생산 국가만 가입되어 있다.
② 커피 가격 통제와 커피 소비 촉진, 커피의 공정거래 등에 관한 업무를 하고 있다.
③ 기구 설립의 가장 큰 목적은 수출 물량 조절을 통한 커피 가격 안정에 있다.
④ 1983년 미국 뉴욕에서 출범하였다.

29. 커피 생산국마다 다른 수확 기준일을 ICO에서는 일괄적으로 정해 'Coffee year'라 부르고 있다. Coffee year의 산정 기준일은 언제인가?

① 5월 1일
② 7월 1일
③ 9월 1일
④ 10월 1일

30. 우유의 표면장력에 대해 설명한 것으로 틀린 것은?

　가. 표면장력이 낮으면 거품이 잘 일어난다.
　나. 탈지유는 전유보다 표면장력이 높다.
　다. 우유는 순수한 물보다 표면장력이 높다.
　라. 우유의 온도가 증가하면 표면 장력도 증가한다.

① 가, 나
② 다, 라
③ 가, 다
④ 나, 라

31. 우유에 함유된 유당에 대한 설명으로 맞는 것은?

① 백인종이 유당불내증이 가장 심하다.
② 유당은 소화가 잘 이루어지는 물질이다.
③ 모유의 유당은 우유의 유당보다 적다.
④ 유당의 상대적 감미도는 설탕의 1/6 정도이다.

32. 뜨거운 커피에 커피크림을 첨가하면 작은 형태의 털 조각이 떠다니는 것 같은 우모현상이 발생한다. 이 현상을 유발하는 주 성분은?

① 단백질
② 자당
③ 무기질
④ 과당

33. 우유를 높은 온도에서 가열할 때 생기는 가열취의 원인이 되는 물질은?

① 베타 – 락토글로불린
② 인산염
③ 카세인
④ 나트륨

34. 우유를 가열할 때 발생되는 열취와 이상취의 원인이 되는 물질은?

① 산소
② 황화수소
③ 이산화탄소
④ 일산화탄소

35. 자동산화는 커피가 공기 중의 산소와 반응하여 산패되는 현상이다. 이 현상을 일으키는 주된 성분은?

① 단백질
② 지질
③ 불포화지방산
④ 포화지방산

36. 마이야르 반응에서 갈색을 나타내는 식품에 해당되는 것은?

① 녹차
② 흑사탕
③ 홍차
④ 보드카

37. 커피가 건강에 영향을 미치는 효과에 대해 바르게 설명한 것은?

① 커피는 체내 지방을 분해하는 다이어트 효과가 있다.
② 카페인은 스트레스 유발 요인이므로 가급적 피한다.
③ 커피를 마시면 체내 활성산소가 증가한다.
④ 커피는 뇌세포를 활성화시켜 치매에 걸릴 확률을 높게 만든다.

38. 커피 생두를 신선하게 보관하기 위한 보관 창고의 환경으로 적합한 것은?

① 적정 습도만 유지하면 온도는 상관없다.
② 직사광선이 잘 드는 곳이 좋다.
③ 고온다습한 환경을 피하고 상온을 유지하는 곳이 좋다.
④ 생두가 바짝 마르지 않도록 습도가 높은 곳이 좋다.

39. 바리스타가 지켜야 할 위생 관리로 적절하지 않는 것은?

① 커피잔 및 유리 등은 뜨거운 물에 끓여 살균한다.
② 신선도를 유지하기 위해 나중에 들어온 물건을 먼저 사용한다.
③ 식품별로 분류 보관하여 교차오염을 예방한다.
④ 행주와 수건은 중성세제로 세척 후 100℃ 이상에서 5분간 열탕소독한다.

40. 카페 종업원의 고객 접대 방법으로 잘못된 것은?

① 카페에서 커피 주문은 고객의 왼쪽에서 받는다.
② 단골 고객일 경우 이름이나 직함을 불러 친밀감을 표현한다.
③ 예약 손님일 경우 예약 테이블로 안내한다.
④ 세컨드 라운드 주문은 고객의 요청이 있을 때만 받는다.

41. 바리스타의 창의성이 가장 많이 요구되는 항목은?

① 가니쉬(Garnish)
② 잔의 선택
③ 커피 추출
④ 정리정돈

42. 마케팅 차원에서 실시하는 'Happy hour'의 의미는?

① 특별한 날을 맞은 고객을 위한 이벤트
② 가격 할인 시간대
③ 문 닫기 전의 시간대
④ 오픈 시간대

43. 메뉴 계획 시 고려해야 할 사항으로 바른 것은?

① 메뉴 단가를 일률적으로 적용
② 모든 제품을 저가로 고려
③ 복잡하고 만들기 어려운 메뉴 위주로 구성
④ 서비스에 맞는 메뉴 디자인이나 구상

44. 종업원과 고객 간의 원활한 상호작용이 이루어지는 시점을 무엇이라 부르는가?

① 서비스 활용점
② 서비스 개선점
③ 서비스 접점
④ 고객 접점

45. 물질이 연소, 승화, 증발하거나 화학반응 등으로 인해 생성되는 콜로이드상의 고체 물질에 해당하는 것은?

① Smoke
② Mist
③ Fume
④ Dust

46. 감각 온도의 3대 인자에 해당되는 것은?

① 냉각, 기온, 전도열
② 기압, 기온, 기류
③ 전도열, 복사열, 대류
④ 기온, 기습, 기류

47. 생두를 로스팅할 때 발생하는 화학적 변화에 대해 맞게 설명하고 있는 것은?

① 로스팅이 진행됨에 따라 원두의 압축강도는 증가한다.
② 로스팅이 증가함에 따라 원두의 용적증가율은 감소한다.
③ 로스팅이 진행됨에 따라 원두의 비중은 증가한다.
④ 로스팅이 진행됨에 따라 세포 내 성분은 고체화된다.

48. 다음 중 로스팅 과정에서 일어나는 변화에 대한 설명으로 다른 것은?

① 수분이 증발하면서 중량, 밀도, 질량이 증가한다.
② 생두의 당분, 단백질, 유기산 등이 갈변반응을 통하여 가용성 성분으로 변화한다.
③ 생두를 가열하면 연녹색 생두가 흰색, 노란색, 갈색 순으로 변한다.
④ 수분 함량은 11% 정도에서 1% 정도로 낮아진다.

49. 로스팅에 관한 설명으로 잘못된 것은?

① 로스팅이 진행될수록 조직이 다공질이 되어 부피가 증가한다.
② 추출이 될 수 있도록 생두에 열을 가해 세포조직을 분해 파괴하여 여러 가지 성분을 발현 시키는 과정이다.
③ 풀시티 로스팅이 가장 진하게 로스팅된 상태를 말한다.
④ 커피를 로스팅하면 크랙이 두 번 발생한다.

50. 로스팅 단계에 대해 바르게 설명하고 있는 것은?

① 로스팅이 약할수록 명도값은 감소한다.
② 원두의 갈색 정도를 표준 샘플과 비교해서 로스팅 단계를 정하기도 한다.
③ 로스팅 가열 시간이 많을수록 원두의 색상은 초록색에 가깝다.
④ 로스팅이 강하면 명도값은 증가한다.

모의고사 2회

1. 로스팅의 8단계 분류 중 풀시티 로스팅과 가장 가까운 SCA 로스팅 등급은?

   ① Moderately dark
   ② Dark
   ③ Very Dark
   ④ Medium

2. 로스팅에 대해 바르게 설명하고 있는 것은?

   ① 로스팅 초기에는 발열 반응이 나타나다가 흡열 반응이 나타난다.
   ② 로스팅을 마친 후 가급적 천천히 냉각시켜 주어야 한다.
   ③ 로스팅은 생두를 선택하여 열을 가하는 일련의 과정을 지칭하는 말로서 방식에 따라 직화식, 반열풍식, 열풍식으로 나눌 수 있다.
   ④ 생두 표면에 붙어 있는 실버스킨은 로스팅 완료 후에도 남아 있다.

3. 열풍식 로스팅에 의한 급속 로스팅의 특성을 바르게 설명한 것은?

   ① 원두가 골고루 익지 않는 단점이 있다.
   ② 원두 세포에 열 침투성이 낮다.
   ③ 직화식 로스팅에 비해 원두의 비중이 높아진다.
   ④ 로스팅 시간이 짧아서 원두의 가용성 고형분 함량이 많아진다.

4. 로스팅 후 블렌딩(Blending after roasting)에 대해 바르게 설명하고 있는 것은?

   ① 각각의 생두가 밀도, 함수율에 차이가 없는 경우 적합하다.
   ② 블렌딩 용량에 맞춰 계획적으로 로스팅하지 않으면 특정 원두가 많이 남을 수 있다.
   ③ 각각의 생두를 섞은 후 함께 로스팅하는 방법이다.
   ④ 로스팅 횟수가 적어 작업이 용이하다.

5. 다음 중 용어를 바르게 설명하고 있는 것은?

   ① Blend Coffee : 하나의 품종으로 만들어진 커피
   ② Estate coffee : 동일 국가에서 생산된 커피
   ③ Micro lot coffee : 하나의 농장에서 생산된 커피
   ④ Single origin coffee : 여러 국가의 커피를 섞은 커피

6. 열풍식 로스팅에 대해 바르게 설명하고 있는 것은?

   ① 대량 로스팅에 적합한 방식이다.
   ② 열량 손실이 많다.
   ③ 원두 표면을 태울 수 있는 확률이 직화식보다 적다.
   ④ 직화식에 비해 개성적인 커피의 맛과 향을 표현하기 쉽다.

7. 생두에 함유된 카페인에 대해 바르게 설명하고 있는 것은?

① 퓨린 염기 서열에 속하며 품종 및 재배지에 따라서 함량 차이가 크다.
② 아라비카종이 로부스타종에 비해 2배 더 많이 함유하고 있다.
③ 커피 생두에만 함유되어 있는 성분이다.
④ 로스팅으로 인해 많은 양이 손실된다.

8. 로스팅을 해도 생두의 성분 중 양적 변화가 가장 적은 것은?

① 탄수화물
② 자당
③ 트리고넬린
④ 카페인

9. 생두에 함유된 트리고넬린에 대해 바르게 설명하고 있는 것은?

① 로스팅 과정을 거쳐도 거의 열분해되지 않고 남아 있다.
② 로스팅 과정 중 대부분 열분해되어 향미를 나타내는 성분과 나이신으로 생성된다.
③ 커피에만 유일하게 존재하는 물질이다.
④ 카페인과 별도로 약 25% 정도의 쓴맛을 내는 성분이다.

10. 아라비카종과 로부스타종에 함유되어 있는 지질의 평균 함량은?

① 아라비카 5.5%, 로부스타 10.5%
② 아라비카 15.5%, 로부스타 5.5%
③ 아라비카 10.5%, 로부스타 15.5%
④ 아라비카 15.5%, 로부스타 10.5%

11. 커피의 생두에 함유되어 있는 지질 성분이 아닌 것은?

① 토코페롤(Tocopherol)
② 트리글리세라이드(Triglyceride)
③ 아말릭(Amalic)
④ 디터펜(Diterpene)

12. 커피의 향미 성분 중 로스팅 과정을 거치면서 생성되는 향이 아닌 것은?

① Caramelly
② Flowery
③ Nutty
④ Chocolaty

13. 커피의 건열 반응(Dry distillation)에 의하여 생성되는 향기가 아닌 것은?

① Flowery
② Carbony
③ Spicy
④ Resinous

14. 커피에서 느낄 수 있는 휘발성 유기화합물 중 커피를 마시기 전에 느낄 수 있는 향은?

① Flavor
② Aftertaste
③ Wet aroma
④ Cup aroma

15. 커피 아로마를 표현하는 용어와 관련이 없는 것은?

① Bitter
② Clove-like
③ Caramel
④ Cedar

16. 다음 중 가장 뒤에 느껴지는 향기는?

① Fregrance
② Aftertaste
③ Wet aroma
④ Nose

17. 커피의 맛과 향미를 최대한 살리고자 할 때 고려해야 할 사항으로 맞는 것은?

① 추출법은 동일하게 통일한다.
② 강하게 로스팅된 원두를 사용한다.
③ 결점두가 적고 완숙된 생두를 선택한다.
④ 로스팅 후 4주 이상이 경과한 원두를 사용한다.

18. 커피 평가 방법에 대해 바르게 짝지어진 것은?

① 상쾌한 신맛이 있다 – 원두를 강하게 로스팅하였다.
② 강한 쓴맛이 없다 – 원두가 속까지 익지 않았다.
③ 커피 향이 풍부하다 – 로스팅 후 4주 이상이 지난 원두를 사용하였다.
④ 커피의 색이 깨끗하다 – 핸드픽이 잘 된 고품질 원두를 사용하였다.

19. 커피에 대한 상식으로 잘못된 것은?

① 냉동 보관하면 커피의 산패가 진행되지 않는다.
② 커피는 pH가 높은 약산성 음료다.
③ 커피의 최대 보관일수는 30일이 넘지 않도록 한다.
④ 하루 2~3잔 신선한 커피로 즐기는 것이 좋다.

20. 다음 열거된 커피 기구 중 사용하는 원두의 입자가 굵은 순으로 나열된 것은?

가. 모카포트
나. 핸드드립
다. 에스프레소
라. 프렌치프레스

① 가 – 나 – 다 – 라
② 라 – 나 – 가 – 다
③ 다 – 나 – 가 – 라
④ 라 – 다 – 나 – 가

21. 커피 그라인더의 칼날 종류에 해당되지 않는 것은?

① 수평형
② 코니컬형
③ 롤형
④ 디스크형

22. 커피의 산패에 대해 잘못 설명하고 있는 것은?

① 강배전 원두가 약배전 원두보다 산패가 느리게 진행된다.
② 홀빈보다는 분쇄된 원두가 산패가 빨리 진행된다.
③ 커피가 공기 중의 산소와 결합하여 맛과 향이 변하는 것을 말한다.
④ 커피 포장 안에 있는 질소는 커피의 산패에 영향을 미치지 않는다.

23. 원두의 보관 방법에 대해 바르게 설명하고 있는 것은?

① 냉동이나 냉장 보관하는 것이 좋다.
② 습도는 원두의 산패에 큰 영향을 미치지 않는다.
③ 산소, 습도, 햇볕을 최대한 차단해서 보관해야 한다.
④ 홀빈 상태보다는 분쇄된 상태로 보관하는 것이 좋다.

24. 커피의 산패에 대해 바르게 설명하고 있는 것은?

① 포장지 내에 산소를 일정하게 채워 주어야 산패가 느리게 진행된다.
② 분쇄 상태의 원두는 홀빈 상태의 원두보다 5배 빨리 산패가 진행된다.
③ 빛의 투과가 좋은 투명 봉지에 보관하는 것이 산패를 예방한다.
④ 습도가 높은 여름보다는 겨울에 산패가 빨리 진행된다.

25. 원두의 향을 보존하기 위한 방법으로 올바른 것은?

① 미리 분쇄해 두면 숙성된 향미가 발현되어 좋다.
② 냉장 보관은 원두의 산패를 막을 수 있어 적극 추천하는 방법이다.
③ 냉동 보관은 봉지를 벗기고 원두 상태로 해야 한다.
④ 밀봉된 상태로 어둡고 서늘한 곳에 보관하여야 한다.

26. 원두의 구입 방법에 대해 올바르게 설명한 것은?

① 2주일 이내에 소비할 분량만 구입하는 것이 좋다.
② 가급적 많은 양을 구입해 놓고 냉동 보관한다.
③ 로스팅 일자가 오래된 것을 골라야 맛이 좋다.
④ 등급이 높은 원두는 한달 이상 지나도 맛과 향이 좋다.

27. 더치커피의 특성에 대해 잘 설명하고 있는 것은?

① 약하게 로스팅된 원두는 더치커피에 사용하지 못 한다.
② 원두의 분쇄도에 큰 영향을 받지 않는다.
③ 일반적으로 분쇄는 핸드드립보다는 가늘게, 에스프레소보다는 굵게 한다.
④ 더치커피는 고온 단시간 추출법이다.

28. 사이폰 추출에 대해 잘못 설명하고 있는 것은?

① 물의 양에 따라 추출된 커피의 농도와 맛이 달라진다.
② 물과 커피가 접촉하는 시간에 따라 다른 맛이 난다.
③ 로스팅 정도에 따라 다른 맛이 난다.
④ 사용하는 열원의 종류에 따라 다양한 맛으로 추출된다.

29. 다음 커피 추출 기구 중 추출된 커피의 온도가 가장 높은 것은?

① 핸드드립
② 에스프레소
③ 프렌치 프레스
④ 사이폰

30. 드립포트를 선택할 때 유의해야 할 점이 아닌 것은?

① 주전자의 재질을 잘 살피고 보온성이 뛰어난 것을 산다.
② 물이 나오는 주전자의 배출구는 학의 모양을 닮은 것이 좋다.
③ 가격이 높은 주전자일수록 좋은 포트이니 믿고 산다.
④ 주전자 배출구의 모양에 따라 물줄기가 다르게 나오므로 용도에 맞게 산다.

31. 핸드드립 추출에 대해 틀리게 설명하고 있는 것은?

① 원을 그리며 물 붓는 위치를 이동시킨다.
② 드리퍼와 필터가 맞닿는 부분에 물을 부어준다.
③ 추출이 완료될 때까지 드리퍼 안의 물이 마르면 안 된다.
④ 물이 너무 굵거나 끊기지 않도록 일정하게 부어준다.

32. 핸드드립에서 물과 원두의 접촉 시간에 영향을 주는 요소는?

① 드립주전자의 종류
② 커피입자의 크기
③ 필터의 종류
④ 서버의 종류

33. 융 필터를 물에 담가 보관하는 이유는?

① 추출 속도를 조절하기 위해
② 천을 더 부드럽게 만들기 위해
③ 추출 후 남아 있을지 모르는 찌꺼기의 잡냄새를 제거하기 위해
④ 천의 표백을 위해

34. 다음 중 여러 추출법과 설명으로 바른 것은?

① 프렌치 프레스 – 아주 가는 분쇄의 원두를 사용한다.
② 퍼컬레이터 – 높은 증기압을 이용해 추출한다.
③ 핸드드립 – 저온의 물로 커피를 추출한다.
④ 모카포트 – 이탈리아에서 널리 사용하는 도구로 증기압의 원리를 이용한다.

35. 신선한 커피에 함유된 이산화탄소로 인해 발생되는 현상은?

① 커피의 향기 성분을 배출시킨다.
② 산소를 흡수한다.
③ 원적외선을 만들어 준다.
④ 수소를 발생시킨다.

36. 이브릭이나 체즈베를 활용해 터키식 커피를 만들 때 거품을 각 잔에 나누어 배분하는데, 이때 거품의 역할은?

① 커피가 식지 않게 해 준다.
② 지질 성분이 부드러운 맛을 더해 준다.
③ 코팅효과를 통해 향기를 보존해 준다.
④ 커피 찌꺼기를 제거해 주는 역할을 한다.

37. 에스프레소의 화학적 산소요구량은?

① pH 4.0
② pH 4.5
③ pH 5.2
④ pH 6.0

38. 추출된 에스프레소의 향미를 결정하는 요소는?

① 보일러의 압력과 추출 압력의 적절성
② 샷잔의 종류
③ 이탈리아 이상의 로스팅
④ 노크박스의 종류

39. 에스프레소의 특징을 바르게 설명한 것은?

① 추출 시간이 지날수록 크레마의 색상은 더 강렬해진다.
② 최상의 에스프레소는 Buttery한 맛과 강한 바디를 느낄 수 있다.
③ 드립커피보다는 불용성 성분이 덜 추출된다.
④ 고객에게 제공하기 10분 전에 추출해 놓아야 숙성된 맛과 향이 난다.

40. 에스프레소와 물의 특성을 물리화학적으로 바르게 설명한 것은?

① 표면장력이 감소한다.
② 점도가 낮아진다.
③ 전기전도도가 낮아진다.
④ 밀도가 낮아진다.

41. 에스프레소의 4M 공식에 해당되지 않는 것은?

① Macinazion
② Miscela
③ Mzcchina
④ Maintanance

42. 에스프레소 블렌딩을 하는 목적은?

① 오리지날 커피 본연의 맛을 즐기기 위해서
② 로스팅 작업을 줄이기 위해서
③ 한 종류의 커피로는 조화로운 맛을 만들기 어려워서
④ 카페인 함량을 늘리기 위해서

43. 에스프레소 커피 제공에 대해서 바르게 설명하고 있는 것은?

① 에스프레소는 머그잔에 제공한다.
② 스푼, 설탕, 냅킨, 물을 함께 제공한다.
③ 양을 많이 제공하기 위해 항상 룽고로 추출하여 제공한다.
④ 샷 글라스에 추출된 그대로 제공한다.

44. 에스프레소의 특징에 대해 잘못 설명하고 있는 것은?

① 에스프레소는 pH 5.2~5.8 정도의 산도를 갖는다.
② 다른 방식으로 추출된 커피보다 고형분 함량이 많다.
③ 다른 추출 기구로 추출한 커피보다 카페인 함량이 적게 추출된다.
④ 순수한 물과 비교했을 때 굴절률은 감소한다.

45. 반자동 에스프레소 머신에 대해 바르게 설명한 것은?

① 맛이 일정하게 추출되는 장점이 있다.
② 완전 수동 머신보다 사용하기 어렵다.
③ 숙련되지 않은 바리스타도 쉽게 사용할 수 있다.
④ 추출 시간이 자동으로 조절된다.

46. 에스프레소 머신에 대한 설명으로 잘못된 것은?

① 자동 머신과 반자동 머신은 내부의 구조가 완전히 다르다.
② 완전 수동 머신이 반자동 머신에 비해 맛의 편차가 많다.
③ 완전 자동 머신은 일의 효율성이 좋다.
④ 반자동 머신은 바리스타의 능숙한 능력이 요구된다.

47. 에스프레소 머신의 디스퍼전 스크린에 대한 설명으로 잘못된 것은?

① 매일 청소를 해 주어야 찌꺼기가 눌어붙지 않는다.
② 스테인리스 재질로 만들어져 있다.
③ 일정 기간 사용하면 교환해 주어야 하는 소모품이다.
④ 물의 압력을 한곳으로 모아 주는 역할을 한다.

48. 에스프레소 머신의 메인 보일러의 압력은 무엇에 의해 발생하는가?

① 수증기
② 히터
③ 밸브
④ 전기

49. 에스프레소 머신 보일러 물의 용량은?

① 50%
② 60%
③ 70%
④ 80%

50. 부식 방지를 위해 에스프레소 머신 보일러 내부에 도금하는 성분은?

① 금
② 니켈
③ 은
④ 망간

모의고사 **3회**

1. 에스프레소 머신 스팀을 작동시켰더니 수증기보다 물이 많이 나왔다. 그 원인은?

① 보일러 내 물의 온도가 너무 높다.
② 스팀 압력이 낮았다.
③ 보일러 안에 물이 80% 이상 찼다.
④ 스팀 압력이 높았다.

2. 에스프레소 부품 중 펌프모터의 기능은?

① 압력을 9bar까지 상승시켜 주는 역할을 한다.
② 추출 시 고온 고압의 물이 새지 않도록 한다.
③ 포터필터를 장착하는 곳이다.
④ 물의 흐름을 통제하는 부품이다.

3. 에스프레소 머신의 펌프모터에서 심한 소음이 나는 원인은?

① 물의 온도가 너무 높다.
② 물이 공급되지 않고 있다.
③ 추출 버튼을 오래 누르고 있었다.
④ 1인용 포터필터를 사용하였다.

4. 에스프레소 머신의 플로우 미터의 내부 회전체가 작동하지 않을 경우 나타나는 현상은?

① 에스프레소 머신의 전원이 차단된다.
② 보일러의 물이 데워지지 않는다.
③ 보일러 수위가 낮아진다.
④ 커피 추출 물량이 조절되지 않는다.

5. 에스프레소 머신에 대해 바르게 설명하고 있는 것은?

① 샤워필터는 포터필터에 전체적으로 골고루 물을 분사시키는 역할을 한다.
② 압력게이지는 보일러의 수위를 표시하는 장치이다.
③ 그룹헤드는 물을 가열해 주는 장치이다.
④ 솔레노이드 밸브는 압력을 표시해 주는 장치이다.

6. 에스프레소 머신에 연수기를 부착해 사용하는 이유는?

① 물에 짠맛을 더해 주기 위해
② 물속에 함유된 칼슘을 제거해 보일러나 파이프 등에 흡착되는 것을 방지하기 위해
③ 펌프모터의 작동을 원활하게 하기 위해
④ 추출 압력이 일정하게 유지되도록 하기 위해

7. 연수기를 청소할 때 사용되는 것은?

① 소금
② 주방세제
③ 락스
④ 식초

8. 에스프레소 점검에 대해 바르게 설명하고 있는 것은?

① 그룹헤드의 가스킷과 샤워스크린은 2년에 한번 꼭 교체해 주어야 한다.
② 빠른 건조를 위해 설거지가 끝난 컵은 바로 에스프레소 머신 워머에 올려 건조한다.
③ 안정적인 추출을 위해 그룹헤드는 절대 분리해서는 안 된다.
④ 펌프 압력과 보일러 온도는 게이지를 보면서 정상으로 작동되고 있는지 수시로 확인한다.

9. 그룹헤드에 장착되어 있는 가스킷의 교환 시기는?

① 추출된 커피의 크레마가 연노랑색으로 나올 때
② 포터필터를 장착할 때 탄력이 느껴지지 않고 그룹헤드 옆으로 물이 새어 나올 때
③ 커피 추출 시간이 길어질 때
④ 포터필터가 잘 장착되지 않을 때

10. 커피를 그라인더로 분쇄하는 이유는?

① 분쇄하면 커피의 양이 늘어나므로
② 도징 작업이 쉽도록 하기 위해
③ 물과의 접촉 면적을 넓혀 커피의 고형성분이 잘 우러나게 하기 위해
④ 커피의 향미 성분을 더 증가시키기 위해

11. 에스프레소 그라인더 관리 방법을 바르게 설명한 것은?

① 커피 그라인더의 날은 정기적으로 분해하여 찌꺼기를 완전히 제거하고 기름기를 닦아 낸다.
② 도저는 세제와 물을 이용해 깨끗이 세척해 준다.
③ 작동 스위치를 끄고 전원은 연결한 상태에서 청소해도 무방하다.
④ 호퍼는 따뜻한 물로 헹궈서 말려 준다.

12. 에스프레소용 커피의 분쇄도에 대해 바르게 설명하고 있는 것은?

① 그라인더의 숫자가 커질수록 입자는 작게 갈린다.
② 핸드드립용 커피보다 더 굵게 갈아야 한다.
③ 프렌치프레스보다는 가늘게, 모카포트보다는 굵게 갈아야 한다.
④ 일반적으로 밀가루보다 굵게, 설탕보다 가늘게 갈아야 한다.

13. 에스프레소 머신의 부품 역할에 대해 바르게 설명하고 있는 것은?

① 그룹헤드의 가스킷은 바스켓 필터에 든 커피에 물을 골고루 분사시키는 역할을 한다.
② 머신의 보일러는 대부분 동 재질로 만들어지며, 내부는 부식을 방지하기 위해 니켈 도금한다.
③ 플로우 미터는 물의 압력을 만들어 주는 부품이다.
④ 완전 수동 머신에는 기계를 작동시키는 메인보드가 장착되어 있다.

14. 에스프레소 추출 시간이 너무 길어지면 어떤 맛이 강해지는가?

① 단맛
② 신맛
③ 짠맛
④ 쓴맛

15. 에스프레소 추출 과정에 대해 바르게 설명하고 있는 것은?

① 추출을 통해 입자 간 액체투과 현상도 나타난다.
② 입자를 부풀려 확산시키는 추출 방법이다.
③ 추출을 통해 커피의 고형성분이 용출되지 않는다.
④ 굵게 분쇄된 커피에 액체를 흘려 주는 과정이다.

16. 에스프레소 추출의 에멀젼(Emulsion) 현상은 무엇을 말하는가?

① 열수
② 갈변
③ 유제
④ 산화

17. 에스프레소 커피 추출 속도와 관계가 없는 것은?

① 커피 케이크의 상/하부 압력차
② 커피 케이크의 크기
③ 커피 케이크의 온도
④ 수리학적 저항치

18. 에스프레소 패킹 과정으로 잘 나열된 것은?

① 커피 분쇄 → 커피 담기 → 탬핑 → 레벨링 → 필터바스켓 상부 털기
② 커피 분쇄 → 탬핑 → 커피 담기 → 레벨링 → 필터바스켓 상부 털기
③ 커피 분쇄 → 레벨링 → 커피 담기 → 탬핑 → 필터바스켓 상부 털기
④ 커피 분쇄 → 커피 담기 → 레벨링 → 탬핑 → 필터바스켓 상부 털기

19. 포터필터의 필터홀더 바스켓과 스파웃 관리에 대해 잘못 설명하고 있는 것은?

① 바스켓은 항상 젖은 행주로 닦아 사용한다.
② 스파웃은 바닥에 닿지 않도록 한다.
③ 스파웃을 도징체임버 위로 가지 않게 한다.
④ 바스켓과 스파웃은 분리 후 따듯한 물로 세척한다.

20. 에스프레소 전용 잔을 부르는 명칭은?

① 카푸치노
② 데미타세
③ 모닝컵
④ 머그컵

21. 에스프레소 과소추출의 원인에 해당되는 것은?

① 기준보다 많은 양의 원두를 사용하였다.
② 물의 온도가 너무 높았다.
③ 탬핑을 너무 강하게 했다.
④ 원두의 분쇄가 너무 굵다.

22. 에스프레소를 추출하는 데 30초 이상이 걸렸다면 가장 먼저 조절해야 하는 사항은?

① 탬핑의 강도
② 원두의 분쇄 입자 크기 조절
③ 물의 온도
④ 추출 압력

23. 에스프레소 과다추출 원인에 해당되는 것은?

① 커피의 굵기가 너무 굵었다.
② 추출 시간이 너무 짧았다.
③ 커피와 물이 접촉하는 시간이 너무 길었다.
④ 커피의 양이 너무 적었다.

24. 에스프레소 크레마의 색상과 설명이 바르게 된 것은?

① 크레마의 색상이 옅은 경우 – 추출 시간이 너무 빨랐다.
② 크레마의 색상이 옅은 경우 – 추출 시간이 너무 길었다.
③ 크레마가 없는 경우 – 너무 신선한 원두를 사용하였다.
④ 크레마가 빨리 진해지는 경우 – 사용량이 너무 적었다.

25. 크레마에 대해 잘못 설명하고 있는 것은?

① 핸드드립 추출로도 크레마를 얻을 수 있다.
② 크레마의 두께는 3~4mm 정도다.
③ 크레마는 지방성분이 많이 함유되어 있다.
④ 에스프레소가 식는 것을 방지해 준다.

26. 크레마에 대해 바르게 설명하고 있는 것은?

① 커피의 찌꺼기가 액체 위로 떠오르는 현상이다.
② 커피의 지방성분과 고형성분이 결합되어 생성된 미세한 거품이다.
③ 크레마의 양이 적은 커피가 신선한 커피다.
④ 에스프레소 양의 50% 이상이 되어야 좋다.

27. 우유 거품을 만드는 스티밍 작업에 대해 바르게 설명하고 있는 것은?

① 적정한 우유의 온도는 80℃ 정도이다.
② 우유에 공기 주입을 많이 해 주어야 좋은 거품이 생성된다.
③ 벨벳 거품을 만드는 것이 가장 중요하다.
④ 거품은 굵고 거칠게 만드는 것이 좋다.

28. 에스프레소 추출에 필요한 그라인더의 입자 조절 요인으로 잘못된 것은?

① 작업장 습도의 변화
② 로스팅 포인트의 변화
③ 그라인더 커터의 변화
④ 머신의 추출 압력의 변화

29. 에스프레소 추출에 대해 바르게 설명하고 있는 것은?

① 그라인더의 성능은 에스프레소 향미에 영향을 미칠 수 있다.
② 에스프레소 머신의 성능은 에스프레소의 맛과 상관이 없다.
③ 성능이 좋은 커피머신을 사용하면 탬핑을 하지 않아도 된다.
④ 가격이 높은 머신이나 그라인더가 좋은 에스프레소를 추출한다.

30. 커피의 농도가 낮은 경우에 해당되지 않는 것은?

① 추출커피의 입자가 굵다.
② 에스프레소보다 핸드드립 추출의 농도가 더 낮다.
③ 로스팅 포인트가 약배전이다.
④ 고온으로 추출하였다.

31. 다음 에스프레소 메뉴 중 양이 가장 많은 것은?

① 에스프레소 솔로
② 리스트레토
③ 에스프레소 도피오
④ 룽고

32. 짧은 시간에 가장 농축된 커피를 추출하는 커피는?

① 에스프레소
② 룽고
③ 도피오
④ 리스트레토

33. Variation 커피에 속하지 않는 것은?

① 에스프레소 도피오
② 카푸치노
③ 카페오레
④ 카페모카

34. 카푸치노에 대해 틀리게 설명하고 있는 것은?

① 카페라떼보다 거품이 풍부하게 들어가야 한다.
② 토핑으로 계피 가루를 꼭 사용해야 한다.
③ 에스프레소에 우유와 거품을 올린 음료이다.
④ 카페라떼보다 커피의 맛과 향이 진하게 느껴진다.

35. 커피 용어를 설명한 것 중 잘못된 것은?

① 룽고 : 길게 추출하여 양이 많은 에스프레소를 말한다.
② 크레마 : 에스프레소로 추출된 커피에 덮이는 황갈색 거품을 말한다.
③ 디카페인 : 커피에 카페인을 추가하여 약효 성분을 높인 커피를 말한다.
④ 카페라떼 : 에스프레소에 우유를 추가해 부드럽게 만들 음료를 말한다.

36. 아무것도 추가되지 않은 에스프레소를 칭하는 이탈리아어는?

① 카페 에스프레소
② 에스프레소 로마노
③ 에스프레소 마끼아또
④ 에스프레소 콘파냐

37. 브랜디를 이용해 만든 음료로 나폴레옹이 즐겨 마셔 유명해진 메뉴는?

① 아이리시 커피
② 카페로얄
③ 화이트러시안
④ 블루마운틴

38. 멕시코 커피에 코코아와 바닐라 향을 첨가해 만든 Liqueur는?

① 헤이즐넛
② 아이리쉬
③ 아마레또 모카치노
④ 깔루아

39. 다음 중 커피의 등급을 다르게 사용하는 국가는?

① 케냐
② 탄자니아
③ 콜롬비아
④ 말라위

40. 수확된 지 1~2년이 지난 생두로 함수율이 11% 이하인 커피를 지칭하는 용어는?

① 패스트 크롭
② 올드 크롭
③ 뉴 크롭
④ 스페셜티

41. 다음 중 좋은 생두의 기준에 해당되지 않는 것은?

① 밀도가 단단하고 높을수록 좋은 생두다.
② 다른 조건이 동일하다면 크기가 클수록 좋은 생두다.
③ 저지대에서 다량 생산된 커피일수록 품질이 일정하고 좋다.
④ 색상은 짙은 청록색이고 결점두가 적을수록 좋은 생두다.

42. 모든 체리를 손으로 훑어 한번에 수확하는 방법을 일컫는 용어는?

① 핸드피킹
② 핸드소트
③ 메카니컬 하베스팅
④ 스트립핑

43. 커피의 품종 개량 목적에 해당되지 않는 것은?

① 커피나무의 생산성 보존
② 커피나무의 수명 연장
③ 품질 개선
④ 환경적응력과 병충해 저항성 증가

44. 카페 영업 시작 전에 판매 가능한 양만큼 미리 준비해 두는 재료를 무엇이라 하는가?

① Par Stock
② Pre Food
③ Daily Product
④ Order List

45. 객단가를 높이는 방법에 해당되지 않는 것은?

① 단체 고객을 유치한다.
② 단가가 높은 메뉴 주문을 유도한다.
③ 서브 메뉴 주문을 유도한다.
④ 세트형 메뉴를 권유한다.

46. 로스팅의 물리적 변화 과정 중 흡열 반응은 언제까지 지속되는가?

① 중점
② 터닝포인트
③ 옐로우 시점
④ 1st Crack

47. 생두에 함유된 커피의 지질에 대해 틀리게 설명하고 있는 것은?

① 아라비카종은 평균 15.5%, 로부스타종은 9.1% 함유되어 있다.
② 장기 저장 시 지질의 산가가 감소한다.
③ 주 성분은 토코페롤, 트리글리세라이드, 디터펜 등이다.
④ 저장 기간이 길어질수록 피파제 성분에 의해 가수분해가 촉진되어 산가가 높아진다.

48. 커피의 기본맛을 구성하는 단맛 성분에 해당되지 않는 것은?

① 페놀화합물
② 환원당
③ 캐러멜
④ 단백질

49. 커피와 물의 적정 비율에 대해 잘못 설명하고 있는 것은?

① 커피의 농도는 커피의 성분이 1~1.5%이고, 물이 99~98.5℃일 때 적당하다.
② 적정 추출 수율은 18~22%이다.
③ 추출 수율이 22%보다 높으면 견과류 같은 풀 냄새와 물맛이 난다.
④ 추출 수율이 22%보다 높으면 쓰고 자극적인 느낌이 난다.

50. 커피는 로스팅 후 시간이 지남에 따라 산패가 진행된다. 커피 산패의 3단계 과정에 해당되지 않는 것은?

① 증발작용
② 상호작용
③ 진공작용
④ 산화작용

모의고사 **4회**

1. 커피나무가 최초로 상업적으로 재배되기 시작한 나라는 어디인가?

   ① 베트남
   ② 예멘
   ③ 케냐
   ④ 과테말라

2. 의학집성이라는 문헌을 통해 커피를 최초로 'Buna' 또는 'Bunchum'으로 기록한 아라비아의 의학자는 누구인가?

   ① 베제라(Bezzera)
   ② 파보니(Pavoni)
   ③ 훼마(Faema)
   ④ 라제스(Rhazes)

3. 이슬람교의 음료로 알려져 이교도의 음료라 비판받은 커피에 세례를 주어 커피가 유럽사회에 널리 전파될 수 있도록 한 인물은 누구인가?

   ① 클레멘트 8세
   ② 그레고리오 14세
   ③ 바오로 5세
   ④ 인노첸시오 9세

4. 다음 중 커피하우스와 창업자가 바르게 연결된 것은?

   ① 더 킹스 암즈 – 존 허친스
   ② 영국의 최초 커피하우스 – 게오르그 콜시츠키
   ③ 카페 드 프로코프 – 파스카 로제
   ④ 비엔나 커피하우스 – 프로코피오 콜텔리

5. 다음 커피 역사에 관한 사실 중 다른 것은?

   ① 유럽의 커피 문화는 17~19세기에 급속도로 발전하였는데, 이 시기의 커피하우스는 여론을 모으고 전파하는 역할을 하였다.
   ② 우리나라 최초의 커피하우스는 손탁호텔이다.
   ③ 1773년 일어난 보스턴 차 사건으로 미국은 홍차 소비국에서 커피 소비국으로 전환한다.
   ④ 네덜란드에 의해 지금의 스리랑카의 실론 지역에 커피가 재배되기 시작한 것은 13세기 말이다.

6. 유럽의 커피 전파와 관련된 기술 중 맞는 것은?

   ① 오스트리아 최초의 커피하우스는 잘츠부르크에 설립되었다.
   ② 이탈리아는 베니스에 가장 먼저 커피가 도입되었다.
   ③ 영국 런던에 최초의 커피하우스는 게오르그 콜시츠키에 의해 설립되었다.
   ④ 프랑스에 가장 먼저 커피가 도입된 도시는 파리이다.

7. 우리나라의 커피 역사에 대한 설명 중 잘못 기술된 것은?

   ① 구한말에는 "커피를 서양에서 들여온 탕국"이라는 의미로 양탕국이라 불렀다.
   ② 우리나라 최초의 커피하우스는 손탁이 정동 구락부에 만들었다.
   ③ 1896년 아관파천 당시 고종황제에게 커피를 대접한 사람은 블라디미르이다.
   ④ 고종은 정관헌이라는 서양식 건물에서 커피를 즐겼다.

8. 다음 중 커피나무에 대한 설명으로 맞는 것은?

① 커피나무는 유코페아과 커페아속의 다년생 상록수 식물이다.
② 아라비카종의 고향은 에티오피아, 카네포라종의 고향은 아프리카 콩고이다.
③ 아라비카종은 건조한 환경에도 잘 적응하며 저지대에서 주로 생산된다.
④ 카네포라종의 대표 품종은 카투아이, 문도 노보 등이다.

9. 커피를 식물학적으로 분류한 다음 설명 중 틀린 것은?

① 로부스타종은 염색체수가 22개이다.
② 아라비카종은 염색체수가 44개이다.
③ 아라비카종은 벌레나 바람을 이용한 타가수분을 한다.
④ 아라비카종과 로부스타종의 꽃잎은 5장, 리베리카종은 7~9장이다.

10. 커피체리에 대한 설명으로 맞는 것은?

① 커피체리 안에는 일반적으로 생두가 한 개들어 있으며, 두 개가 들어 있는 경우 이를 피베리(Peaberry)라 부른다.
② 생두는 평평한 면 한가운데 센터컷이라 불리는 홈이 파여 있다.
③ 커피열매는 타원형으로 노란색 → 붉은색 → 녹색으로 익어 간다.
④ 생두는 은피와 과육 외피로 둘러쌓여 있다.

11. 생두를 로스팅할 때 일어나는 변화를 바르게 설명한 것은?

A. 로스팅 강도가 높아질수록 카페인의 양이 증가한다.
B. 휘발성 향기 성분이 계속 증가한다.
C. 조직이 다공질이 되어 부피는 증가한다.
D. 로스팅 강도가 낮을수록 가용성 성분의 함량이 높다.

① A, B
② B, C
③ A, D
④ B, D

12. 로스팅에 관해 설명한 것 중 틀린 것은?

① 생두는 로스팅 머신 내부에서 100~500℃로 가열되지만, 머신에 따라 다소 차이가 있다.
② 생두의 수분증발이 끝나는 시점은 내부의 온도가 100℃ 정도일 때이다.
③ 생두는 흡열 반응과 발열 반응을 거쳐 익어 간다.
④ 생두에 함유되어 있던 탄수화물, 지방, 단백질, 유기산 등이 분해되기 시작하는 온도는 200℃ 이후이다.

13. 로스팅 단계 중 명도가 가장 낮은 것부터 순서대로 배열된 것은?

① 프렌치로스트 〉시나몬로스트 〉라이트로스트 〉미디엄로스트
② 프렌치로스트 〉시티로스트 〉미디엄로스트 〉라이트로스트
③ 프렌치로스트 〉라이트로스트 〉풀시티로스트 〉미디엄로스트
④ 프렌치로스트 〉미디엄로스트 〉시나몬로스트 〉시티로스트

14. 로스팅에 따른 원두의 변화에 대해 맞게 설명한 것은?

① 질소가 증가하며 풋내가 점차 증가한다.
② 로스팅 정도가 강해질수록 부피가 커지면서 원두의 무게가 증가한다.
③ 유기물이 증가하면서 수분의 함량도 많아진다.
④ 카페인의 양은 큰 변화가 없다.

15. 1860년 독일의 Emmerich사와 미국의 Burns 사에 의해 개발된 로스팅 기계는?

① 드럼 로스팅 머신
② 전기식 로스팅 머신
③ 숯불 로스팅 머신
④ 반열풍식 로스팅 머신

16. 저온–장시간 로스팅과 고온–단시간 로스팅을 비교한 것 중 틀린 것은?

① 저온–장시간 로스팅 커피콩의 온도는 200~240℃ 정도다.
② 고온–단시간 로스팅은 저온–장시간 로스팅에 비해 상대적으로 팽창이 커 밀도가 적다.
③ 저온–장시간 로스팅은 가용성 성분이 많이 추출된다.
④ 고온–단시간 로스팅이 저온–장시간 로스팅에 비해 가용성 성분이 10~20% 더 추출된다.

17. 같은 로스팅 머신으로 원두의 팽창률을 높일 수 있는 화력 조절 방법은?

① 초반에는 최대화력으로 중반 이후 최소화력으로 로스팅한다.
② 초반에는 최소화력으로 중반 이후 최대화력으로 로스팅한다.
③ 최대화력으로 단시간에 로스팅한다.
④ 모든 로스팅 과정을 최소화력으로 장시간 로스팅한다.

18. 카페인에 대해 바르게 설명하고 있는 것은?

① 백탁 현상은 커피를 찬물로 내렸을 때 발생한다.
② 뜨거운 물보다 찬물에 카페인이 더 잘 녹는다.
③ 카페인이 녹는점은 섭씨 238℃이다.
④ 커피의 쓴맛은 카페인이 대부분을 차지한다.

19. 커피에 자연적으로 갖춰지는 향기로 효소에 의해 형성되어 휘발성이 강한 향기로 짝지어진 것은?

① Resinous, Chocolaty
② Flowery, Herbal
③ Penolic, Pyrolitic
④ Spicy, Malty

20. 커피를 분쇄했을 때 느낄 수 있는 휘발성 향기 중 가장 먼저 느낄 수 있는 것은?

① Aromatic Taints
② Aftertaste
③ Dry aroma
④ Perfume

21. 커피의 전체 향미인 Bouquet를 설명하는 것으로 바른 것은?

① Aftertaste는 뒷맛이나 후미로 느껴지는 향기로 Candy, Syrup이 여기에 해당된다.
② Nose는 비휘발성 상태의 유기성분으로 Spicy가 여기에 해당된다.
③ Aroma는 케톤이나 알데하이드 성분으로 생성되며 과일 향, 허브 향, 너트 향이 여기에 해당된다.
④ Fragrance는 에스테르 화합물에 의해 생성되는데 Turpeny가 여기에 해당된다.

22. 추출된 커피의 표면에서 생긴 증기에 의해 입속에서 느껴지는 향기의 주된 성분은 무엇인가?

① 단백질과 같은 액체 성분
② 케톤 또는 알데하이드의 휘발 성분
③ 페놀성분에 의한 변질된 향
④ 비휘발성 액체 상태의 유기성분

23. 온도에 따라 느껴지는 커피의 기본 맛을 바르게 설명한 것은?

① 높은 온도에서 단맛이 강하게 느껴지나 짠맛은 변화가 없다.
② 높은 온도에서 신맛과 짠맛이 강하게 느껴진다.
③ 온도가 높아지면 단맛, 짠맛은 상대적으로 약하게 느껴지나 신맛은 변화가 없다.
④ 낮은 온도에서 단맛, 짠맛은 강하게 느껴지나 신맛은 변화가 없다.

24. 좋은 커피를 추출하기 위해 필요한 요건으로 적절한 것은?

① 커피추출에 적당한 물은 수돗물이 가장 좋다.
② 추출하는 물의 온도는 낮을수록 좋다.
③ 커피입자가 굵을수록 추출 시간이 길어진다.
④ 로스팅된 커피는 신선함을 유지하기 위해 밀폐용기에 보관한다.

25. 커피를 추출할 때 유의해야 할 사항 중 바르게 설명된 것은?

① 커피의 입자가 굵게 분쇄되었을 경우 추출 시간을 짧게 한다.
② 낮은 로스팅 포인트의 원두는 높은 온도의 물을 사용해 추출한다.
③ 높은 로스팅 포인트의 원두는 높은 온도의 물을 사용해 추출한다.
④ 커피의 입자가 가늘게 분쇄되었을 경우 추출 시간을 길게 한다.

26. 추출 기구에 따른 커피의 분쇄도가 잘못 연결된 것은?

① 필터커피 – 0.5mm 내외의 중간 입자 분쇄
② 에스프레소 – 0.3mm 내외의 미세한 분쇄
③ 모카포트 – 1.0mm 내외의 굵은 분쇄
④ 터키식 커피 – 0.3mm 내외의 가는 분쇄

27. 다음 그라인더의 칼날 유형 중 입자의 균일성이 가장 떨어지는 것은?

① 평면(Flat)형
② 코니컬(Conical)형
③ 칼날(Blade)형
④ 롤(Roll)형

28. 커피를 분쇄하는 조건으로 잘못된 것은?

① 추출하는 도구에 따라 그라인더의 칼날을 조절해 분쇄한다.
② 커피 원두의 세포벽이 파편화되어 미분이 발생하는데 미분을 최소화시켜 주어야 안정된 맛이 난다.
③ 로스팅 포인트에 따라 다르게 분쇄도를 조절한다.
④ 추출 도구가 다르더라도 분쇄 크기는 일정하게 해야 맛과 향이 일정하다.

29. 핸드드립을 추출하기 전에 시행하는 뜸 들이기(Infusion)에 대한 설명으로 잘못된 것은?

① 뜸 들이기를 하지 않고 커피를 추출하면 가용성 성분이 충분히 용해되지 않아 싱겁고 맛이 떨어지는 커피가 추출된다.
② 뜸 들이기 물은 가급적 많이 부어 50ml 정도가 추출되게 한다.
③ 뜸 들이기 할 때에도 드리퍼의 벽면에는 물을 부어서는 안 된다.
④ 신선한 커피일수록 뜸 들이기 물에 반응해 많이 부풀어 오른다.

30. 커피추출에 가장 적합한 물의 조건으로 바르게 짝지어진 것은?

① 경도 : 40~50mg/L, 알칼리도 : 20mg/L
② 경도 : 50~60mg/L, 알칼리도 : 30mg/L
③ 경도 : 50~70mg/L, 알칼리도 : 40mg/L
④ 경도 : 70~80mg/L, 알칼리도 : 50mg/L

31. 커피의 변질 과정에 대해 바르게 설명한 것은?

① 산화 : 공기 중의 질소 성분을 흡착하여 향기 성분이 변하는 것을 말한다.
② 흡착 : 공기 중의 산소의 산화작용으로 향기 성분이 변하는 것을 말한다.
③ 반응 : 저장 중 향기 성분끼리 서로 반응하여 향기가 감소하는 것을 말한다.
④ 증발 : 로스팅 중 생성된 유지성분이 증발하여 감소하는 것을 말한다.

32. 올바른 커피 원두의 저장 방법에 대해 설명하고 있는 것은?

① 커피 내부에서 발생된 이산화탄소에 의해 산패가 진행된다.
② 커피의 저장 온도가 10℃ 낮아질 때마다 산패는 2~3배씩 빠르게 진행된다.
③ 프렌치(French) 로스팅된 원두는 미디엄(Medium) 로스팅된 원두보다 산패가 빨리 진행된다.
④ 커피는 볕이 잘 드는 곳에 보관해야 신선도가 오래 유지된다.

33. 커피 원두 보관 방법으로 잘못된 것은?

① 냉동 보관된 원두는 상온과 온도가 같아진 후에 추출한다.
② 원두는 항상 냉장고에 보관하여야 한다.
③ 원두를 냉장 또는 냉동 보관하면 산패를 약간 지연시킬 수 있으나 바람직한 보관법은 아니다.
④ 원두는 밀폐용기나 진공 보관하여야 산패가 빠르게 진행되지 않는다.

34. 커피 보관 방법에 대해 잘못 설명하고 있는 것은?

① 산소가 스며들지 않는 보관용기에 담아 햇볕이 들지 않는 서늘한 곳에 보관하여야 한다.
② 공기가 잘 통하지 않게 보관하고 진공포장이나 질소충전 포장을 이용하면 산패가 더디게 진행된다.
③ 습도를 피해야 하며 햇볕이 잘 들지 않는 곳에 보관한다.
④ 그라인더 호퍼 안에 담아 두고 오랫동안 사용한다.

35. 필터를 사용한 추출 방법에 해당되는 것은?

① 에스프레소
② 이브릭
③ 체즈베
④ 퍼컬레이터

36. 사이폰의 추출 방식에 대해 바르게 설명하고 있는 것은?

① 1908년 독일에서 최초로 개발된 추출 방법이다.
② 삼투압 추출 방식으로 더치커피(Dutch coffee)라 불리기도 한다.
③ 사용되는 열원은 알코올 램프, 할로겐 램프, 가스스토브 등이 있다.
④ 드립 추출보다는 물을 조금 더 적게 사용한다.

37. 핸드드립의 원리에 해당되지 않는 것은?

① 이산화탄소에 의한 팽창력
② 중력
③ 스팀의 증기 압력
④ 표면장력

38. 융 필터 관리 요령을 바르게 설명한 것은?

① 물에 담근 후 항상 냉장 보관한다.
② 사용 후 바로 물에 씻어 건조시킨다.
③ 사용 즉시 깨끗한 물에 씻어 물에 담근 후 냉장 보관한다.
④ 필터는 한 번 사용하고 바로 교체한다.

39. 커피 추출기구를 사용한 후에 관리하는 방법으로 잘못 설명된 것은?

① 핸드드립 – 페이퍼 필터는 깨끗이 씻어 재활용한다.
② 모카포트 – 뜨거운 상태에서 찬물로 식힌 후 깨끗하게 씻어 건조시킨다.
③ 더치커피 – 로드나 플라스크는 뜨거운 물을 부어 씻어 주면 된다.
④ 프렌치 프레스 – 필터망을 분리하여 찌꺼기를 깨끗하게 씻어 준 후 건조시킨다.

40. 바리스타의 업무와 직접 연관이 없는 것은?

① 에스프레소 추출에 적절한 기술
② 에스프레소 머신의 유지와 관리
③ 에스프레소 메뉴 개발
④ 커피 용품 수출입 업무

41. 에스프레소 추출과 가장 거리가 먼 것은?

① 신속추출
② 가압추출
③ 정량추출
④ 중력추출

42. 에스프레소 커피와 순수한 물의 특성을 잘못 설명하고 있는 것은?

① pH는 증가한다.
② 굴절률이 증가한다.
③ 표면장력이 감소한다.
④ 밀도는 증가한다.

43. 에스프레소 추출에 대해 바르게 설명하고 있는 것은?

① 에스프레소 1잔에 필요한 커피 원두의 양은 20g이다.
② 추출 직전에 물 흘리기를 하는 것은 보일러 내에서 낮아진 물의 온도를 올리기 위함이다.
③ 추출된 에스프레소는 미리 예열된 데미타세잔에 담아 서빙해야 맛과 향이 오래 보존된다.
④ 탬핑은 최대한 강력한 힘으로 한다.

44. 우유를 교반시켜 거품을 일으키는 현상에 대해 잘못 설명하고 있는 것은?

① 카세인은 우유 단백질의 일종으로 거품을 풍부하게 만들어 준다.
② 우유를 30℃ 이상으로 가열하면 표면장력이 감소한다.
③ 우유는 순수한 물보다 표면장력이 높다.
④ 기포 주변의 단백질 입자 농도는 거품 형성을 용이하게 해 준다.

45. 유당불내증은 우유를 마시고 소화가 잘 되지 않는 증상을 말한다. 이에 대해 바르게 설명하고 있는 것은?

① 유당불내증은 인종과 큰 상관없이 고루 나타난다.
② 유당불내증은 유전적인 요인보다는 후천적으로 많이 발생한다.
③ 한국인은 유당불내증이 많지 않은 편이다.
④ 한국인은 대부분 중학교 고학년이 되면 유당불내증이 나타나는 후천적 유당불내증 증상을 보인다.

46. 우유에서 발생되는 이상취의 원인이 되는 것은?

① 유당
② 자당
③ 카세인
④ 락트알부민

47. 우유의 영양소에 대해 바르게 설명하고 있는 것은?

① 가열 온도가 높을수록 가용성 칼슘이 감소한다.
② 비타민 C는 우유의 살균과정에서 손실이 없다.
③ 가열 처리에 의하여 영향을 받는 무기질은 칼슘, 마그네슘 등이다.
④ 가열 처리의 영향을 받지 않는 무기질은 나트륨, 칼륨, 염소 등이다.

48. 물의 냄새를 제거하는 데 가장 좋은 것은?

① 질소
② 활성탄
③ 아황산가스
④ 염소

49. 커피에 첨가되는 설탕과 유지방의 열량 비율에 대해 설명한 것으로 틀린 것은?

① 유지방 1g의 열량이 설탕 1g보다 크다.
② 지방 1g의 열량은 9kcal에 해당된다.
③ 탄수화물 1g의 열량은 4kcal에 해당된다.
④ 유지방 1g은 설탕 1g과 같은 열량을 가진다.

50. 커피에 많이 함유되어 있는 폴리페놀 성분에 대해 바르게 설명하고 있는 것은?

① 헬리코박터균을 박멸하며 충치 억제에도 효과가 있다.
② 중추신경을 자극하여 정신을 몽롱하게 한다.
③ 콜레스테롤이 소화관으로 흡수되는 것을 막아 주기 때문에 혈중 콜레스테롤 수치를 낮춰 준다.
④ 항산화 작용으로 노화를 촉진시켜 준다.

모의고사 5회

1. 'Coffee'의 어원이 되는 이슬람어는?

① Cafe
② Bunca
③ Qahwah
④ kahue

2. 다음 (   )에 들어갈 단어로 잘 짝지어진 것은?

커피를 문헌에 처음 언급한 사람은 아라비아의 의사인 라제스(Rhazes)이다. 그는 커피를 'Bunchum' 또는 'Bunca'라 불렀으며 독일인 레오하르트 라우볼프(Leonhard Rauwolf)는 (   )라고 기록하였다. 이후 커피는 이슬람어 (   )에서 터키어 (   )를 거쳐 오늘날 명칭인 Coffee에 이르게 된다.

① Qahwah – Kahve – Chaube
② Chaube – Qahwah – Kahve
③ Cafe – Qahwah – Chaube
④ Chaube – Kahve – Cafe

3. 17세기 카페 중 가장 먼저 개업한 곳은?

① Cafe Gili
② Caffe Florian
③ Cafe De Procope
④ Cafe Lloyd

4. 커피에 대한 다음 설명 중 틀린 것은?

① 커피는 6~7세기경 발견되었으며, 커피의 발견신화는 칼디와 오마르의 신화이다.
② 커피를 "천 번의 키스보다 황홀하고 무스카텔 와인보다 달콤하다"라고 묘사한 커피 칸타타의 작곡가는 모차르트이다.
③ 커피는 발견 초기에는 음료보다는 약용으로 사용되었다.
④ 커피의 식물학명은 꼭두서니과 코페아속이다.

5. 영국의 사교클럽인 The Royal Society에 대해 바르게 설명한 것은?

① 1660년 영국의 옥스포드 타운의 커피하우스에서 결성된 후 현존하는 최고의 사교클럽이다.
② 금융상품에 대한 개발과 논의를 주 업무로 하는 사교클럽이다.
③ 정식 명칭은 커피과학 진흥을 위한 런던왕립학회이다.
④ 소재지는 스코틀랜드에 있다.

6. 커피 전파 역사에 관한 정리 중 잘못 기술된 것은?

① 1600년경 바바 부단이 커피 씨앗을 인도의 마이소어 지역에 이식하였다.
② 1715년에는 부르봉(Bourbon) 섬에서 커피를 재배하기 시작하였고, 아이티와 산토도밍고에도 커피나무가 이식되었다.
③ 1720년 베니스에 카페플로리안이 문을 열었다.
④ 1723년 팔헤타가 마르티니크 섬에 커피나무를 전파하였다.

7. 커피 전파에 관한 역사적 기술로 맞는 것은?

① 영국인 존 스미스는 1603년 그의 저서에 커피를 'Coffa'라고 언급하였다.
② 레온하르트 라우볼프는 1573년 그의 저서에 커피를 'Buchum'으로 기록하였다.
③ 메카의 카이르 베이가 1701년 커피 금지령을 내렸다.
④ 1517년 이집트를 정복한 후 커피를 콘스탄티노플로 가져온 사람은 람세스 1세이다.

8. 커피나무의 특성에 대한 설명 중 맞는 것은?

① 커피체리는 외피 안에 바로 생두가 들어 있다.
② 커피꽃은 흰색이며 개화 후 7~8일 정도 피어 있으며, 향은 재스민과 비슷하다.
③ 로부스타종 나뭇잎은 두껍고 길쭉하며 표면에 광택이 난다.
④ 잘 익은 커피체리는 대부분 빨간색을 띠지만 일부 노란색을 띠는 열매도 있다.

9. 커피나무에 대해 기술한 내용 중 틀린 것은?

① 로부스타종은 일년 내내 온도차가 크지 않은 저지대에서 재배하기 때문에 꽃 피는 시기가 일정하다.
② 커피꽃이 피고 진 자리에 커피체리가 맺히는데 이로부터 8~10주 후 수확이 가능하다.
③ 로부스타종보다 아라비카종 커피나무가 뿌리를 더 깊게 내린다.
④ 커피나무는 싹을 틔운지 3년이 지나야 첫 수확이 가능하고 5년 정도가 지나야 수확이 안정된다.

10. 다음 중 커피체리에 대한 설명으로 맞는 것은?

① 커피체리의 외피 안에는 과육이 있고, 과육 안쪽으로 파치먼트 상태의 생두가 두 개 들어있다.
② 피베리는 주로 커피나무 가지 안쪽에서 열린다.
③ 커피체리 안에는 보통 3개의 생두가 들어 있는데, 한 개만 들어 있는 경우도 있다.
④ 커피체리의 과육은 보통 쓴맛을 낸다.

11. 커피체리 안에는 일반적으로 두 개의 콩이 들어 있지만, 한 개의 콩이 들어 있는 경우가 있는데 이를 무엇이라 부르는가?

① 숏베리
② 롱베리
③ 버번
④ 피베리

12. 커피의 재배와 생산에 대한 설명으로 맞는 것은?

① 커피 생산량의 대부분을 차지하는 것은 리베리카종이다.
② 아라비카종의 카페인 함량이 로부스타종보다 더 많다.
③ 커피의 소비는 생산국보다 주로 유럽, 미국, 일본 등 선진국에서 많이 이루어진다.
④ 커피의 3대 원종은 로부스타, 리베리카, 카티모르이다.

13. 다음 중 로부스타종의 특성에 대해 잘 설명하고 있는 것은?

① 주요 생산국가는 브라질, 베트남, 인도 등이다.
② 염색체 수는 44개이다.
③ 체리의 숙성 기간이 아라비카종보다 짧다.
④ 로부스타종의 고향은 아라비카종과 같은 에티오피아이다.

14. 다음 중 아라비카종과 로부스타종의 교배로 만들어진 품종은?

① 티피카
② 문도노보
③ 카투아이
④ HdT

15. 아프리카 동부의 마다가스카르 섬 동쪽에 위치해 있으며 티피카종의 변종인 버번종이 발견된 장소는?

① 마다가스카르 섬
② 레위니옹 섬
③ 세이쉘 섬
④ 모리셔스 섬

16. 다음 중 카투라(Catura) 품종에 대해 바르게 설명한 것은?

① 아프리카 케냐와 에티오피아에서 주로 생산되는 품종이다.
② 단위 면적당 많이 심을 수 없다는 단점이 있다.
③ 브라질에서 발견된 티피카종의 돌연변이종이다.
④ 체리는 녹색에서 노란색으로만 익어 간다.

17. 다음 중 커피 재배에 대해 바르게 설명한 것은?

① 배수가 잘 되지 않는 알칼리성 토양이 적합하다.
② 바나나 나무나 망고 나무 등 잎이 큰 나무를 같이 심으면 커피나무가 고사한다.
③ 아라비카종보다는 로부스타종 커피나무가 고온다습한 환경에도 잘 적응하고 병충해에 강하다.
④ 로부스타종은 해발 고도가 800m 이상인 고고도에서 재배된다.

18. 아라비카종과 로부스타종을 비교 설명한 것 중 잘못된 것은?

① 아라비카종은 주로 RTD 음료용으로 사용된다.
② 아라비카종의 재배고도가 로부스타종의 재배고도보다 높다.
③ 로부스타종이 커피녹병 등 병충해에 더 강하다.
④ 아라비카종은 에티오피아가 원산지이며, 로부스타종은 콩고가 원산지이다.

19. 커피재배에 관해 틀리게 설명하고 있는 것은?

① 커피 씨앗은 발아하는 데 30~60일 정도가 소요된다.
② 발아한 씨앗은 유기질이 풍부하고 배수가 잘되는 토양에서 재배한다.
③ 재배지에 직접 파종하는 방법을 활용하면 씨앗의 발아율을 높일 수 있다.
④ 발아 후 6~18개월이 지나면 재배지에 옮겨 심는다.

20. 커피나무의 경작에 대한 설명으로 바른 것은?

① 묘목을 경작지에 옮겨 심은 후 약 5년이 지나야 첫 수확이 가능하다.
② 커피의 품종을 잘 보존하기 위해 원종만을 고집한다.
③ 물이 잘 흡수되고 배수가 잘 되지 않는 토양이 좋다.
④ 파치먼트 상태의 씨앗을 묘판에 심는 방법을 주로 활용하지만 경우에 따라서 경작지에 직접 파종하기도 한다.

21. 잘 익은 커피체리를 수확하는 방법 중 스트리핑 (Stripping)에 대해 바르게 설명하고 있는 것은?

① 잘 익은 커피 열매만을 선별해서 하나씩 수확하는 방법이다.
② 핸드피킹에 비해 인건비 부담이 크다.
③ 이물질이 섞이지 않는 깨끗한 수확 방법이다.
④ 나뭇가지 전체를 훑어서 수확하기 때문에 수확 시간과 노동력을 절감할 수 있다.

22. 다음 커피생산국 중 내추럴 가공(Natural Processing)을 하는 나라는?

① 에티오피아
② 엘살바도르
③ 과테말라
④ 볼리비아

23. 커피가공 과정 중 다음 설명에 해당되는 커피 명칭은 무엇인가?

워시드 가공에서 외피를 제거한 Pulped coffee를 발효조에 담갔다 햇볕에 말린 상태의 커피를 말한다.

① Green Bean
② Fresh cherry
③ Dry coffee cherry
④ Parchment coffee

24. 다음 ( ) 안에 맞는 용어로 알맞게 짝지어진 것은?

커피는 건조 후 탈곡 과정을 거치게 되는데, 워시드 커피의 탈곡 과정을 ( )이라 하며 내추럴 커피의 탈곡 과정을 ( )이라 한다.

① Hulling − Hulling
② Husking − Grading
③ Polishing − Hulling
④ Hulling − Husking

25. 스크린 사이즈의 명칭이 작은 순서에서 큰 순서대로 잘 나열된 것은?

① Peaberry 〈 Bold 〈 Good 〈 Extra large
② Good 〈 Bold 〈 Extra large 〈 Very large
③ Bold 〈 Good 〈 Very large 〈 Extra large
④ Medium 〈 Small 〈 Good 〈 Bold

26. SCA 기준 '스페셜티 커피'에 대한 설명으로 맞는 것은?

① 콩의 크기 편차가 7% 이내여야 한다.
② Quaker는 2개까지 허용된다.
③ 워시드 커피 기준 함수량은 10~12% 이내이다.
④ Cupping 결과 100점 만점에 70점 이상을 획득한 커피를 말한다.

27. 생두를 평가하는 방법에 대해 바르게 설명하고 있는 것은?

① 생두의 등급을 결정하는 방법은 한 가지로 통일되어 있다.
② 은피를 제거하는 폴리싱 과정을 꼭 거쳐야만 한다.
③ 생두는 색상이 다양하게 나타나야 좋은 등급으로 평가받는다.
④ 생두 300g을 무작위로 추출해 결점두 수를 측정해 등급을 정하기도 한다.

28. 커피 생두의 밀도에 대해서 설명한 것 중 틀린 것은?

① 생두가 단단할수록 밀도가 높다고 표현한다.
② 생두의 밀도가 높을수록 로스팅하기가 쉬워진다.
③ 일교차가 큰 지역에서 생산된 생두일수록 밀도가 높다.
④ 밀도가 높은 커피콩이 일반적으로 맛과 향이 좋다.

29. 다음 중 좋은 생두를 선택하는 조건으로 맞는 것은?

① 생두의 색상이 Yellow에 가까울수록 신선한 생두이다.
② 생두의 밀도가 단단하고 생두의 크기가 클수록 좋으나 결점두 수는 무관하다.
③ 고지대보다는 저지대에서 생산되는 생두가 크기도 일정하고 품질이 좋다.
④ 모든 조건이 동일한 경우 생두의 크기가 크고 청록색일수록 좋은 생두이다.

30. 커피 생산 국가와 품명이 틀리게 연결된 것은?

① 브라질 – Cerrado
② 인도네시아 – Mahndelling
③ 과테말라 – Tarrazu
④ 에티오피아 – Sidamo

31. 중미 지역의 대표적인 커피생산국인 과테말라에 대해 바르게 설명하고 있는 것은?

① 생두의 등급은 밀도에 따라 등급을 나누는데 AA가 최상 등급이다.
② 건식법으로 가공한 내추럴 커피가 유명하다.
③ 세계 커피생산량 2위에 해당되는 나라이다.
④ 인구의 약 25%가 커피산업에 종사하고 있으며 수출의 약 75%를 커피가 차지한 적도 있었다.

32. 커피 생산지별 특징에 대해 바르게 설명하고 있는 것은?

① 다양한 맛과 향으로 유명한 Geisha종의 고향은 과테말라이다.
② 사향고양이의 배설물을 가공하여 얻은 코피 루왁은 베트남이 주 생산지이며 라오스와 미얀마 등지에서도 생산된다.
③ Kona 커피는 하와이 섬 서쪽 코나 지방에서 재배되는 최고급 커피이다.
④ 콜롬비아 커피는 주로 미나스제라스, 상파울루, 에스피리투산투 등에서 생산된다.

33. 디카페인 커피에 대한 설명 중 틀린 것은?

① 디카페인 가공 과정을 거쳐도 커피 본연의 맛과 향은 변하지 않는다.
② 제조공정은 크게 용매추출법, 물 추출법, 초임계 추출법 3가지로 나뉜다.
③ 1819년 독일의 화학자 룽게에 의해 최초로 기술이 개발되었다.
④ 카페인이 97% 이상 제거되기도 한다.

34. 커피생산지의 각종 정보 제공, 무역정보, 생산량 조언 등에 대해 활동하는 국제 커피기구는?

① ICO
② JCO
③ IOC
④ SCA

35. ICO에서 정한 Coffee Year의 기준이 되는 날짜는?

① 1월 1일
② 3월 1일
③ 5월 1일
④ 10월 1일

36. 커피를 로스팅하면서 생성되는 당의 갈변화 반응 (Sugar Browning) 중 로스팅 포인트가 가장 낮은 단계에서 생성되는 향기는?

① Earthy
② Caramelly
③ Chocolaty
④ Nutty

37. 커피 용어를 설명한 것 중 맞는 것으로 바르게 짝지어진 것은?

A. Fragrance : 분쇄된 커피에서 올라오는 커피의 향
B. Nose : 마시고 난 다음 입 뒤쪽에서 느껴지는 향기
C. Bouquet : 전체 커피 향기를 총칭하여 이르는 말
D. Cup aroma : 마실 때 느껴지는 향기

① A, C
② A, B
③ A, D
④ B, D

38. 다음 중 여운(Aftertaste)에 해당되는 것은?

① Carbony
② Flowery
③ Syrup
④ Fruity

39. 커피 향기에 대해 설명한 것으로 바른 것은?

① 커피 향기는 고체나 액체 상태로 느낄 수 있다.
② 분자량이 많을수록 날카롭고 거칠게 느껴진다.
③ 향기에 대한 평가는 커퍼의 지식에 의존한다.
④ 커피는 분자량에 따른 단일구조로 파악된다.

40. 로스팅된 커피의 쓴맛에 대한 설명으로 틀린 것은?

① 로스팅을 약하게 할수록 쓴맛 성분이 약해진다.
② 로스팅을 강하게 하면 카페인 성분이 많이 생성된다.
③ 클로로겐산, 옥살산은 커피의 신맛을 만드는 물질이다.
④ 커피의 단맛은 환원당이나 캐러멜 성분 등에 의해 만들어진다.

41. 에스프레소에 대해 잘못 설명하고 있는 것은?

① 추출 시간 20~30초 사이에 30ml 추출이 적당하다.
② 에스프레소 추출에 가장 적합한 추출수 온도는 90~95℃이다.
③ 추출된 에스프레소 크레마의 색상은 적갈색을 띠어야 한다.
④ 포터필터에 분쇄된 원두를 빈틈없이 채운 후 바로 그룹헤드에 결합한다.

42. 에스프레소 추출 동작에 대해 바르게 설명하고 있는 것은?

① 필터바스켓은 젖은 행주를 하나 준비해 전용으로 사용한다.
② 필터홀더 장착을 하기 전 열수를 꼭 빼 준다.
③ 탬핑을 마친 후 바로 그룹헤드에 장착한다.
④ 레벨링은 그라인더의 도저 뚜껑만으로 해야 한다.

43. 에스프레소 추출 과정에서 필터홀더를 그룹헤드에 결합하기 전에 열수를 빼 주는 이유는?

① 물의 온도를 높여주기 위해서이다.
② 높은 온도의 물로 인해 발생되는 톡 쏘는 맛을 없애주기 위해서이다.
③ 보다 더 강렬한 맛의 에스프레소를 추출하기 위해서이다.
④ 물을 절약하기 위함이다.

44. 에스프레소 크레마의 컬러가 너무 진할 경우 그 원인에 해당되는 것은?

① 필터의 구멍이 너무 크다.
② 원두가 너무 굵게 분쇄되었다.
③ 물의 온도가 95℃ 이상이다.
④ 펌프의 압력이 기준 압력보다 3기압 정도 높다.

45. 에스프레소 크레마에 대해 바르게 설명하고 있는 것은?

① 신선한 원두를 사용하면 추출 직후 바로 크레마가 생성되지는 않는다.
② 연노랑으로 균일하게 추출액 표면을 덮은 것이 좋다.
③ 색상이 짙게 나온 크레마는 탬핑을 너무 강하게 했거나 물의 온도가 높을 때 발생된다.
④ 묽고 색상이 옅어야 지속성이 좋다.

46. 에스프레소의 꽃 크레마(Crema)에 대해 설명한 것으로 잘못된 것은?

① 영어로 Cream을 의미한다.
② 원두의 불용성 오일이 유화상태로 함께 추출 된 것이다.
③ 에스프레소 평가에서 크레마는 시각적인 요소로 평가된다.
④ 색상은 밝은 색을 띤 깨끗한 연노랑 색으로 추출된 것이 좋다.

47. 에스프레소 머신의 메모리 기능 사용으로 잘못된 것은?

① 커피 투입 없이 비커를 이용해 추출량을 맞추어 준다.
② 커피의 분쇄도에 추출 시간을 맞추어 메모리시킨다.
③ 메모리 후 새로 분쇄한 커피를 투입하여 다시 측정한다.
④ 추출량을 맞추기 위해 비커나 계량컵을 사용한다.

48. 에스프레소 더블샷(Double Shot)을 부르는 명칭은?

① Doppio
② Tripple
③ Lungo
④ Ristretto

49. 에스프레소 메뉴를 설명한 것 중 잘못된 것은?

① 에스프레소 콘파냐는 에스프레소에 우유 거품을 올린 메뉴이다.
② 리스트레토는 짧은 시간 추출한 농축 에스프레소로 양이 적다.
③ 도피오는 더블 에스프레소라고 불리며 양이 많다.
④ 카페라떼는 에스프레소에 우유를 섞어 만든 음료다.

50. 카페라떼와 카푸치노에 대해 틀리게 설명하고 있는 것은?

① 카페라떼에 거품을 올릴 경우 1/4이 넘지 않도록 해야 한다.
② 더블라떼는 우유의 양은 그대로 두고 더블 샷의 커피를 넣어 만든다.
③ 카푸치노에는 반드시 계피가루가 포함되어야 한다.
④ 카푸치노는 커피와 데운 우유 그리고 거품 우유를 함께 올려 만든다.

모의고사 정답 및 해설

<table>
<tr><td colspan="5">모의고사 1회</td></tr>
</table>

1. ②	2. ①	3. ④	4. ③	5. ③
6. ①	7. ②	8. ④	9. ③	10. ①
11. ②	12. ④	13. ③	14. ①	15. ②
16. ③	17. ④	18. ①	19. ②	20. ③
21. ④	22. ①	23. ②	24. ④	25. ③
26. ③	27. ①	28. ③	29. ④	30. ②
31. ④	32. ①	33. ①	34. ②	35. ③
36. ③	37. ①	38. ③	39. ②	40. ④
41. ①	42. ②	43. ④	44. ③	45. ③
46. ④	47. ②	48. ①	49. ③	50. ②

1. 로부스타는 전 세계 생산량의 약 40% 정도를 차지하며 주로 저지대에서 생산된다.

2. 아라비카종은 에티오피아가 원산지이며, 병충해에 비교적 약하고, 고지대에서 생산된다.

3. 카투아이 아마렐로는 완전히 익은 열매가 붉은색이 아니라 노란색이다.

4. 문도노보는 나무의 키가 3m 이상으로 매년 가지치기를 해야 하고 재배 밀도가 낮다.

5. 과테말라 SHB는 아라비카 품종이다.

6. 약산성이고 다공질인 토양이 커피나무 생육에 적합하다.

7. 서리는 커피 생육에 치명적이다.

8. 아라비카는 자가수분, 로부스타는 타가수분을 한다.

9. 썬커피 재배 방식은 저지대, 대량생산, 노동력이 많이 필요치 않은 생산 방법이다.

10. 파치먼트 상태의 생두를 심어 모종으로 가꾼 다음 이식한다.

11. 펄핑에 사용되는 펄퍼는 Disc pulper, Screen pulper, Drum pulper이다.

12. 일반적으로 습식법 가공 방식이 건식법 가공 방식에 비해 결점두가 적다.

13. 물로 씻어낸 커피는 햇볕과 기계로 건조한다. 습식가공은 과육 제거 → 발효 → 건조 → 탈곡 과정을 거친다. 건조는 함수량이 12% 내외가 될 때까지 한다.

14. 세미 워시드 방식은 수확 → 분리 → 펄핑 → 점액질 제거 → 세척 → 건조 → 탈곡 → 선별 → 포장 → 보관 순이다.

15. 세척수로 과정은 차가운 물에 담가 발효가 진행되는 것을 막고 파치먼트에 묻어 있는 찌꺼기를 제거해 주며 밀도에 따라 파치먼트를 분류하기 위함이다.

16. SHG는 고도에 의한 생두 분류법이다.

17. 결점두의 비율이 높을수록 낮은 등급의 생두이다. 결점두의 종류와 명칭은 국제적으로 통일된 기준이 없고, 로스팅, 맛과 향에 좋지 않은 영향을 주는 생두이다.

18. Shell은 유전적인 원인으로 인해 속이 빈 생두, Foreign matter는 이물질을 제거하지 못한 것, Floater는 부적절한 보관, 건조 상태에서 발생한다.

19. 퀘이커는 1개도 허용되지 않는다.

20. 퀘이커는 덜 익은 커피열매를 수확 시 부주의한 핸드피킹을 통해 발생할 수 있으며 가공 과정에서는 잘 발견되지 않는다. 브라질 · 뉴욕 분류법에서 결점두 기준에 해당한다.

21. 브라질의 맛에 의한 분류는 Strictly soft 〉 Soft 〉 Softish 〉 Hard 〉 Hardish 〉 Rioy 〉 Rio 순이다.

22. 인도네시아는 아라비카종보다 로부스타종 재배가 많이 이루어지고 있으며 300g 중 결점두 수에 따라 G1, G2, G3 등으로 생두를 분류한다.

23. 케냐는 생두의 품질 관리가 뛰어나며 고급 아라비카 커피를 생산한다. 습식법을 주로 사용하며, 품질 분류는 AA, AB, C 등으로 구분한다.

24. 브라질은 건식법, 펄프드 내추럴, 워시드 가공법이 모두 가능하다. 생두는 크리에 따라 No.2~No.8까지 구분한다. 주요 생산지역은 미나스제라이스, 상파울루, 에스피리투산투, 바이아, 파라나 등이다.

25. 중미지역은 멕시코~파나마에 이르는 국가들, 남미지역은 콜롬비아~페루에 이르는 지역들, 아시아 지역에 뉴질랜드는 생산 국가에 포함되지 않는다.

26. 물 추출법에 대한 설명이다.

27. 용매 추출법은 카페인 이외의 성분도 추출되는 단점이 있으며 낮은 비등점과 용매 제거의 문제가 있다. 디카페인 커피는 가공 과정에서 생두의 손상과 향미의 손실이 있다.

28. ICO는 1963년 런던에서 출범하였다. 커피 생산국뿐만 아니라 소비국도 함께 가입되어 있다.

29. Coffee year의 산정 기준일은 10월 1일이다.

30. 우유는 순수한 물보다 표면장력이 낮고, 우유의 온도가 증가하면 표면장력은 낮아진다.

31. 유당은 모유에 더 많이 함유되어 있으며, 황인종/흑인종이 백인종보다 유당불내증이 심하다.

32. 우유에 함유되어 있는 K, Na, Ca, Mg, 인산염, 규산염은 우유의 열안정성에 영향을 미치고 우유의 응고에 관여한다. 이 현상은 균질된 크림이나 저지방 크림에서도 나타나는데, 경수로 만든 커피나 약간 변성된 크림일 때 이 현상이 두드러지게 나타난다.

33. 우유를 가열하면 베타-락토글로블린의 시스테인으로부터 휘발성 황화수소가 발생해서 가열취가 난다.

34. 황화수소에 의해 열취와 이상취가 난다.

35. 커피가 공기 중의 산소와 반응하여 변패되는 현상을 유발하는 성분은 불포화지방산이다.

36. 커피, 홍차, 위스키는 대표적인 마이야르 반응 식품이다.

37. 커피는 체내 활성산소 감소, 치매 예방, 향기치료 효과, 스트레스 감소 등의 효능을 가지고 있다.

38. 온도유지와 함께 적정 습도를 유지해 주는 것이 좋다.

39. 먼저 들어온 물건을 먼저 사용하는 선입선출법을 지켜야 한다.

40. 세컨 라운드 주문은 종업원이 먼저 물어 본다.

41. Garnish는 만들어진 음료나 음식에 장식을 얹는 것으로 창의성이 요구된다.

42. 해피아워는 가격 할인 시간대를 말한다.

43. 메뉴 품목에 대한 수요 및 공급의 안정성을 고려, 영업장의 데코레이션 조화를 고려해서 메뉴를 구성한다.

44. 서비스를 제공하는 종업원과 이를 받아들이는 고객 간의 원활한 상호작용이 이루어지는 시점을 서비스 접점이라 한다. 고객의 만족도가 이 시점에서 최대가 된다.

45. 대기오염 물질 가운데 금속 산화물과 가스상의 물질이 승화, 증류되는 화학반응 과정에서 응결될 때 주로 생성되는 고체 입자성 물질은 Fume으로 0.03~0.3um의 크기이다.

46. 기온, 기습, 기류의 3인자가 종합하여 인체에 주는 온감을 뜻한다.

47. 로스팅이 진행됨에 따라 원두의 비중은 감소, 압축강도는 감소, 용적증가율은 감소, 세포내 성분은 겔 상태로 유동화된다.

48. 중량, 질량, 밀도가 감소한다.

49. 이탈리안 로스팅이 가장 강한 로스팅이다.

50. 로스팅이 강할수록 명도값은 감소, 로스팅이 진행될수록 원두 표면의 색은 짙은 갈색으로 변해 간다.

모의고사 2회

1. ①	2. ③	3. ④	4. ②	5. ③
6. ③	7. ①	8. ④	9. ②	10. ④
11. ③	12. ②	13. ①	14. ④	15. ①
16. ②	17. ③	18. ④	19. ①	20. ②
21. ④	22. ①	23. ③	24. ②	25. ④
26. ①	27. ③	28. ④	29. ②	30. ③
31. ②	32. ②	33. ③	34. ④	35. ①
36. ③	37. ③	38. ①	39. ②	40. ①
41. ④	42. ③	43. ②	44. ④	45. ②
46. ①	47. ④	48. ①	49. ③	50. ②

1. 풀시티 = Moderately dark, 프렌치 = Dark, 이탈리안 = Very dark

2. 로스팅은 흡열 반응 → 발열 반응 순으로 이루어지며, 로스팅 후 물이나 공기로 최대한 빨리 냉각시켜 주어야 한다. 생두 표면의 실버스킨은 온도 상승에 의한 팽창률 차이로 분리된다.

3. 순환열풍에 의해 원두를 균일하게 로스팅하고, 원두세포에 열침투성이 높다. 직화식에 비해 원두의 비중이 낮아진다.

4. 로스팅 후 블렌딩은 각각의 생두를 따로 볶은 후 섞는 방법이다. 생두의 수확연수, 밀도가 차이나도 따로 볶기 때문에 큰 상관이 없으며 로스팅 횟수가 많아 번거롭다.

5. 블렌드 커피는 국가나 지역에 대한 구별 없이 맛과 향, 바디 등에 중점을 두어 만든 커피, 싱글오리진 커피는 동일 국가에서 생산된 커피, 에스테이트 커피는 동일 국가의 지역이나 농장에서 생산된 커피를 뜻한다.

6. 열풍식 로스팅은 소량 로스팅에 적합하며 열량 손실이 적다. 직화식에 비해 커피의 맛과 향은 떨어진다.

7. 카페인은 로부스타종이 2배 더 많고, 로스팅에 의해 많이 손실되지 않는다. 커피 나뭇잎에도 소량 함유되어 있다.

8. 카페인은 큰 변화가 없고 나머지 성분은 모두 감소한다.

9. 트리고넬린은 카페인의 구성 성분이며 홍조류의 섭취에 의해 어패류에도 다량 함유되어 있다.

10. 지질은 아라비카 15.5%, 로부스타 10.5% 함유되어 있다.

11. 지질은 토코페롤, 트리글리세라이드, 디터펜 등이 있다.

12. 로스팅에 의해 생성되는 향은 갈변반응군의 향기들로 캐러멜류, 너트류, 초콜릿류로 나눌 수 있다.

13. Flowery는 효소 반응에 의한 향기이다.

14. 커피를 마시기 전에 평가하는 향기는 Cup aroma이다.

15. 쓴맛은 아로마의 평가 대상이 아니다.

16. 여운은 커피를 삼키고 난 후의 느낌이다.

17. 알맞은 추출법을 선택하고 적절히 로스팅된 원두를 2주일 이내에 사용해야 한다.

18. 일반적으로 원두를 약배전하면 신맛이 강하고, 강배전하면 쓴맛이 강해진다.

19. 냉동 보관해도 커피의 산패는 진행된다.

20. 프렌치 프레스 – 핸드드립 – 모카포트 – 에스프레소 순이다.

21. 그라인더는 롤형, 수평형, 코니컬형 세 분류로 나뉜다.

22. 강배전 원두가 조직이 더 다공질화되어 있기 때문에 산패가 빨리 진행된다.

23. 홀빈 상태로 보관하는 것이 좋으며 냉장/냉동 보관은 피한다.

24. 포장지 내에는 소량의 산소라도 포함되어서는 안 되며 빛을 차단해야 한다.

25. 추출 직전에 바로 갈아서 사용해야 하며 냉장 보관은 추천하지 않는다.

26. 원두는 로스팅 일자가 가장 최근의 것으로 등급이 높은 원두를 구입해 2주일 이내에 소비한다.

27. 더치커피는 고온 장시간 추출법이다. 약하게 로스팅된 원두도 사용이 가능하다.

28. 사용하는 열원은 커피의 맛과 관련이 없다.

29. 추출 시간이 짧은 에스프레소의 온도가 가장 높다.

30. 비싸다고 해서 항상 좋은 것만은 아니다.

31. 필터와 드리퍼가 맞닿는 곳에 물을 주면 물이 서버로 바로 흘러 들어가 커피 맛이 싱거워진다.

32. 커피입자가 크면 물이 빨리 배출되고, 작으면 늦게 배출된다.

33. 융 필터의 잡냄새를 제거하기 위해 물에 담가 보관한다.

34. 프렌치 프레스는 굵은 분쇄를 사용하며, 퍼컬레이터는 물의 순환 원리를 이용한다. 핸드드립도 고온의 물을 사용해야 한다.

35. 이산화탄소가 밀고 나오면서 향기를 방출해준다.

36. 거품은 향기가 달아나지 못하도록 막아 주는 역할을 한다.

37. 에스프레소의 pH는 5.2이다.

38. 추출 과정에서의 압력 과정이 중요하다.

39. 에스프레소는 고객에게 제공하기 직전에 바로 추출해야 하며, 핸드드립보다 불용성 성분이 더 많이 추출된다. 시간이 지날수록 크레마는 사라진다.

40. 점도, 전기전도도, 밀도가 모두 높아진다.

41. 4번째 항목은 Mano이다.

42. 블렌딩은 비용을 절감하고, 자기만의 특징 있는 에스프레소를 만든다.

43. 에스프레소는 데미타세 잔에 제공하며 고객의 요구에 따라 리스트레토, 룽고 형태로 제공한다.

44. 굴절률은 증가한다.

45. 반자동 머신은 숙련된 바리스타의 능력이 요구되는 기계다. 따라서 바리스타의 능력에 따라 맛이 일정하지 않을 수 있고, 추출 종료 시간을 바리스타가 결정할 수 있다.

46. 자동 머신과 반자동 머신은 구조가 비슷하다.

47. 물의 압력을 분산시켜 주는 역할을 한다.

48. 수증기가 일정한 내부 압력을 형성해 히터 작동을 멈추거나 작동시키는 역할을 한다.

49. 보일러는 스팀을 생성하기 위해 70%까지만 물을 채운다.

50. 에스프레소 보일러의 내부는 니켈로 도금한다.

1. ③	2. ①	3. ②	4. ④	5. ①
6. ②	7. ①	8. ④	9. ②	10. ③
11. ①	12. ④	13. ②	14. ④	15. ①
16. ③	17. ②	18. ④	19. ①	20. ②
21. ④	22. ②	23. ③	24. ①	25. ①
26. ②	27. ③	28. ④	29. ①	30. ④
31. ③	32. ④	33. ①	34. ②	35. ③
36. ①	37. ②	38. ④	39. ③	40. ①
41. ③	42. ④	43. ②	44. ①	45. ①
46. ④	47. ②	48. ①	49. ③	50. ③

1. 보일러의 적정 수위는 70%이다. 그 이상 되었을 경우 스팀에서 물이 나온다.

2. 펌프모터는 압력을 7~9bar까지 상승시켜 주는 역할을 하며, 이상이 생기면 물 공급이 제대로 되지 않아 심한 소음이 나게 되고 압력이 올라가지 않는다.

3. 물이 공급되지 않을 경우 펌프모터의 소음이 심해진다.

4. 플로우 미터의 회전체가 작동하지 않으면 커피 추출물량이 조절되지 않는다.

5. 압력게이지는 추출 압력이나 스팀 압력을 표시하는 장치, 그룹헤드는 에스프레소를 추출하는 물이 공급되는 장치로 포터필터를 장착하는 곳, 솔레노이드 밸브는 물의 흐름을 통제하는 부품이다.

6. 칼슘을 제거해 히터나 파이프에 융착되는 것을 방지하기 위해 사용한다.

7. 연수기는 소금을 사용해 주기적으로 청소해 주어야 한다.

8. 가스켓과 샤워스크린은 6개월에 한 번씩 교체해 주어야 하며, 물기가 있는 컵은 워머에 올리면 안 된다. 그룹헤드 나사를 분리해 디퓨저를 깨끗이 씻어 주는 것이 좋다.

9. 가스킷이 오래 되면 탄력이 없고 물이 새어 나온다.

10. 물과의 접촉 면적을 넓혀 커피가 가진 성분을 최대한 추출해 내기 위함이다.

11. 도저는 물로 세척하면 안 되고, 전기코드를 꼭 빼고 청소해 주어야 한다.

12. 에스프레소는 가장 가는 분쇄 커피를 사용하는 추출 방법이다.

13. 물을 골고루 분사시켜 주는 역할은 샤워필터이며, 플로우 미터는 추출물량을 감지해 주는 역할을 한다. 완전 수동 머신에는 메인보드가 없다.

14. 쓴맛이 강해진다.

15. 입자를 부풀리지 않고 입자 표면의 가용성 물질을 용해시키는 과정이다.

16. 강한 압력에 의해 발생되는 에너지로 인해 미세하게 분쇄된 커피 원두 내의 세포가 파괴되면서 오일이 추출되는 유제 과정이다.

17. 커피 케이크의 부피나 크기는 관계가 없다.

18. 분쇄 → 담기 → 레벨링 → 탬핑 → 상부 털기

19. 물기를 완전히 제거하기 위해 마른 행주를 사용해야 한다.

20. 에스프레소 전용 잔은 데미타세라 부른다.

21. 원두의 분쇄가 굵고 기준보다 적은 양을 사용했을 때 과소추출 된다.

22. 원두의 굵기 조절을 가장 먼저 한다.

23. 너무 오래 추출하면 과다추출이 된다.

24. 추출 시간이 짧을 경우 크레마의 색상이 옅고, 양이 많을 경우 색상이 짙어진다.

25. 크레마는 오직 에스프레소 추출로만 얻을 수 있다.

26. 지속성이 있어야 하며 진한 갈색일수록 좋은 크레마이다.

27. 적정 공기를 주입해 벨벳 거품 같은 좋은 질감의 우유를 만들어야 한다.

28. 커피머신의 압력은 변하면 안 되고 9기압으로 일정해야 한다.

29. 성능이 좋은 머신과 그라인더가 더 좋은 향미를 지닌 커피를 추출할 수 있지만, 성능이 좋다고 해서 가격이 꼭 비싼 것만은 아니다.

30. 저온으로 추출할 경우 농도가 낮아진다.

31. 에스프레소 도피오는 더블샷을 의미하므로 양이 가장 많다.

32. 리스트레토는 15~20mm 정도를 추출한다.

33. 에스프레소 외에 우유나 시럽이 들어간 음료는 모두 베리에이션 커피로 칭한다.

34. 이탈리아 정통 카푸치노에는 계피가루가 들어가지 않는다.

35. 디카페인은 카페인을 제거한 커피를 말한다.

36. 카페 에스프레소는 순수한 에스프레소를 의미한다.

37. 브랜디가 첨가된 커피는 카페로얄이다.

38. 깔루아는 커피에 코코아 바닐라 향을 첨가해 만든 커피술이다.

39. 콜롬비아는 수프리모, 엑셀소 등급을 사용한다.

40. 패스트 크롭은 생산된 지 만 1년이 지난 커피를 지칭하는 용어다.

41. 고지대에서 생산된 커피가 좋은 생두다.

42. 스트립핑 방법에 대한 설명이다.

43. 커피나무의 경제적 수명은 20~30년으로 더 이상 연장하지 않아도 된다.

44. Par Stock은 판매가능한 양만큼 미리 준비해 두는 각종 재료를 말한다.

45. 단체 고객은 오히려 객단가를 낮춘다.

46. 1차 팝핑 전을 흡열 반응, 그 이후를 발열 반응이라 부른다.

47. 장기 저장 시 산가가 증가한다.

48. 페놀화합물은 쓴맛을 구성하는 성분이다.

49. 18%보다 낮을 경우 풀 냄새, 견과류 냄새가 난다.

50. 커피의 산패 3단계는 증발작용 → 상호반응 → 산화작용이다.

모의고사 4회

1.②	2.④	3.①	4.①	5.④
6.②	7.③	8.②	9.③	10.②
11.②	12.②	13.②	14.④	15.①
16.③	17.③	18.③	19.②	20.③
21.③	22.④	23.③	24.④	25.②
26.③	27.③	28.④	29.②	30.④
31.③	32.③	33.②	34.④	35.①
36.③	37.③	38.③	39.③	40.④
41.④	42.①	43.③	44.③	45.④
46.④	47.③	48.②	49.④	50.③

1. 에티오피아에서 발견된 커피는 7세기 초반 예멘으로 옮겨 심어져 본격적으로 재배되기 시작한다.

2. 900년경 의학집성에 커피를 최초로 언급한 사람은 라제스이다. 이후 1000년경 아비센나에 의해 커피의 약리 효과가 기록된다.

3. 클레멘트 8세는 커피가 가진 맛과 향에 반해 커피에 세례를 주어 기독교인들이 널리 커피를 즐기도록 한 인물이다.

4. 영국의 최초 커피하우스는 파스카 로제, 프랑스의 카페 드 프로코프는 프로코피오 콜텔리, 오스트리아 비엔나 커피하우스는 게오르그 콜시츠키에 의해 만들어졌다.

5. 네덜란드가 실론 지역에 커피나무를 이식한 해는 1658년으로 17세기에 해당된다.

6. 오스트리아 최초 커피하우스는 게오르그 콜시츠키에 의해 비엔나에 설립되었다. 영국 런던에 최초의 커피하우스는 파스카 로제에 의해 설립되었고, 프랑스에 가장 먼저 커피가 도입된 도시는 마르세유이다.

7. 1896년 아관파천 당시 러시아 공사관으로 피신해 있던 고종황제에게 러시아 공사 베베르(Karl Ivanovich Veber)가 커피를 대접했다.

8. 커피나무는 꼭두서니과 코페아속에 속하며, 카네포라종이 고온다습한 저지대에서도 잘 자란다. 티피카, 버번, 카투라, 카투아이 등의 품종은 아라비카의 대표 품종이다.

9. 아라비카종은 자가수분을 하고, 로부스타종은 타가수분을 한다.

10. 커피체리 안에는 보통 2개의 생두가 들어 있는데 경우에 따라서 1개 혹은 3개 이상이 들어 있기도 한다. 커피체리는 녹색에서 붉은색으로 익어 가며, 생두는 은피와 파치먼트, 과육, 외피로 둘러쌓여 있다.

11. 로스팅이 진행됨에 따라 수분이 증발해 중량, 질량, 밀도가 감소하고 휘발성 물질이 방출되면서 유기물 손실이 발생한다. 조직이 다공질이 되면서 부피는 증가한다.

12. 생두 조직의 내부 온도가 160℃ 정도에서 수분 증발이 끝나고 색상이 노란색으로 변하기 시작한다.

13. 이탈리안 〉 프렌치 〉 풀시티 〉 시티 〉 하이 〉 미디엄 〉 시나몬 〉 라이트

14. 이산화탄소가 증가하지만 풋내는 감소한다. 로스팅 정도가 강해질수록 원두의 무게가 감소하고, 원두의 수분 함량이 감소한다.

15. 드럼 로스팅 머신에 대한 설명이다.

16. 저온–장시간 로스팅은 가용성 성분이 적게 추출되고, 고온–단시간 로스팅은 가용성 성분이 10~20% 더 추출된다.

17. 원두의 팽창률을 높이기 위해서는 최대화력으로 단시간에 로스팅한다.

18. 뜨거운 물로 내린 커피가 차가운 얼음에 닿으면 백탁 현상이 일어난다. 카페인은 뜨거운 물에 잘 녹으며 카페인의 쓴맛은

전체의 10%를 넘지 않는다.

19. 커피가 자라면서 자연적으로 갖춰지는 향기인 유기반응군 (Enzymatic)에 대한 설명이다. Flowery, Fruity, Herbal 향기가 이에 해당된다.

20. 커피의 향기는 Dry aroma → Cup aroma → Nose → Aftertaste 순으로 느껴진다.

21. Aftertaste는 Spicy / Turpeny, Nose는 Candy / Syrup, Aroma는 Fruity / Herbal / Nutty, Fragrance는 Flower가 해당된다.

22. 커피를 마시는 순간 커피 추출액의 표면에서 생긴 증기에 의해 입속에서 느껴지는 향은 비휘발성 액체 상태의 유기성분이다.

23. 온도가 높으면 단맛과 짠맛은 약하게, 온도가 낮으면 강하게 느껴진다. 신맛은 변화가 없다.

24. 물은 수돗물을 연수한 것이 가장 좋으며 추출수의 온도는 추출 방법에 따라 다르지만 90℃ 전후의 뜨거운 물이 좋다. 커피입자가 가늘면 추출 시간이 길어진다.

25. 분쇄된 커피의 입자가 굵을 경우 추출 시간을 길게, 가늘 경우 추출 시간을 짧게 해 준다. 낮은 로스팅 포인트의 원두는 높은 온도의 물을 사용하고, 높은 로스팅 포인트의 원두는 낮은 온도의 물을 사용해 추출한다.

26. 모카포트는 0.3mm 내외의 미세한 분쇄를 해야 한다.

27. 칼날형인 블레이드형은 입자의 균일성이 떨어지고, 열발생으로 인해 향미가 저하되는 단점이 있다.

28. 추출 도구에 따라 분쇄도를 다르게 해야 도구의 특성에 맞는 맛과 향이 추출된다.

29. 뜸 들이기 물은 가급적이면 드리퍼 안의 원두가 골고루 적셔질 정도의 양만 부어 준다. 뜸 들이기로 커피가 추출되면 안 된다.

30. 경도는 70~80mg/L, 알칼리도는 50mg/L가 적당하다.

31. 산화는 공기 중 산소의 산화작용으로 향기 성분이 변하는 것을 말하며, 반응은 향기 성분끼리 저장 중 화학적으로 반응하여 향기가 감소하는 것을 말한다. 증발은 로스팅 중에 생성되었던 향기 성분이 저장 중 증발하여 감소하는 것을 말한다.

32. 산패의 주원인은 커피의 향기 성분 간의 상호작용과 산소에 의한 산화작용이다. 커피의 저장 온도가 10℃ 상승할 때마다 산패는 2~3배씩 빠르게 진행된다. 커피는 햇볕이 들지 않는 서늘한 곳에 보관해야 한다.

33. 원두는 냉장이나 냉동 보관해서는 안 된다.

34. 그라인더 호퍼 안에는 사용할 양만큼의 원두만 넣고 사용이 끝난 원두는 다시 밀폐용기에 보관하여야 한다.

35. 이브릭, 체즈베, 퍼컬레이터는 모두 침지식 추출 방법이다.

36. 사이폰은 증기압 추출 방식으로 진공식 추출이라고도 하며 베큠브루어라 불리기도 한다. 드립추출보다는 물을 조금 더 많이 사용한다.

37. 스팀의 증기 압력은 에스프레소 머신에서 발생하는 압력이다.

38. 융 필터는 면과 모직이 50:50으로 섞여 있는 천으로 만들어져 있다. 사용 후에는 깨끗이 씻어 깨끗한 물에 담근 후 냉장 보관해야 천이 늘어나는 것을 방지할 수 있다.

39. 더치커피의 로드나 플라스크는 중성세제를 이용해 씻어 주어야 한다.

40. 커피 용품 수출입은 바리스타의 업무와 거리가 멀다.

41. 중력추출은 에스프레소 추출 방식에 해당되지 않는다.

42. pH는 감소하며, 전기전도도와 밀도는 증가한다.

43. 필터홀더는 그룹헤드에 장착해 보관해야 하며, 물 흘리기는 보일러 내에서 높아진 물의 온도를 낮추기 위함이다. 원두는 1인분에 6~9g으로 적정량을 담는다.

44. 우유는 물보다 표면장력이 낮다.

45. 유당불내증은 백인보다 황인종이나 흑인종이 많고, 유전적으로 물려 받는 경우가 많다. 우리나라는 특히 유당불내증을 가진 사람이 많다.

46. 락트알부민과 부티르산에 의해 이상취가 생긴다.

47. 가열 온도가 높으면 가용성 칼슘은 증가하고, 비타민 C는 살균 과정에서 많이 손실된다. 칼슘, 마그네슘은 가열 처리의 영향을 받지 않는다.

48. 물의 탈취, 탈색은 침전 및 여과지에 활성탄을 첨가하여 제거한다.

49. 설탕의 3배 이상의 열량을 갖는다.

50. 폴리페놀 성분은 노화를 방지하며 정신을 맑게 해 준다.

1. ③	2. ②	3. ③	4. ②	5. ①
6. ④	7. ①	8. ④	9. ②	10. ①
11. ④	12. ③	13. ①	14. ④	15. ②
16. ①	17. ③	18. ①	19. ③	20. ④
21. ④	22. ①	23. ④	24. ④	25. ②
26. ③	27. ④	28. ②	29. ④	30. ③
31. ④	32. ③	33. ①	34. ①	35. ①
36. ④	37. ①	38. ①	39. ②	40. ②
41. ④	42. ②	43. ②	44. ③	45. ③
46. ④	47. ①	48. ①	49. ①	50. ③

1. 커피의 탄생 배경이 되는 이슬람어는 Qahwah이다.

2. 라제스는 Bunchum, Bunca로 기록하였으며, 라우볼프는 Chaube로 기록하였다. 이후 이슬람어 Qahwah에서 터키어 Kahbe를 거쳐 오늘날의 Coffee에 이르게 된다.

3. 1686년 프랑스에 만들어진 카페 드 프로코프는 볼테르와 장자크 루소 등 계몽주의 사상가의 아지트 역할을 하며 프랑스 혁명을 잉태한 장소로 유명하다.

4. 커피 칸타타는 1732년에 바흐가 작곡하였다.

5. The Royal Society는 영국 런던에 위치해 있으며 자연과 기술에 대한 유용한 지식의 개선, 수집 및 합리적인 철학 체계의 건설을 목적으로 한다. 정식 명칭은 자연과학 진흥을 위한 런던 왕립학회이다.

6. 1723년 마르티니크 섬에 커피나무를 이식한 사람은 프랑스 장교 가브리엘 마티유 드 클레외이다.

7. 레온하르트 라우볼프는 커피를 'Chaube'라고 기록하였고, 메카의 카이르 베이가 커피 금지령을 내린 해는 1511년이다. 1517년 이집트 정복 후 콘스탄티노플로 커피를 가져온 사람은 셀림 1세이다.

8. 커피체리는 밖에서부터 외피 → 과육 → 파치먼트 → 실버스킨 → 생두 순으로 이루어져 있다. 커피꽃은 개화 후 2~3일 정도 피어 있으며 재스민 향이나 오렌지 향이 난다. 나뭇잎이 두껍고 길쭉하며 광택이 나는 품종은 아라비카종이다.

9. 커피나무에 꽃이 피었다가 체리가 맺히면 이로부터 6~8개월이 지나야 수확이 가능하다.

10. 피베리는 주로 커피나무 가지 끝에서 열린다. 커피체리 안에는 보통 2개의 생두가 들어 있으며 한 개 혹은 세 개 이상의 커피 생두가 들어 있는 경우도 있다. 커피체리의 과육은 보통 단맛을 낸다.

11. 피베리(Peaberry)는 커피나무 가지 끝에서 주로 열리며 커피 체리 안에 열매가 한 개 들어 있는 경우를 말한다.

12. 커피 생산량의 대부분은 아라비카종과 로부스타종이다. 로부스타종의 카페인 함량이 아라비카종보다 2배 정도 높다. 커피의 3대 원종은 아라비카종, 로부스타종, 리베리카종이다.

13. 로부스타종의 염색체수는 22개이며, 체리의 숙성 기간이 아라비카보다 긴 9~11개월 정도이다. 로부스타종의 고향은 아프리카 콩고이다.

14. HdT는 Hibrido de Timor의 약자로 아라비카와 로부스타의 교배종이다. 콩의 크기가 크고 커피녹병에 강한 특성이 있다.

15. 티피카종의 변종인 버번종이 발견된 지역은 레위니옹 섬이다.

16. 카투라는 브라질에서 발견된 버번종의 돌연변이다. 단위 면적당 많이 심을 수 있어 생산성이 높고 체리는 붉은색과 노란색 두 가지로 익어 간다.

17. 커피나무 재배에 적합한 토양은 물빠짐이 좋고 미네랄이 적당히 함유된 산성토양이 좋다. 바나나나무나 망고나무 등 잎이 큰 나무를 같이 심어 직사광선으로부터 커피나무를 보호하기도 한다. 고고도에서 재배되는 품종은 아라비카종이다.

18. 인스턴트 커피 제조나 캔 커피 제조용으로 사용되는 품종은 로부스타이다.

19. 재배지에 직파하는 방법보다는 모판에서 씨앗을 발아시킨 후 묘목을 옮겨 심는 방법이 좋다.

20. 첫 수확은 약 3년만에 가능하고 원종보다는 품종 간 교배를 통해 개량을 해야 강한 품종을 얻을 수 있다. 물이 잘 배출되는 화산석회질 토양이 좋다.

21. 스트립핑 방법은 수확시기를 잘 결정해야 품질이 좋은 커피를 생산할 수 있다. 핸드피킹 방법에 비해 인건비를 절감할 수 있고, 나뭇잎, 나뭇가지 등의 이물질이 섞일 가능성이 적은 수확 방법이다.

22. 에티오피아는 내추럴 가공을 하는 대표적인 나라이다. 브라질, 인도네시아 등에서도 내추럴 가공법을 사용하고 있다.

23. 워시드 가공의 커피 명칭은 Fresh cherry → Pulped coffee → Parchment coffee → Green coffee 순이다.

24. 워시드 가공의 탈곡을 헐링(Hulling), 내추럴 가공의 탈곡을 허스킹(Husking)이라 부른다.

25. Peaberry 〈 Small 〈 Medium 〈 Good 〈 Bold 〈 Extra Lage 〈 Very large 순이다.

26. 콩의 크기 편차는 5% 이내, 퀘이커는 허용되지 않으며 커핑 결과 80점 이상을 획득해야 한다.

27. 생두의 등급은 크기, 재배고도, 결점두 수 등에 의해 결정된다. 폴리싱 과정은 꼭 거쳐야만 하는 것은 아니나 하와이안 코나의 경우 품질을 높이기 위해 폴리싱 과정을 한다. 생두는 색상과 크기가 균일할수록 좋다.

28. 생두의 밀도가 높을수록 로스팅하기가 어려워진다.

29. 생두의 밀도가 단단하고, 짙은 청록색을 띠며, 크기가 크고, 결점두 수가 적을수록 좋은 등급으로 인정받는다.

30. 과테말라는 Antigua가 대표적인 품명이다.

31. 생두의 등급은 SHB, 건식법보다는 수세식을 사용하며, 세계 생산량 2위에 해당되는 나라는 베트남이다.

32. 게이샤 커피는 에티오피아가 원산지인 고유 품종이며, 코피루왁의 주 생산지는 인도네시아이다. 미나스제라스, 상파울루, 에스피리투산투 등은 브라질의 커피 생산지이다.

33. 디카페인 가공 과정을 거치면 맛과 향에 손실이 발생된다.

34. International Coffee Organization의 약자이다.

35. 커피생산국마다 수확 기준일이 달라 통계자료에 혼동이 있어 ICO에서는 매년 10월 1일을 Coffee Year로 정해 운영하고 있다.

36. 당의 갈변화 반응은 로스팅이 진행됨에 따라 Nutty → Caramelly → Chocolaty 순으로 향이 생성된다.

37. Nose는 커피를 마실 때 느껴지는 향기를 말하며, Cup aroma는 추출 커피의 표면에서 느껴지는 향기를 말한다.

38. Aftertaste에는 Carbony, Spicy, Turpeny가 있다.

39. 향기는 기체 상태로 느낄 수 있으며, 커퍼의 경험이나 훈련에 의해 쌓인 기억에 의존해 평가가 이루어지며, 원인 요소에 따른 특징과 분자량에 따른 특징에 의한 이중구조로 파악된다.

40. 로스팅을 강하게 하더라도 카페인 성분은 변함이 없다.

41. 포터필터에 원두를 채운 후 탬핑작업으로 다져 주어야 한다.

42. 젖은 행주는 스팀노즐에 전용으로 사용하고, 탬핑을 마친 후 가장자리를 청소하고 그룹헤드에 장착한다. 레벨링은 그라인더 뚜껑이나 손으로 한다.

43. 열수를 추출해 줌으로써 높은 열수의 온도를 낮춰 주는 효과를 주고 샤워필터 주변의 찌꺼기를 제거한다.

44. 필터의 구멍이 작거나 물의 온도가 95℃보다 높은 경우, 기준 압력보다 낮은 경우에 크레마의 컬러가 너무 진하게 나온다.

45. 진갈색 크레마가 오래 지속되어야 한다.

46. 붉은색 또는 진한 갈색이 섞인 황금색이 좋다.

47. 커피를 투입하고 비커에 추출량을 맞춘다.

48. 에스프레소 더블샷은 도피오라고 부른다.

49. 에스프레소 콘파냐는 에스프레소 위에 생크림을 올린 메뉴이다.

50. 계피 가루는 선택사항이다.

1. 황호림 외(2014), 『커피학개론』, 유강

2. 한국커피협회(2014), 『바리스타 1급 자격시험 예상문제집』, ㈜커피투데이

3. 유대준(2012), 『Coffee Inside All about coffee』, 해밀

4. 학술위원회(2014), 『커피바리스타』, 한수

5. 호리구치 토시히데(2012), 『커피교과서』, 벨라루나

6. 이현석(2010), 『커피 로스팅 테크닉』, Seoul Commune

7. 전광수 외(2008), 『기초커피 바리스타』, 형설출판사

8. 히로세 유키오 외(2014), 『커피학 입문』, 광문각

9. 이윤호(2004), 『완벽한 커피한잔을 위하여』, MJ 미디어

10. 가브리엘라 바이구엘라 외(2010), 『Coffee & Cafe』, 예경

11. 안재혁 외(2014), 『에스프레소 바이블』, 아이비라인

12. 이승훈(2010), 『올어바웃 에스프레소』, Seoul Commune

13. 최범수(2010), 『에스프레소 머신과 그라인더의 모든것』, 아이비라인

14. 전광수(2013), 『전광수의 로스팅 교과서』, 벨라루나

15. 한국커피전문가협회(2011), 『바리스타가 알고 싶은 커피학』, 교문사

커피 한 잔의
여유~!